Paul Sauer

Wolfsölden

Mein Elternhaus in den 1990er Jahren.

Paul Sauer

Wolfsölden

Jugend in einem schwäbischen Bauerndorf

Silberburg-Verlag

2. Auflage 2008

Umschlaggestaltung:
Christoph Wöhler, Tübingen, unter Verwendung
eines Aquarells von G. Bauer (1955),
mit freundlicher Genehmigung des Besitzers
Helmut Gaiser, Obergröningen.
Bildnachweis:
Helmut Gaiser: Seite 107;
Dr. Hans Georg Schmitt: Seite 78, 85, 165, 166;
alle anderen Fotos: Paul Sauer.
Lektorat:
Margot Adrion, Bietigheim-Bissingen
Druck:
Freiburger Graphische Betriebe, Freiburg.
Printed in Germany.

ISBN 978-3-87407-738-5

Inhalt

Vorwort

Lobe den Herrn, meine Seele, und vergiss nicht,
was er dir Gutes getan hat. Psalm 103,2

Als wir uns im Frühsommer des letzten Jahres im Familienkreis über Wolfsölden unterhielten und ich die eine oder andere Begebenheit aus meiner Kinder- und Jugendzeit, die mir im Gedächtnis geblieben war, erzählte, meinte meine Tochter Heidi, ich sollte doch meine Erinnerungen an meinen geliebten Geburtsort und an seine Bewohner zu Papier bringen. Ich würde damit nicht nur meinen Kindern eine Freude bereiten. Diese Anregung stimmte mich nachdenklich, und sie gab zugleich den Anstoß, dass ich mich hinsetzte und meine Jugenderinnerungen niederschrieb. Vieles aus meinen beiden ersten Lebensjahrzehnten wurde wieder lebendig, nahe Verwandte, Freunde und Bekannte, die längst nicht mehr unter uns weilen, standen mir plötzlich wieder vor Augen. Vor allem musste ich an meine Schwester Emma denken, die am 13. Februar 2005 jäh aus unserer Mitte gerissen wurde und die uns bis dahin Heimat und Elternhaus erhalten hatte. Meine Frau Gerlinde, unsere Kinder Heidi, Arno und Eberhard sowie unsere Enkeltochter Lena-Sophie, ebenso ich vermissen sie sehr. Emma, die kein leichtes Leben hatte, besaß ein hervorragendes Gedächtnis. Wir haben oft über das Wolfsölden unserer Kinderjahre gesprochen, und ich erfuhr dabei die eine oder andere reizende Geschichte, die ich vergessen hatte. Es schmerzt arg, dass ich sie jetzt nicht mehr fragen kann. Sie hätte manchen bunten Farbtupfer zu meinen Erinnerungen beisteuern können.

Die Beschäftigung mit den längst vergangenen Kinder- und Jugendjahren in einem der schönsten Dörfchen unseres Schwabenlandes hat mir viel Freude gemacht. Dieses Dörfchen und seine Menschen haben mich geprägt, haben mich auf meinem Lebensweg begleitet. Ich habe daher Grund zu großer Dankbarkeit, und ich möchte mit meinem Erinnerungsbuch von dieser Dankbarkeit Zeugnis geben. Dabei bin ich mir bewusst, dass ich nicht wenigen Menschen, so namentlich meinen Eltern, vieles schuldig geblieben bin.

Bei der Niederschrift meiner Erinnerungen wurde mir bewusst, in welch vergleichsweise heiler Welt ich in meinem Heimatdörfchen während der Jahre 1933 bis 1945 gelebt hatte. Von den ungeheuerlichen Verbrechen, die das damals in Deutschland herrschende menschenverachtende NS-Regime begangen hatte, erfuhr ich erst, nachdem dieses 1945 in einem Meer von Blut und Tränen versunken war. Ich, der damals Vierzehnjährige, war zutiefst erschüttert, und ich schämte mich, dass ich im Gegensatz zu meinen Eltern der infamen NS-Propaganda vertraut und bis zuletzt an den so genannten Endsieg geglaubt hatte.

Nach dem Untergang der Hitler'schen Gewaltherrschaft gab es Männer und Frauen, die trotz schlimmster Erfahrungen in den Jahren nach 1933 mit Hilfe der westalliierten Siegermächte die Grundlagen für unsere heutige freiheitlich-demokratische Staats- und Gesellschaftsordnung legten. Den Einsatz dafür erkannte ich als große Chance auch für die junge Generation. Hierzu wollte ich in bescheidener Weise beitragen. Meine Interessen und meine Begabung wiesen in Richtung Geschichtsforschung. Diesen Weg schlug ich ein:

Abitur, Studium und 1957 Eintritt in den Staatlichen Archivdienst Baden-Württembergs. Als Archivar und Historiker erhielt ich dann die Möglichkeit, einen aktiven Part in der historischen Forschung zu übernehmen und durch Publikationen zur Aufhellung der deutschen Katastrophe von 1933 beizutragen. Dafür bin ich dankbar.

Sehr dankbar bin ich meinen Jugendfreunden Gerhard und Martin Föll, Helmut Gaiser, Rudi Kübler und Dr. Hans Georg Schmitt für vielfältige Unterstützung. Mit ihrer Hilfe konnte ich manche Erinnerungslücke schließen. Auch wiesen sie mich auf interessante Begebenheiten hin, die mir nicht mehr präsent waren, und sie stellten mir bereitwillig aussagekräftige Bilddokumente zur Verfügung.

Frau Margot Adrion aus Bietigheim-Bissingen, die Lektorin zahlreicher meiner Bücher, hat ebenso sorgsam wie sachkundig das Manuskript durchgearbeitet und mich dabei auf manche Fehler und schiefe Formulierungen hingewiesen. Für diesen Freundschaftsdienst danke ich Frau Adrion herzlich.

Mein besonderer Dank gilt dem Silberburg-Verlag für die Aufnahme meiner Jugenderinnerungen in sein Verlagsprogramm und Frau Christel Werner für die ausgezeichnete Zusammenarbeit bei der Drucklegung.

Februar 2007, Paul Sauer

Meine Vorfahren väterlicherseits und meine Eltern

Meine Vorfahren, seit vielen Generationen im Herzen des alten Württemberg, vornehmlich im heutigen Rems-Murr-Kreis, ansässig, waren größere und kleinere Bauern und Weingärtner, zum Teil auch Handwerker. Sie führten meist ein bescheidenes, manche ein ausgesprochen kärgliches, von schweren Schicksalsschlägen verdüstertes Leben. Not und Tod waren beinahe alltäglich. Mein ältester urkundlich nachweisbarer Vorfahre Matthäus Sauer, geboren um 1535, war Meier des Klosters Adelberg auf dem Zillhardshof bei Hohenacker, also Inhaber des dortigen Adelberger Erblehenhofs, ohne Zweifel ein tüchtiger und wohl auch ein verhältnismäßig wohlhabender Bauer. Seine in Weiler zum Stein und in Schwaikheim wohnhaften Nachkommen gehörten zur dörflichen Oberschicht, der Dorf-Ehrbarkeit, wie die Gemeindeämter, die sie innehatten, ausweisen: Ratsverwandte, also Mitglieder von Gericht und Rat, oder Gemeindedeputierte.

In Schwaikheim erblickte auch mein Urgroßvater Christian Sauer am 13. Oktober 1839 das Licht der Welt. Als junger Mann verliebte er sich Anfang der 1860er Jahre in die sieben Jahre jüngere Karoline Pauline Schiefer, geboren am 9. Januar 1847, die Tochter des Böllenbodenhofbauern Johann Georg Schiefer. Das Liebesverhältnis blieb nicht ohne Folgen. Karoline Pauline wurde schwanger und gebar am 11. Juni 1863, 16-jährig, ein Söhnchen, das in der Taufe den Namen Georg Christian (Rufname Christian) erhielt. Nach der Familienüberlieferung soll Johann Georg Schiefer, ein heißblütiger Mann, wegen der »Schande«, die seine Tochter über die Familie gebracht hatte, wütend gewesen, mit dem Vater des Kindes in einen heftigen Streit geraten sein und diesen vom Hof gejagt haben. Dabei war der Böllenbodenhofbauer auch kein Unschuldslamm. Seine Braut war bei der Hochzeit am 29. Juni 1824 gleichfalls schwanger gewesen und hatte am 8. Oktober 1824 ein Töchterchen geboren, das allerdings bereits sechs Tage nach der Geburt gestorben war. Die beiden hatten also, wie man damals sagte, heiraten müssen.

Christian Sauer, der uneheliche Vater meines gleichnamigen Großvaters, verheiratete sich später nach Backnang und gründete dort eine Familie. Mein Großvater erzählte, er habe seinen Vater öfter auf den Backnanger Märkten getroffen. Wie damals in Württemberg üblich, hatte er – auch als uneheliches Kind – den Familiennamen des Vaters, also Sauer erhalten: Engere persönliche Kontakte zwischen Vater und Sohn gab es aber offenbar nicht.

Karoline Pauline, obwohl das 13. und jüngste Kind der Eheleute Johann Georg Schiefer und Eva Katharina geborene Philipp, übernahm vom Vater 1867 den Böllenbodenhof. Dies erscheint weniger verwunderlich, wenn man bedenkt, wie viele Brüder und Schwestern Karoline Paulines ein früher Tod dahinraffte: Sieben Geschwister starben sofort nach der Geburt, ein Bruder im Alter von acht Jahren, eine Schwester mit 24 Jahren, ein anderer Bruder der sich nach Notzingen verheiratet hatte, mit 40 Jahren. Die beiden Brüder, die ein höheres Alter erreichten, zogen es vor, sich in Bittenfeld niederzulassen und sich dort im Gaststättengewerbe zu betätigen. Johann Georg Schiefer (1832–1896) übernahm die »Sonne« und Johannes (1834–1906) die »Krone«.

Der Böllenbodenhof, gemalt von Hugo Kleinknecht, um 1950.

Karoline Pauline muss eine fleißige und lebenstüchtige junge Frau gewesen sein, der die Arbeit in der Landwirtschaft in gleicher Weise Freude bereitete wie das Betreiben einer Gastwirtschaft. Der nach dem Gewann Böllen oder Böllenboden genannte Hof war in den 1730er Jahren auf einem gerodeten Walddistrikt des Unteren Zuckmantels errichtet worden. Maßgeblichen Anteil an der Entstehung des Hofs hatte der damalige Bittenfelder Schultheiß Johannes Schiller, der Großvater des Dichters Friedrich Schiller, gehabt. Er hatte beim Amt Waiblingen die Genehmigung zum Bau des Hofes durchgesetzt. Der erste Böllenbodenhofbauer war Matthäus Bulling. Da sich dieser mit Zuchtviehhaltung beschäftigte, hieß der Hof zunächst Bullenhof. Mit der Inbesitznahme des Hofes durch die Familie Schiefer 1767 setzte sich der noch heute gültige Name durch. Anfänglich war der auf Bittenfelder Gemarkung gelegene Hof recht abgelegen. Dies hatte zur Folge, dass die Bewohner immer wieder von lichtscheuem Gesindel belästigt wurden. In früheren Jahrhunderten muss dies noch schlimmer gewesen sein, hat doch der Zuckmantel seinen Namen von Zuckern, von Räubern. In dem damals noch sehr viel größeren und dichteren Wald hatten zeitweilig Wegelagerer ihre Schlupfwinkel, um von diesen aus Reisenden auf der Landstraße Steinheim an der Murr – Affalterbach – Winnenden aufzulauern und sie auszuplündern. Am 31. März 1795 wurde der damalige Besitzer des Böllenbodenhofs Johann Georg Schiefer, mein Ururururgroßvater, in seiner Wohnstube durch Räuber mit zwei Schüssen niedergestreckt; er war sofort tot.

Im 19. Jahrhundert verbesserte sich die innere Sicherheit in Württemberg grundlegend. Dies war vor allem das Verdienst des von 1816 bis 1864 regierenden Königs Wilhelm I.

Unter seiner Regierung wurde ein Landjägerkorps errichtet und strenge Gesetze für den Bereich der inneren Sicherheit erlassen. Mitte des 19. Jahrhunderts herrschte auf dem aus Richtung Murrhardt kommenden Ochsenweg, der ehemaligen Römerstraße, die durch den Heidenhof (Gemeinde Leutenbach) führte, beim Steinächle den Buchenbach überquerte und am Böllenbodenhof und Siegelhausen vorbei auf Poppenweiler zustrebte, ein lebhafter Handelsverkehr mit Produkten des Schwäbischen Waldes. Das betraf vor allem Bau- und Brennholz, Bretter, Weinbergpfähle und landwirtschaftliche Erzeugnisse des Neckarlands wie Getreide und Wein. Die Bauern benutzten die Straße zudem, um Vieh, das sie veräußern wollten, auf die Märkte in Marbach, Bietigheim und Ludwigsburg zu treiben und das dort ersteigerte Vieh zu ihren oft entlegenen Anwesen zu bringen. Die Besitzer des Böllenbodenhofs profitierten von dem regen Verkehr auf dem Ochsenweg. Die Bauern und Händler legten hier gerne eine Ruhepause ein und stärkten sich mit Apfel- oder Birnenmost und mit einem kräftigen Vesper. Speis und Trank wurden ihnen zu einem mäßigen Preis angeboten. Nachweisbar besaß bereits der Vater Karoline Paulines, Johann Georg Schiefer (1801–1875), die Konzession für eine Gastwirtschaft.

Als einziges Mädchen der Familie, das Anfang der 1850er Jahre noch am Leben war, dürfte Karoline Pauline ein besonders enges Verhältnis zu ihrer Mutter Eva Katharina (1804–1870) gehabt haben, doch auch dem Vater imponierte die Tochter, die zuzupacken verstand und in Haus, Stall, Feld und Gastwirtschaft schon in jungen Jahren ihre Frau stand. Ein nur wenige Jahre jüngerer Wolfsölder Bauer, unser 1851 geborener Nachbar Ludwig Bäuerle, den ich noch kannte, beschrieb die alte Schexin, wie er die seit 1867 verheiratete Schex geborene Schiefer nannte, als ein »Wundertier«. Was genau er damit meinte, weiß ich allerdings nicht. Das uneheliche Kind Karoline Paulines, mein Großvater Georg Christian, scheint die Heiratschancen der jungen Mutter kaum gemindert zu haben. 1867, sie war gerade 20 Jahre alt, hielt der gut sechs Jahre ältere Bauer Carl Friedrich Schex (* 10. November 1840) aus Mühlhausen am Neckar (heute Stuttgart-Mühlhausen) um ihre Hand an. Sehr wahrscheinlich hatten Eltern und sonstige nahe Verwandte oder Bekannte die ersten Kontakte zwischen den beiden jungen Leuten geknüpft. Am 9. Mai 1867 gaben sich Carl Friedrich Schex und Karoline Pauline Schiefer in der Bittenfelder Ulrichskirche das Ja-Wort. Schon drei Wochen zuvor hatten die Brautleute den Hof von Johann Georg Schiefer mit 28 Morgen landwirtschaftlicher Nutzfläche käuflich erworben.

Carl Friedrich Schex war ein tüchtiger Bauer, unter ihm blühte der Hof auf. Er grub 1880 einen vier Meter tiefen Brunnen, der mittels einer Pumpe Haushaltung und Vieh hinreichend mit gutem Wasser versorgte. Auch erbaute er drei Jahre später neben dem Wohnhaus einen Stall. Die Gastwirtschaft, vor allem die Domäne meiner Urgroßmutter Karoline Pauline, nahm einen großen Aufschwung. An Sonntagen, ganz besonders im Sommerhalbjahr, stellten sich viele Gäste aus der näheren Umgebung ein. Es waren vor allem junge Leute, die unbeschwerte Geselligkeit liebten und gerne das Tanzbein schwangen. Mein Großvater Christian wurde schon früh zu Arbeiten in Stall und Feld herangezogen, und er musste seinem Stiefvater als Ältester der rasch wachsenden Geschwisterschar – Karoline Pauline schenkte zwischen 1863 und 1886 insgesamt elf Kindern das Leben – auch Handlangerdienste leisten, wenn dieser größere Baumaßnahmen durchführte. Ab

Frühjahr 1870 besuchte er die Volksschule in Bittenfeld, eine knappe halbe Stunde vom Hof entfernt. Das Lernen bereitete ihm keine Schwierigkeiten. Noch als alter Mann erzählte er, dass er fast immer der Erste seines Jahrgangs gewesen sei. Die Plätze, die den Schülern vom Lehrer im Schulzimmer zugewiesen waren, richteten sich stets nach der schulischen Leistung; sie wurden in regelmäßigen zeitlichen Intervallen neu bestimmt. Die Eltern dachten aber offensichtlich nie daran, Christian auf eine weiterführende Schule, etwa auf die Realschule in Waiblingen, zu schicken. Nun, der Weg dorthin war weit und bei den schlechten Wegverhältnissen vor allem im Winter mit manchen Unannehmlichkeiten verbunden. Auch erwogen die Eltern Schex nie ernsthaft, Christian ein Handwerk erlernen zu lassen. Dabei hatte er bei den zehn Stiefgeschwistern, die zwischen 1868 und 1886 das Licht der Welt erblickten, keine Chance, dereinst den Hof zu übernehmen. So arbeitete er nach der Konfirmation und der Schulentlassung weiterhin in der elterlichen Landwirtschaft mit. Er hoffte wohl, später in einen bäuerlichen Betrieb einheiraten zu können.

Den Böllenbodenhof bewirtschafteten die Eltern Schex noch bis 1907. Nachdem 1905 der jüngste Sohn Wilhelm August, der den Betrieb hätte übernehmen sollen, bei einem Unfall 25-jährig ums Leben gekommen war, verkauften Carl Friedrich und Karoline Pauline Schex den Hof an Friedrich Kugler vom Seehof bei Backnang und zogen zu einer Tochter nach Affalterbach. Die letzten Lebensjahre verbrachten sie in Winnenden. Dort starb Carl Friedrich am 6. Februar 1915 und Karoline Pauline am 23. Juni 1919.

Nur drei Monate nach Übernahme des Böllenbodenhofs wurde Friedrich Kugler so unglücklich von den Hufen eines scheuenden Pferdes getroffen, dass er starb. Die Erben veräußerten den Hof noch im selben Jahr an den aus Holzelfingen auf der Uracher Alb stammenden Gottlob Stooß (1872–1948) und dessen Ehefrau Anna Maria geborene Maier aus Erkenbrechtsweiler. Im Besitz der Nachkommen von Gottlob und Anna Maria Stooß befindet sich der Hof noch heute. Seit 1967 bewirtschaftet ihn die Enkeltochter Erika Ruth Müller, geborene Joos (* 1946), mit ihrem Mann Siegfried Müller (* 1941).

Die Chance der Einheirat in einen landwirtschaftlichen Betrieb bot sich meinem Großvater Christian Sauer 1890. Er verehelichte sich mit Marie Fischer (* 25. August 1865), Tochter des Landwirts Jakob Fischer und der aus Oedernhardt stammenden Christiane, geborene Auberle. Freilich, die Landwirtschaft, die er übernahm, umfasste nur etliche Hektar, und die Eltern auf dem Böllenbodenhof bedachten ihn lediglich mit einigen wenigen Grundstücken weitab von Wolfsölden nahe dem Zuckmantelwald. Meine Großmutter Marie hatte noch zwei Geschwister, Karoline und David, die gleichfalls Anspruch auf einen Teil des elterlichen Vermögens hatten. David geriet, wie ich von meinem Vater erfuhr, auf die schiefe Bahn und endete schließlich als Selbstmörder.

Im Haus von Christian und Marie Sauer war der Kindersegen groß. Fast jedes Jahr stellte sich ein kleiner Erdenbürger oder eine kleine Erdenbürgerin ein. Am Heiligen Abend 1902 erblickte als »Christkind« und Nesthäkchen mein Onkel Hermann das Licht der Welt. Insgesamt schenkte meine Großmutter in Wolfsölden zwischen 1891 und 1902 sechs Jungen und vier Mädchen das Leben; sie alle erreichten das Erwachsenenalter. Kein Wunder, wenn es bei den Wolfsölder Großeltern arg bescheiden zuging, Schmalhans gewöhnlich Küchenmeister war. Die Hauptlast der Arbeit ruhte auf den

Schultern der unendlich fleißigen Großmutter. Sie brachte es trotz der notorischen Armut der Familie fertig, ihre Kinder ordentlich zu ernähren und zu kleiden. Der Großvater war schon früh kränklich und oft nur eingeschränkt arbeitsfähig. Gegenüber seiner Frau gab er sich herrisch. Auch war er launisch. Nicht selten spielte er den Haustyrannen. Die Großmutter musste sich vieles gefallen lassen, manche Demütigung klaglos hinnehmen. Sie war ständig überarbeitet, konnte sich ihren Kindern nicht so widmen, wie sie es gerne getan hätte. Dennoch achteten, ja verehrten sie ihre Kinder. Mein Vater ließ auf seine Mutter nie etwas kommen. Ich selbst freute mich, als ich in den Affalterbacher Kirchengemeinderatsprotokollen des Jahres 1905 las, dass der Kirchengemeinderat dem Antrag von Christian und Marie Sauer stattgegeben hatte, ihren zweitältesten Sohn Wilhelm, der sehr leicht lernte, schon nach sechs Schuljahren aus der Wolfsölder Volksschule zu entlassen, weil ihn die Eltern in der Landwirtschaft dringend benötigten. Das Gremium erkannte an, dass es um den Gesundheitszustand des Familienoberhaupts schlecht bestellt und Marie Sauer, die Mutter von zehn zum Teil noch recht kleinen Kindern, mit Arbeit überlastet sei. Andererseits aber halte Marie Sauer trotz der großen Armut der Familie ihre Kinder überaus reinlich, so dass sich diese neben den Sprösslingen wohlhabender Eltern durchaus sehen lassen könnten.

Mein Vater Paul Theodor Sauer, geboren am 10. Oktober 1895 in Wolfsölden, war das fünfte Kind seiner Eltern. Da er ein kräftiger Junge war, musste er schon bald im Haus, im Stall und auf dem Feld mithelfen. Für die einklassige Schule in seinem Geburtsort blieb da wenig Zeit. Auch machte ihm das Lernen nicht sonderlich viel Freude. Nach der Konfirmation im Frühjahr 1909 verdingte ihn sein Vater als Bauernknecht. Christian Sauer wollte indes nicht, dass seine Söhne als landwirtschaftliche Arbeiter ihr Leben fristeten. Ihm lag daran, dass sie eine gründliche landwirtschaftliche Lehrzeit bei größeren Bauern durchliefen, um später irgendwo einzuheiraten und eigenständige Landwirte zu werden. Von seinen Eltern, namentlich von seinem Stiefvater, hatte er einen gewissen Bauerndünkel »geerbt«, der ihm zeitlebens anhaftete. Mit Ausnahme seines Jüngsten, Hermann, der dann aber aus der Wagnerlehre davonlief, gab er keinem seiner Buben die Chance, ein Handwerk zu erlernen.

Mein Vater hatte Glück. Der Bauer Friedrich Lämmle, dessen stattliches Anwesen keine hundert Meter von seinem Elternhaus entfernt war und in dessen Dienst er nach der Schulentlassung trat, fand Gefallen an dem jungen Burschen. Er behandelte ihn gut und bot ihm sogar Grundstücke zu einem günstigen Preis als teilweisen Lohnersatz an. Lämmle stammte aus Leutenbach und hatte in eine alte Häußermann-Familie eingeheiratet. Auf dem Dach seines Wohnhauses, das in den 1950er Jahren abbrannte, befand sich ein Glockentürmchen mit einer Uhr aus dem Jahr 1786. Friedrich Lämmle hatte zwei Töchter, von denen aber keine an einer Übernahme des Hofes interessiert war. Mein Vater hat es später sehr bereut, wie er mir wiederholt erzählte, dass er das großzügige Angebot seines Bauern ausgeschlagen hatte. Aber er konnte es sich als junger Mensch nicht vorstellen, dass er dereinst sein Leben in dem kleinen Wolfsölden zubringen werde.

Anfang August 1914 brach der Erste Weltkrieg aus. Die drei ältesten Brüder Karl, Wilhelm und Ernst, die ihre militärische Ausbildung bereits ganz oder teilweise hinter sich hatten, wurden sofort eingezogen und Feldtruppeneinheiten

Der Bau einer Pontonbrücke durch württembergische Pioniere im Ersten Weltkrieg im Rahmen der militärischen Ausbildung.

zugeteilt. Im Mai 1915 erhielt dann auch mein Vater den Einberufungsbefehl. In der Reichsfestung Ulm an der Donau wurde er dem Ersatztruppenteil des Pionierbataillons Nr. 13 (1. Württembergisches) zugewiesen. Nach kurzer harter, zum Teil auch schikanöser Ausbildung kam er an die Westfront. Dort erlebte er den schrecklichen Grabenkrieg. Im Frühjahr 1916 gehörte sein Bataillon zu den Heeresverbänden, die die waffenstarrende Festung Verdun erobern, die französische Front zum Einsturz bringen und ins Innere Frankreichs vorstoßen sollten. Indes erzielten die Deutschen nur bescheidene Geländegewinne. Die Franzosen leisteten erbitterten Widerstand und warfen schließlich die Angreifer auf ihre Ausgangsstellungen zurück. Die ungeheuer blutigen Kämpfe kosteten mehr als 400 000 Soldaten beider Seiten das Leben. Auch die Kompanie meines Vaters schrumpfte auf weniger als die Hälfte ihres Bestandes. Er selbst wurde schwer verwundet und zur Genesung in das von Max Fürst von Waldburg-Zeil im Schloss Wolfegg eingerichtete Lazarett im Oberschwäbischen gebracht. Kaum einigermaßen gesundheitlich wieder hergestellt, hatte er im Sommer 1916 an den Abwehrkämpfen an der Somme teilzunehmen. Das tagelange feindliche Trommelfeuer setzte ihm hart zu: Im Schützengraben einem massiven Artilleriebeschuss hilflos ausgesetzt zu sein, wurde für ihn zum lebenslangen Alptraum. Ich erinnere mich, dass er nachts im Schlaf oft angstvoll aufschrie, wenn sich die Geister des Grabenkriegs wieder seiner zu bemächtigen suchten. Es war wohl vor Verdun, dass er einen verwundeten Kameraden, der es nicht mehr aus eigener Kraft schaffte, in die deutschen Gräben zurückzurobben, aus dem feindlichen Feuer in Sicherheit brachte. Dafür erhielt er das Eiserne Kreuz Zweiter Klasse und die Württembergische Silberne Militärverdienstmedaille,

Mein Vater bei der Rückkehr aus dem Krieg 1918.

Einzug des Pionierbataillons Nr. 13 (1. Württembergisches) bei der Rückkehr aus dem Feld in seine Heimatgarnison Ulm im November 1918.

die beide heute in meinem Besitz sind. Von dieser Rettungstat unter Einsatz des eigenen Lebens sprach er später nie. Ich erfuhr davon erst, als ich mich als Bub für seine Kriegsauszeichnungen interessierte.

Nach dem Waffenstillstand von Compiègne am 11. November 1918, in dem Deutschland seine Niederlage besiegelte, hatten die deutschen Armeen die bislang besetzten französischen Gebiete zu räumen. Das durch Ersatzmannschaften wiederholt ergänzte Pionierbataillon Nr. 13 kehrte in geschlossener Formation in seine Heimatgarnison Ulm zurück, wo ihm ein feierlicher Empfang bereitet wurde. Anschließend löste es sich rasch auf. Die Großeltern Sauer hatten großes Glück: Von den fünf Söhnen, die zuletzt im Feld gestanden hatten, sahen alle die Heimat wieder. Dies war verhältnismäßig selten. Unzählige Familien hatten schwere Opfer zu bringen gehabt. Sie hatten den Ernährer, einen oder mehrere Söhne verloren. Viele Männer kehrten auch als Krüppel heim.

Für Vater begann jetzt die Suche nach einer Arbeit. Dies war nicht leicht, besaß er doch keinerlei handwerkliche oder technische Ausbildung. Aber er war sehr fleißig, und er konnte zupacken. Solche Eigenschaften wurden damals im Schwabenland geschätzt. Sicher hätte er wieder Bauernknecht werden können, aber die Löhne in der Landwirtschaft waren kärglich. Selbst bei den bescheidensten Ansprüchen ließ sich mit ihnen keine Familie ernähren. Und die Gründung einer solchen schwebte dem 23-jährigen Ex-Soldaten vor, zumal in dem kleinen Elternhaus die Wohnverhältnisse allzu beengt waren und dies zu manchen Spannungen zwischen den Geschwistern führte. Er wollte auf eigenen Füßen stehen. 1919 fand er Arbeit beim Bau der Straße Affalterbach – Kirchberg an der Murr, später dann im Staatlichen Schotterwerk Erdmannhausen und dann wohl auch im Stein- und Kalkwerk Kirchberg an der Murr.

Der Krieg hatte Vater einen Teil seiner Jugend geraubt. Nach Friedensschluss wollte er manches Versäumnis nachholen. Er besuchte gerne Feste in der Umgebung. Altersgenossen nannten ihn deshalb den Festles-Sauer. Einmal leisteten sich er und einige Kameraden einen üblen Streich, der sie jedoch teuer zu stehen kam. Offensichtlich etwas beschwipst, reizte auf dem Fußmarsch zurück nach Wolfsölden auf der stark abschüssigen Affalterbacher Straße in Hochdorf ein Bauernwagen ihren Übermut. Sie lösten die Bremse und ließen den Wagen mit Karacho die Straße hinuntersausen. Der Schaden war anscheinend nicht groß. Doch legten sich die jungen Leute mit dem Hochdorfer Büttel an, der ihre Personalien feststellen wollte. Vater nannte den Ortspolizisten einen Lausbuben, oder er bedachte ihn mit einem ähnlichen Schimpfwort. Wegen Beamtenbeleidigung wurde er wohl vom Amtsgericht Waiblingen mit einer empfindlichen Geldbuße bestraft. Auch wegen groben Unfugs wurden er und seine Komplizen, soweit sie sich nicht nach der Freveltat rasch aus dem Staub gemacht hatten, zur Rechenschaft gezogen. Übrigens war dies meines Wissens das einzige Mal, dass mein Vater mit dem Gesetz in Konflikt geriet.

Von zu Hause aus ans Sparen gewöhnt, war er bestrebt, eine bescheidene Existenz aufzubauen. Leider vernichtete die Inflation der Nachkriegsjahre, die 1923 ihren Höhepunkt erreichte, seine bisherigen Ersparnisse. Doch er ließ sich nicht entmutigen, und so gelang es ihm, wieder ein kleines Grundkapital anzusammeln.

Es dürfte 1925 gewesen sein, als er im Nachbardorf Erbstetten, vermutlich im »Stern«, eine ungewöhnlich hübsche, sonnige junge Frau kennen lernte: Wilhelmine Pauline Krau-

»Das vierblättrige Kleeblatt«: Meine Mutter (zweite von rechts) mit drei Freundinnen vor dem Gasthaus »Stern« in Erbstetten um 1925.

ter, geboren am 10. Februar 1899. Wilhelmine oder Mene, auch Menele, wie sie im Familien- und Bekanntenkreis genannt wurde, bediente am Wochenende oft in der Gastwirtschaft von Verwandten. Vater verliebte sich Hals über Kopf: Wilhelmine sollte seine Frau werden. Mehrere andere Heiratschancen, die er hatte, oder richtiger, die ihm von Freunden und Bekannten aufgedrängt worden waren, hatte er nicht wahrgenommen, oder er schlug sie jetzt aus. Auch Mene fand offensichtlich Gefallen an dem ernsten, etwas spröden stattlichen Mann. Freilich gab es etliche Hindernisse zu überwinden. Einmal verteidigten die Erbstetter Burschen und jungen Männer ihren Ort gegen auswärtige Eindringlinge. Mancher Heiratskandidat aus den Nachbarorten zog mit blutiger Nase ab. Noch in den 1960er Jahren bestätigte mir dies unser 1904 in Backnang geborener und dort auch aufgewachsener Restaurator und Buchbinder im Hauptstaatsarchiv Stuttgart Max Maier. Die Intoleranz der jungen männlichen Einwohnerschaft gegenüber Auswärtigen trug übrigens dazu bei, dass sich Erbstetten noch mehr als andere altwürttembergische Dörfer lange durch eine gewisse Inzucht auszeichnete. Die alteingesessenen Familien waren und sind dort unentwirrbar miteinander versippt oder verschwägert.

Wie es mein Vater trotzdem schaffte, zu seinem Mädchen zu gelangen und ihr Einverständnis für eine Heirat zu bekommen, weiß ich nicht. Vielleicht haben uns Kindern die Eltern dies einmal angedeutet, gesprochen wurde aber nie darüber. Nun hatte Vater noch eine weitere schwere Hürde zu überwinden, und dies war seine künftige Schwiegermutter, die am 2. Februar 1861 in Rielingshausen geborene und der dortigen alteingesessenen Familie Holzwarth entstammende Wilhelmine Barbara Krauter.

Wilhelmine Barbara war seit 1917 blind. Sie sollte während des Ersten Weltkriegs in Stuttgart an den Augen operiert werden. Doch just an dem Tag, an dem der medizinische Eingriff vorgenommen werden sollte, erfolgte einer der ersten Fliegerangriffe auf die württembergische Landeshauptstadt. In der Klinik, die selbst nicht betroffen war, herrschte großes Durcheinander. Die Patienten wurden in den Keller in Sicherheit gebracht, der richtige Zeitpunkt, so wurde erzählt, für den Eingriff wurde versäumt. Möglicherweise musste auch die bereits begonnene Operation abgebrochen werden. Jedenfalls missglückte diese, und Wilhelmine Barbara kehrte blind in das heimatliche Erbstetten zurück. Die resolute Frau verlor jedoch keineswegs den Lebensmut. Sie blieb der Mittelpunkt der Familie, bestimmte, was im Haus, im Stall und auf dem Feld zu geschehen hatte. Da sie selbst nicht mehr viel arbeiten konnte, pflegte sie in ihrer kleinen Wohnung in einem Anbau des Krauter'schen Anwesens einen von pietistischer Frömmigkeit bestimmten Lebensstil, ließ sich aus der Bibel vorlesen, auch blieb sie eine fleißige Kirchgängerin. Der Ortspfarrer, ebenso Missionare, fromme Brüder und Schwestern waren stets willkommen, und die gescheite, vielseitig interessierte Frau genoss es, mit ihnen erbauliche Gespräche zu führen. Ihre Tochter Mene, meine Mutter, besorgte den kleinen Haushalt und betreute die Blinde. Darüber hinaus arbeitete sie bei ihrem Bruder Eugen mit, der nach der Rückkehr aus dem Krieg die elterliche Landwirtschaft übernommen hatte.

Vater musste nun der Form halber auch die künftige Schwiegermutter – der Schwiegervater war schon vor dem Ersten Weltkrieg verstorben – um ihre Zustimmung zu einer Ehe mit ihrer Tochter bitten. Wilhelmine Barbara, die ger-

Wolfsölder Bauern bei der Feldarbeit westlich des Orts nahe der Zubringerstraße zur Winnender Straße um 1930.

ne ihre Mene behalten hätte, weil sie an deren fürsorgliche Betreuung gewöhnt war, empfing den ihr gänzlich fremden jungen Mann nicht gerade mit offenen Armen. Freilich, die Tochter hatte keinen Zweifel daran gelassen, dass sie auch bei einem Nein ihren Paul heiraten werde. Nach der Vorstellung des Heiratskandidaten äußerte Wilhelmine Barbara, der Freund der Tochter habe ihr gar nicht gefallen. Und auf Menes erstaunte Bemerkung, die Mutter habe ihn doch gar nicht sehen können, meinte sie, der künftige Schwiegersohn habe so raue, ungepflegte Hände. Nun, ein Mann, der tagein, tagaus harte körperliche Arbeit leistete, hatte derbe, schwielige Hände, und obwohl er sich recht gut auszudrücken verstand und im Kreis seiner Altersgenossen wohlgelitten war, verfügte er verständlicherweise nicht über die etwas gehobenere Sprache der frommen Besucher der Großmutter. Von ihren Pfarrern und Missionaren – und einen solchen Mann hätte sie sich für ihre Mene gewünscht – war sie anderes gewohnt. Diese waren beredt, fanden leicht die passenden Worte, geizten, wenn es nottat, auch nicht mit Bibelzitaten, besaßen zudem meist gepflegte Hände. Schweren Herzens stimmte Wilhelmine Barbara dem Heiratswunsch ihrer Tochter zu.

Meine Mutter hatte zuvor schon andere Verehrer gehabt. Doch hatte sie sich nicht vorstellen können, mit einem von diesen Männern ein gemeinsames Leben zu beginnen und zu führen. 1994 – Mutter war schon drei Jahre tot – machte mich mein Vetter Erwin Müller auf einer Festveranstaltung anlässlich der 1200-Jahrfeier von Erbstetten auf einen Mann mittleren Alters aufmerksam. Es war der Sohn eines in den zwanziger Jahren nach Südamerika ausgewanderten Erbstetters, der die Heimat seiner Vorfahren besuchte, und Erwin verriet mir, dass dessen Vater dereinst gerne meine Mutter geheiratet hätte. Diese habe ihm aber die kalte Schulter gezeigt. Daraufhin habe er der Heimat den Rücken gekehrt und sein Glück in der Fremde gesucht. Meine Schwester Emma, die ich daraufhin befragte, wusste um diese Geschichte.

Meine Vorfahren mütterlicherseits

Meine Mutter entstammte väterlicherseits einer seit Generationen in Erbstetten bodenständigen Familie. Da einer oder mehrere Vorfahren das Schmiedehandwerk betrieben hatten, nannte man ihre Familie im Unterschied zu den zahlreichen anderen Krauter-Familien, die in Erbstetten verwurzelt waren, die »Schmied-Krauter«.

Bereits mein Ururgroßvater Johann Michael Krauter war 1790 in Erbstetten wohnhaft, ebenso mein Urgroßvater Johann Gottlieb Krauter, der hier 1829 das Licht der Welt erblickte. Beide betätigten sich hauptberuflich in der Landwirtschaft. Die Kirchenbücher bezeichnen sie als Bauern. Sie waren wegen der im altwürttembergischen Neckarraum üblichen Realteilung, die eine gleichmäßige Aufteilung des von den Eltern hinterlassenen Grundbesitzes unter die Kinder vorsah, bestimmt keine großen Bauern, aber für bescheidene Lebensansprüche reichten gewöhnlich die ererbten und die von der Ehefrau »zugebrachten« Güter aus, zumal sich der Ehemann häufig noch handwerklich betätigte. Manchmal konnte unter erheblichen finanziellen Opfern auch noch ein gerade feilgebotenes Grundstück käuflich erworben werden.

Mein Großvater Johann Gottlieb Krauter wurde am 8. März 1858 in Erbstetten geboren. Über seine Jugend wissen wir wenig. Er scheint ein fleißiger und tüchtiger junger Mann gewesen zu sein. In Ludwigsburg, dem damaligen schwäbischen Potsdam, wo er seinen Militärdienst absolvierte, gefiel es ihm. Da er anstellig und intelligent war und sich mit seinen Vorgesetzten verstand, machte er gerne von dem Angebot Gebrauch, gegen einen höheren Sold länger zu dienen, oder wie es damals hieß, zu »kapitulieren«. Er wirkte bei der Grundausbildung der Rekruten mit und stieg zum Unteroffizier auf. Als Schwimmlehrer zog er sich eine schwere Erkältung zu, die asthmatische Beschwerden zur Folge hatte und seine körperliche Leistungsfähigkeit leider schon früh minderte.

Am 8. Oktober 1885 heiratete er die 24-jährige Wilhelmine Barbara Holzwarth aus Rielingshausen. Seine Frau entstammte wie er selbst dem ländlich-kleinbäuerlichen Milieu. Ihr Vater Joseph (1821–1901) wird in den Kirchenbüchern als Bauer bezeichnet, dessen Vater Johannes (1792–1827) aber als Tagelöhner. Die Familie Holzwarth, die zum Kreis meiner mütterlichen Vorfahren zählt, war demnach nicht sonderlich mit irdischem Reichtum gesegnet. Doch es waren arbeitsame, rechtschaffene Menschen, wie ich von Rielingshäuser Freunden und Bekannten erfuhr. Der früh verstorbene Erweckungsprediger Ludwig Hofacker (1798–1828), der als Ortsgeistlicher einige Jahre in Rielingshausen wirkte und von weither Zulauf hatte, übte auf die Dorfbewohner und namentlich auch auf meine Vorfahren einen segensreichen Einfluss aus – und dies weit über seine kurze Lebenszeit hinaus. Im Dorf herrschte ein guter kirchlich-pietistischer Geist. Mein Urgroßvater hätte, wie uns meine Mutter erzählte, für Nichtsesshafte, und solche gab es im 19. Jahrhundert in erklecklicher Zahl, ein großes Mitgefühl gehabt. Er hatte deshalb jedem Bettler, der darum bat, eine Übernachtungsmöglichkeit geboten und sich auch sonst um solche Menschen gekümmert. Er lebte ein Christentum der Tat, war aber trotz seiner streng pietistischen Lebens- und Weltsicht keineswegs engherzig oder selbstgerecht. Dass mein Urgroßvater im hohen Alter bei stark geschwächtem Augenlicht bei der Feldarbeit einmal einen seiner kleinen Enkel mit der Hacke versehentlich so unglücklich traf, dass der Bub starb, setzte dem frommen und gemütstiefen Mann über die Maßen zu. Er überlebte den Tod des Enkels nur kurze Zeit.

In Rielingshausen war im 19. und auch noch im 20. Jahrhundert der Name Holzwarth sehr verbreitet. Ähnlich wie die Krauter in Erbstetten hatten die meisten Familien dieses Namens einen gemeinsamen Ursprung, das heißt, sie gingen auf einen gemeinsamen Stammvater zurück. Um sich nun unter den verschiedenen Holzwarth-Zweigen besser zurechtzufinden, behalf man sich mit Beinamen. So bürgerte sich für meine Rielingshäuser Verwandten im 19. Jahrhundert der Beiname »s Josephe« ein, weil mein Urgroßvater und mein Großonkel Joseph hießen, ein im evangelischen Altwürttemberg wenig gebräuchlicher Name.

Mein lieber Freund und Kollege Albrecht Gühring überraschte mich vor etwa 15 Jahren mit dem für mich hochinteressanten Ergebnis seiner genealogischen Forschungen zu meinen Rielingshäuser Vorfahren. Er konnte nachweisen, dass sich in ihrer Ahnenreihe im 15. Jahrhundert ein illegitimer Angehöriger des Hauses Württemberg, nämlich Johannes Württemberger (um 1440–1504), befindet. Durch diesen »Vorfahren« gehören zweifelsfrei zu meinen direkten Vorfahren u.a. der Staufenkaiser Friedrich I. Barbarossa (1122–1190), Kaiser Heinrich IV. (1050–1106), Kaiser Heinrich III. (1017–1056) und Kaiser Konrad II. (990–1039). Nun haben freilich alle heute lebenden Deutschen diese Kaiser zu Vorfahren. Dies ergibt sich aus dem sogenannten Ahnenschwund, das heißt, die Zahl der Vorfahren schrumpft, die Vorfahren sind vielfach identisch, weil im Mittelalter die Zahl der Menschen lediglich einen Bruchteil der Zahl der heute Lebenden betrug und somit bei den Vorfahren immer wieder dieselben Namen erscheinen. Im Fall meiner Rielingshäuser Vorfahren lässt sich indes dank des illegitimen Württemberger Grafensohns im 15. Jahrhundert die Ahnenreihe exakt bis zu den hochmittelalterlichen Staufer- und Salierkaisern zurückverfolgen. Meine Kusine Gisela in den USA, freilich auch andere Angehörige unserer Verwandtschaft erfüllt dies mit Freude und Stolz.

Meine Großmutter mütterlicherseits wuchs im Kreis von mehreren Geschwistern auf. Sie wäre wohl gerne im heimatlichen Rielingshausen geblieben. Als ich mich 1976 auf den Festvortrag »1200 Jahre Rielingshausen« vorbereitete, um den mich Ortsvorsteher Hans Wahl, ein alter Freund aus meiner Marbacher Schulzeit, gebeten hatte, kam ich bei einem Ortstermin in Rielingshausen ins Gespräch mit Oberlehrer a.D. Paul Hild, dem damals besten Kenner der Geschichte seines Heimatdorfes. Als ich gegenüber Herrn Hild bemerkte, meine Großmutter komme aus Rielingshausen, lachte er. »Wissen Sie«, fragte er mich, »dass mein Onkel um 1880 die erste Liebe Ihrer Großmutter war?«. Ich verneinte. Aber meine damals 77-jährige Mutter bestätigte mir dies einige Tage später bei einem Besuch in Wolfsölden.

Nun, meine Großmutter heiratete, wie schon erwähnt, 1885 nach Erbstetten. Aus ihrer Ehe mit Johann Gottlieb Krauter gingen in den folgenden beiden Jahrzehnten zwölf Kinder hervor. Ein Junge starb schon bald nach der Geburt, die anderen elf machten die üblichen Kinderkrankheiten durch, ohne dadurch bleibenden gesundheitlichen Schaden zu nehmen.

Die Familie meiner Großeltern Wilhelmine Barbara und Johann Gottlieb Krauter mit der im Rollstuhl sitzenden »Base« um 1910. Hintere Reihe: Ernst, Gottlieb, Wilhelm, Eugen und Albert; vordere Reihe: Wilhelmine (meine Mutter), Luise, Paul, die Eltern Wilhelmine Barbara und Johann Gottlieb Krauter, Hermann, Karl, Marie und die Base Marie Lämmle.

Eine solch große Kinderschar verlangte Eltern, die nicht mit irdischen Gütern gesegnet waren, viele Opfer ab. Sie hatten unentwegt hart zu arbeiten und manche Entbehrungen auf sich zu nehmen. Der Großvater, obwohl gesundheitlich angeschlagen, gab sein Bestes. Im Sommerhalbjahr betrieb er seine Landwirtschaft, im Winter verschaffte er sich und den Seinen mit Webarbeiten an einem Handwebstuhl einen bescheidenen Nebenverdienst. Das Zepter in der Familie schwang die Großmutter: eine resolute, lebenstüchtige Frau, die wegen ihrer ständigen Arbeitsüberlastung freilich für ihre Kinder wenig Zeit hatte. Ein Glück war es, dass sich im Haus eine an den Rollstuhl gefesselte Base, Marie Lämmle, befand. Sie war im 16. Lebensjahr an Kinderlähmung erkrankt und seitdem gelähmt. Ungeachtet ihrer schweren körperlichen Behinderung hatte sie sich ein sonniges, warmherziges Gemüt bewahrt. Sie war sehr intelligent und vielseitig interessiert, lebte ein Christentum der Tat. Verwandte und Bekannte suchten und fanden bei ihr in schwierigen Lebenssituationen Rat und Hilfe. Beim Handarbeiten brachte sie es zu großer Fertigkeit. Sie konnte so zumindest einen Teil ihres Lebensunterhalts selbst bestreiten. Meiner Mutter und ihren beiden Schwestern vermittelte sie die Freude am Stricken, Häkeln und Klöppeln. Sie kümmerte sich um die Sorgen und Nöte der Krauter-Kinder, überwachte deren Schulaufgaben. Meine Mutter sprach von ihr zeitlebens mit großer Dankbarkeit und mit Hochachtung. Sie stand ihr menschlich näher als die eigene Mutter. Die arme hilflose Frau, die ihr schweres Lebensschicksal so tapfer meisterte, Ruhe und Gelassenheit ausstrahlte, wurde ihr zum Vorbild. Wenn sie im späteren Leben Sorgen und Nöte allzu sehr drückten – und dies war oft der Fall –, dann half ihr die Erinnerung an die während des Ersten Weltkriegs verstorbene Base.

Der Krauter-Großvater war ein kluger, weitsichtiger Mann. Er erkannte, dass nur die wenigsten seiner acht Söhne eine Existenz in der Landwirtschaft aufbauen konnten. Die meisten seiner elf Kinder zeichneten sich in der Erbstetter Volksschule durch gute Leistungen aus, und dabei blieb ihnen für das Lernen kaum Zeit. Schon bald mussten sie im Haus und auf dem Feld mithelfen, oder sie wurden gegen einen Minimallohn an wohlhabendere Bauern den Sommer über verdingt, die Mädchen als »Kindsmägde«. Als Klassenbeste belegten sie die ersten Plätze. Einen Schwachpunkt bildete allerdings das »Singen«. Hier erlangten die wenigsten von ihnen Lorbeeren. Ein Großteil der Krauter-Kinder besaß die Voraussetzungen für höhere Schulen und damit für gehobene Berufe. Schon beim Ältesten, Karl (* 1886), dem späteren wohlsituierten Bäcker- und Konditormeister in Arlesheim bei Basel/Schweiz bedrängte der Lehrer die Eltern, dem hochbegabten Jungen die Ausbildung zum Volksschullehrer zu ermöglichen. Allein, die Eltern vermochten sich dazu nicht durchzuringen, zumal sie sich bei ihrer großen Kinderschar mehr schlecht als recht wirtschaftlich über Wasser halten konnten. Dagegen ermunterten sie ihre Söhne, soweit diese keine besondere Freude an der Landwirtschaft hatten, sich für handwerkliche Berufe zu entscheiden. Die mehrjährige Ausbildung im Handwerk belastete sie nicht zu sehr, und danach konnten die frisch gebackenen Handwerksgesellen mit ihrem bescheidenen Verdienst bereits ein wenig das Familieneinkommen aufbessern. So entschied sich der älteste Sohn Karl, wie erwähnt, für den Bäcker- und Konditorberuf. Dasselbe tat lange nach dem Tod des Vaters auch der Jüngste, Hermann (* 1905). Wilhelm absolvierte eine Lehre im Zimmerhandwerk und Albert eine solche im Malerhandwerk.

Im Haus Krauter herrschte ein guter Geist. Die älteren Brüder verstanden sich gut mit ihren jüngeren Geschwistern. Sie halfen ihnen, machten ihnen Geschenke. Natürlich gab es auch Streitereien, Eifersüchteleien, Spannungen. Meine Mutter erzählte oft, dass sie ihr Nachtlager in einem Anbau unter dem Dach gehabt hätten. Dieses sei nicht ganz dicht gewesen, so dass ihnen gelegentlich Regentropfen und Schneeflocken die Gesichter benetzten. Wenn im Winter Schnee gelegen habe, hätten sie auf dem Weg zu ihrem »Schlafzimmer« etliche Meter barfuß durch den Schnee stapfen müssen. Kurios sei die Drohung gewesen, wenn es einmal Meinungsverschiedenheiten oder Streit gegeben habe: »Jetzt lieg i erscht recht na, wo's kalt isch!«

Die älteste Schwester Luise (* 1889) musste schon früh hart arbeiten. Ihre Domäne war die Küche. Dort führte sie ein strenges Regiment. Manche der Jüngeren bekamen ihren Rührlöffel schmerzhaft zu spüren. So verschaffte sie sich Respekt und konnte ungestört für die große Familie kochen. Einige ihrer Brüder haben ihr das Rührlöffelregiment zeitlebens nachgetragen. Dabei war Tante Luise, die noch vor dem Ersten Weltkrieg den jungen Erbstetter Schreinermeister Eugen Bürkle heiratete, eine gewissenhafte, um die Ihren stets besorgte Ehefrau, Mutter und Schwester, die unendlich fleißig war und es zu beachtlicher Fertigkeit in Handarbeiten brachte. Zu ihrer fast zehn Jahre jüngeren Schwester Mene, meiner Mutter, hatte sie ein besonders enges Verhältnis. Es war in den ersten Jahren nach dem Zweiten Weltkrieg, als ich an einem warmen Vorfrühlingstag zusammen mit meinem Vater im Affalterbacher Gemeindewald in der Altach ein ersteigertes Los von Abfallholz »aufmachte«, um unseren Brennholzvorrat für den Winter mit Reisigbüscheln und Stangenholz zu ergänzen, als völlig außer Atem am späten Nachmittag unsere damals schon fast 60-jährige recht korpulente Tante in Wolfsölden ankam. Angstvoll fragte sie, ob denn der Paul – mein Vater – noch lebe. Die Kinder von unserem Onkel Paul Krauter hatten zu Hause nach einem Besuch in Wolfsölden tatsächlich erzählt, der Onkel liege im Sterben. Ohne auch nur einen Augenblick zu zögern, zog Tante Luise ein Sonntagskleid an und machte sich in größter Eile auf den vier Kilometer langen beschwerlichen Fußweg, der durch das tief eingeschnittene Buchenbachtal führte. Sie, die im Spätherbst 1945 durch Herztod ihren Mann verloren hatte, nachdem schon seit dem Frühsommer 1944 ihr einziger Sohn Fritz in Russland als vermisst galt, wollte der geliebten Schwester in ihrer schwersten Stunde beistehen. Indes traf sie den soeben aus dem Wald zurückgekehrten Schwager bei bester Gesundheit an. Allgemeine Erleichterung auf den Schrecken. Es gab ein ordentliches Vesper, und dann machte sich die Tante zwar ziemlich erschöpft, doch frohgemut auf den Heimweg. Von da an hatte ich die Tante Luise ins Herz geschlossen. Der Anblick der verschwitzten, keuchenden Frau mit ihrem verschreckten Gesichtsausdruck steht mir auch heute noch vor Augen.

Die Beschwerden meines Großvaters in Erbstetten nahmen, seitdem er die Fünfzig überschritten hatte, stetig zu. Vor allem machte ihm die Atemnot zu schaffen. Er vermochte kaum noch zu arbeiten. Ein Glück, dass die älteren Söhne, soweit sie nicht gerade ihre Militärdienstpflicht ableisteten, und die beiden größeren Töchter im Haus und in der Landwirtschaft mithelfen konnten. Am 17. September 1912 starb Johann Gottlieb Krauter. Der Sohn Karl befand sich damals gerade in Paris, um sich in seinem Handwerk weiter zu bilden.

Der Konditormeister, bei dem er tätig war, gehörte zu den Meistern seines Faches. Er war aber auch ein charaktervoller, mitfühlender Mann. Als Karl die telegrafische Nachricht bekommen hatte, dass sein Vater im Sterben liege, zögerte er, den Meister um Urlaub für die weite Reise zu bitten. Doch dieser enthob ihn der Skrupel: Wenn der Vater stirbt, ließ er ihn wissen, hat der in der Fremde lebende Sohn, zumal wenn er der älteste ist, nach Hause zu fahren, selbst wenn er eine lange Reise auf sich nehmen muss, um Mutter und Geschwistern Stütze und Halt zu sein. Karl, der übrigens in Paris in kurzer Zeit fließend Französisch gelernt hatte, brach sofort mit der Bahn nach Deutschland auf und traf wohl noch rechtzeitig zu Hause ein. Die Mutter war sehr erleichtert. Karl nahm ihr vieles ab. Seinen beiden jüngsten Brüdern Paul und Hermann, zehn und sieben Jahre alt, kaufte er neue Anzüge, damit sie an der Beerdigung des Vaters ordentlich gekleidet teilnehmen konnten.

Nachdem im August 1914 der Erste Weltkrieg ausgebrochen war, wurden sechs Söhne der Familie Krauter sofort oder im Lauf des ersten Kriegsjahres eingezogen. Gottlieb und Eugen, 1887 und 1893 geboren, avancierten im württembergischen Heer zum Sergeanten (Festungstelegrafenabteilung) beziehungsweise zum Vizefeldwebel (Infanterie). Albert fiel am 16. August 1915 in Polen. Für die Mutter und die Geschwister ein schwerer Schlag. Im Herbst 1918 nahm das jahrelange blutige Inferno ein Ende. Die Frontsoldaten kehrten zurück. Im Haus Krauter aber dämpften zwei jähe Todesfälle die Freude über die Heimkehrer. Die asiatische Grippe, der 1918/19 weltweit zehn Millionen Menschen zum Opfer fielen, grassierte auch in unserer Heimat. Aus dem Haus Krauter trug man an einem Tag zwei Särge hinaus. In

Mein Onkel Eugen Krauter als Vizefeldwebel im Ersten Weltkrieg.

Meine Onkel Albert und Gottlieb Krauter auf Heimaturlaub kurz vor dem Soldatentod Alberts 1915.

einem Sarg, einem Kindersarg, lag der vierjährige Sohn von Luise und Eugen Bürkle, Eugen, ein aufgewecktes, munteres Bürschlein, die Freude aller, die es näher kannten. Der andere Sarg barg die sterblichen Überreste der 15-jährigen Marie, der jüngeren Schwester meiner Mutter. Zwei hoffnungsvolle junge Menschen hatten dem Würgegriff der Grippeepidemie nicht zu widerstehen vermocht. Während des Krieges war die Base Marie Lämmle gestorben, der gute Geist des Erbstetter großelterlichen Hauses. Ihr Tod hinterließ eine nicht zu schließende schmerzliche Lücke. Ihre selbstlose Liebe wirkte weiter.

Beim Ausbruch des Ersten Weltkriegs, den auch die Menschen unserer engeren Heimat überschwänglich begrüßten, weil sie mit einem raschen und glänzenden Sieg der deutschen Waffen rechneten, war meine Mutter fünfzehneinhalb Jahre alt. Sie hatte schon früh zu einem Teil für ihren Lebensunterhalt aufkommen müssen. Das ungewöhnlich intelligente, aber auch sehr praktisch veranlagte Mädchen hatte bereits mit zehn Jahren die Kleinkinder der Bauernfamilie Gottlieb Schaible betreuen müssen. Sofort nach Beendigung des Schulunterrichts hatte die kleine Kindsmagd tagtäglich ihren Dienst anzutreten. Für die Erledigung der Schulaufgaben blieb gewöhnlich nur der späte Abend. Dennoch bereitete ihr die Schule keine Schwierigkeiten. Sie lernte leicht. Zweifellos hätte sie mühelos auch das Pensum einer höheren Schule geschafft. Doch sie musste sich, zumal als Mädchen, mit der Dorfvolksschule begnügen. Die Lehrer, die sie unterrichteten, führten ein strenges Regiment, aber sie waren fähige Pädagogen. Meine Mutter lernte fehlerfrei schreiben und gewann Freude am Lesen. Bücher waren ihre lebenslange Leidenschaft. Freilich blieb ihr dafür wenig Zeit. Erst im Alter widmete sie sich einem guten Buch ohne schlechtes Gewissen. Bei der Familie Schaible hatte es Mutter übrigens gut getroffen. Sie war in der Familie integriert und wurde anständig behandelt.

Während des Ersten Weltkriegs mussten die Mädchen und Frauen die im Feld stehenden Männer ersetzen, so auch im Haus Krauter. Die ältere Schwester Luise kam, nachdem ihr Mann eingezogen worden war, mit ihrem Söhnchen ins Elternhaus zurück und half dort im Haus und auf dem Feld wacker mit. Auch die beiden jüngsten Brüder Paul und Hermann, die noch zur Schule gingen, mussten tüchtig mitanpacken. Meine Mutter übernahm die Erbstetter Milchsammelstelle und brachte tagtäglich die angelieferte Milch zum Bahnhof Maubach. Dafür standen ihr ein Pferd und ein Wagen zur Verfügung. Sie gewöhnte sich rasch an diese Fuhrmannstätigkeit, und der Umgang mit dem vertrauten Pferd machte ihr Freude.

Nach Kriegsende übernahm der Bruder Eugen die elterliche Landwirtschaft. Der Bruder Gottlieb bewirtschaftete die Güter, die ihm ein kinderloser Vetter vererbt hatte. Er wurde der »Schafhausbauer«. Schwester Luise baute zusammen mit ihrem aus dem Feld zurückgekehrten Mann Eugen Bürkle eine Schreinerei auf. In allen drei Familien stellte sich Nachwuchs ein.

Der älteste Bruder Karl, der während des Ersten Weltkriegs als Angehöriger der deutschen Streitkräfte Schweizer Boden nicht hatte betreten dürfen und sich mit seiner aus der französischen Schweiz gebürtigen Frau Marie in Freiburg im Breisgau hatte treffen müssen, kehrte nach Arlesheim bei Basel zurück und nahm die Arbeit in der von ihm vor dem Krieg erworbenen und seither von seiner Frau geführten Bä-

Mein Onkel Karl Krauter und meine Tante Marie mit Tochter Marcelle um 1928 vor ihrem Haus in Arlesheim bei Basel/Schweiz.

ckerei und Konditorei wieder auf. Jetzt erst lernte er auch sein in den Kriegsjahren geborenes Töchterchen Marcelle näher kennen. Vater und Tochter freundeten sich rasch an. Marcelle sprach als Kleinkind nur Französisch. Dies war die Muttersprache von Marie und auch die ihrer Mutter, welche mit der Tochter zusammen nach Arlesheim gezogen war und im Haus ihres Schwiegersohns ein neues Zuhause gefunden hatte. Da die »Grande Mère« ausschließlich Französisch sprach, wurde dies die Umgangssprache der Familie. Marcelle lernte erst in der Schule Deutsch.

Zu Beginn der zwanziger Jahre verheiratete sich Onkel Wilhelm nach Magstadt bei Böblingen und errichtete dort eine Zimmerei. Onkel Hermann wanderte schon bald nachdem er bei seinem Bruder Karl das Bäcker- und Konditorhandwerk erlernt hatte, in die USA aus und ebenso Onkel Ernst mit seiner aus Stettin stammenden Frau Else. Onkel Ernst hatte sich vornehmlich in der Landwirtschaft betätigt und in verschiedenen Betrieben gearbeitet, aber keine gesicherte Existenz aufbauen können.

Im Haus meiner Großeltern lebten jetzt neben Onkel Eugen nur noch die blinde Großmutter Wilhelmine Barbara sowie meine Mutter und Onkel Paul, der in einem auswärtigen Industrieunternehmen seinen Lebensunterhalt verdiente. Paul gefiel es so gut bei Mutter und Schwester, dass er seiner Mene vorschlug, sie solle sich schriftlich verpflichten, wie er ledig zu bleiben, um ihm und der alten Mutter den Haushalt zu führen. Dazu fand sich jedoch die Schwester nicht bereit. Sie wollte zwar der blinden Mutter weiterhin zur Seite stehen, aber deshalb keineswegs von vornherein auf eine eigene Familie verzichten. Als nun mein Vater um sie warb, zögerte sie mit ihrem Ja nicht lange. Dies hieß freilich, dass sie ihren Geburtsort Erbstetten verlassen und in das benachbarte Wolfsölden übersiedeln musste. Dort hatte Vater inzwischen von seinem Onkel Karl Fischer, dem langjährigen Büttel des Weilers, und von dessen Frau Karoline, der Schwester von Großmutter Sauer, das von meinem Urgroßvater Fischer 1895 erbaute Haus mit Scheune und Stall sowie Garten im Häldenweg 9 kaufen können. Das kinderlose Ehepaar Fischer bezog zunächst in Wolfsölden eine Mietwohnung. Großtante Karoline starb schon bald, Großonkel Karl erst nach Beginn des Zweiten Weltkriegs in Winnenden, wo er seine letzten Lebensjahre zugebracht hatte.

Bruder Eugen hatte seine Schwester Mene ins Herz geschlossen, zumal Mene nicht nur im Haus und auf dem Feld fleißig mitarbeitete, sondern sich auch liebevoll um die blinde Mutter und die beiden Töchter von Onkel Eugen und seiner Frau Luise (geborene Lang), Marie und Elsa, gekümmert hatte. Die 1921 geborene ältere Tochter Marie (später verheiratete Graf), die sie im Elternhaus noch bewusst erlebte, gerät noch heute ins Schwärmen, wenn sie von der kinderlieben Tante erzählt. Ähnliches gilt auch für die beiden Töchter von Onkel Gottlieb und Tante Karoline (geborene Ludwig), Martha und Hilde, beide heute in den Achtzigern. Martha und Hilde standen ihr als Patentöchter besonders nahe. Obwohl Martha vor Kriegsausbruch 1939 zu Verwandten in die USA auswanderte und später dort heiratete, behielt sie die Dote in bester Erinnerung, und wann immer sie nach dem Zweiten Weltkrieg zu Besuch in die alte Heimat, nach Erbstetten, kam und uns Jüngeren durch ihr mit vielen englischen Brocken und Redewendungen durchsetztes Schwäbisch Anlass zum Schmunzeln gab, vergaß sie nie, einen Abstecher nach Wolfsölden zu machen.

Onkel Eugen ließ es sich jedenfalls nicht nehmen, die Aussteuer der Schwester und deren sonstige persönlichen Habseligkeiten mit dem Pferdefuhrwerk nach Wolfsölden zu transportieren und bei der Einrichtung des Haushalts behilflich zu sein.

Nicht alle Wolfsölder gönnten dem sich mühsam eine Existenz aufbauenden fleißigen Hilfsarbeiter Paul Sauer diese hübsche, freundliche Frau. Ein älterer Gipser, der nicht ungern ins Glas sah, ließ sich in einem Erbstetter Gasthaus darüber aus, die Mina Krauter habe eine miserable Wahl getroffen. Keiner der Wolfsölder Sauer tauge viel, so auch nicht der Paul. Die Erbstetter Verwandten und Freunde kannten das scharfe, missgünstige Mundwerk des Gipsers; sie reagierten verärgert. Die Verunglimpfung einer armen, aber achtbaren Familie und eines strebsamen jungen Mannes fiel mehr oder minder auf ihren Urheber zurück.

Meine Mutter, an harte Arbeit gewöhnt und dabei sehr häuslich, schaffte es, ihrem Mann trotz der großen Schuldenlast, die sie abzutragen hatten, und des geringen Hilfsarbeitereinkommens ein bescheidenes, aber doch menschlich ansprechendes Zuhause zu schaffen, und mein Vater, der vom Elternhaus her alles andere als verwöhnt war, wusste dies zu schätzen. Freilich hatte Mutter es nicht immer leicht mit ihm. Er besaß ein schwaches Nervenkostüm, konnte sehr unbeherrscht sein, verfiel gelegentlich auch ins Fluchen und Schimpfen, doch hielt sich dies in Grenzen. Sicher wurmte ihn, dass seine Mene ihm intellektuell überlegen war. Andererseits respektierte er ihre Sparsamkeit, ihre Fähigkeit, sich auch in schwierigen Situationen zu behaupten, ihre optimistische Lebenseinstellung, ihren Fleiß. Sie war von früh bis spät auf den Beinen, war meist gut gelaunt, hatte für Nach-

Meine blinde Erbstetter Ahne mit meinem Onkel Paul Krauter und meiner Kusine Elsa Krauter um 1930.

barn und Freunde stets ein gutes Wort. Sie half den Schwiegereltern und nahm sich Alter und Kranker an, wann immer sie konnte. Auch war sie freigebig, nach Meinung ihres Mannes manchmal zu sehr. Ein derber Ausspruch meines Vaters, den ich oft von ihm hörte: »Onser Weib« – so nannte er in späteren Jahren seine Frau, und dies war durchaus anerkennend gemeint – »dät no irn Arsch verschenke, wenn er net angewachse wär.«

Schon bald hatte sich meine Mutter in dem kleinen Weiler einen guten Ruf erworben. Auch die wohlhabenderen Bauern, damals meist Angehörige der nach dem Dreißigjährigen Krieg aus der Schweiz eingewanderten Häußermann-Sippe, die sich großenteils als etwas Besseres dünkten, und dies vor allem die Kuhbauern und Nebenerwerbslandwirte sowie deren Kinder spüren ließen, respektierten sie. Sie trat bescheiden, aber sicher auf, fand schnell das richtige Wort und konnte es im Kochen und Backen, ebenso im Stricken, Häkeln und Nähen mit den reichen Bauersfrauen durchaus aufnehmen. Wenn man bei Familienfeiern, Taufen, Konfirmationen oder Hochzeiten im Ort tüchtige Helferinnen benötigte, ließ sie sich, wenn ihr dies möglich war, nicht zweimal zu einem solchen Dienst bitten.

Ein recht freundschaftliches Verhältnis hatten meine Eltern zu unseren Nachbarn Bäuerle, die eine größere Landwirtschaft betrieben. Es waren dies vier ledige Geschwister, zwei Männer und zwei Frauen, damals mittleren Alters, die sich mit Erfolg wechselseitig am Heiraten gehindert hatten. Karl, der Jüngste, Metzger von Beruf, war ein Schulkamerad meines Vaters. Er hätte das Zeug zur Gründung einer eigenständigen Metzgerei in einem der umliegenden größeren Dörfer oder in einer Nachbarstadt gehabt. Indes kehrte er nach der Berufsausbildung und einem fast vierjährigen Kriegsdienst in einem Kavallerieregiment ins Elternhaus zurück, um sich in der Landwirtschaft und nebenberuflich als Hausmetzger zu betätigen. Er war vielseitig interessiert, las gerne, liebte auch anspruchsvollere Gespräche und legte an Sonn- und Feiertagen, ebenso bei größeren Festen Wert auf modische Anzüge. Andererseits war er seltsam gehemmt und ordnete sich im bäuerlichen Alltagsleben seinen älteren Geschwistern unter. In späteren Jahren sprach er zunehmend dem Bier zu, wobei er stets darauf achtete, dass er eine gewisse Toleranzgrenze nicht überschritt.

Der eigentliche Bauer war der 1881 geborene Ludwig, Louis genannt, ein schaffiger, etwas griesgrämiger Junggeselle, dessen Lebensperspektive über Stall, Äcker, Wiesen und Wald nicht hinausreichte. Er rühmte sich, er habe zeitlebens nur in einem einzigen Bett geschlafen, nämlich in seinem eigenen im Haus Bäuerle. Der einzige Luxus, den er sich leistete, war der »Stumpen«, den er rauchte, wenn er sich mit seinem gleichaltrigen Freund Karl Häußermann am Sonntagnachmittag zum regelmäßigen Waldspaziergang traf. Den Haushalt besorgte die überaus sparsame Schwester Emma, für Stall und Feld hingegen war mehr die Schwester Luise zuständig. Beide Schwestern, die »Bäuerlesmädle«, waren einige Jahre jünger als Louis. Sie führten ein sehr zurückgezogenes Leben, doch hatten sie nicht ungern Besuch. Auch interessierten sie sich sehr dafür, was so im Ort passierte. Vor allem Luise war stets bestens darüber informiert. Am Sonntagnachmittag besuchten sie regelmäßig in Fölls »Säle« die »Stunde«. Anschließend genossen sie im Wohnzimmer noch ein wenig die sonntägliche Ruhe, um sich dann gegen Abend wieder den Arbeiten in der Küche und im Stall zuzuwenden. Emma versorgte auch den 1851 geborenen Vater, früher ein tüchtiger Landwirt, jetzt aber schon recht hinfällig.

Meine Eltern bekamen von den Geschwistern Bäuerle manche Hilfe, umgekehrt waren sie ihnen vor allem im Sommerhalbjahr, besonders meine Mutter, bei Arbeiten auf dem Feld und in den Obstgrundstücken sehr willkommen. Im Winter besuchte man sich nach Beendigung der Arbeiten im Stall ein- oder zweimal wechselseitig zu einer freundschaftlichen Plauderstunde, dem »Vorschütz«. Die Gastgeber kredenzten ein Gläschen Likör oder ein Glas Wein sowie etwas Gebäck. Diese Sitte pflegten meine Eltern auch mit einigen anderen Familien im Ort. Uns Kindern wurde eingeschärft, falls man erlaubte, dass wir dabei sein durften, uns tadelsfrei zu benehmen. Meinen letzten »Vorschütz« bei Bäuerles erlebte ich zusammen mit den Eltern als Tübinger Student 1951/52.

Frühe Kindheit

Am 29. Oktober 1927 wurde meine Schwester Emma geboren. Trotz der Assistenz der alten und sehr fürsorglichen Affalterbacher Hebamme Katharina Geist war es für Mutter keine leichte Geburt. Die »Kindbetterin« verlor viel Blut und musste zur medizinischen Nachsorge ins Bethesda-Krankenhaus nach Stuttgart gebracht werden. Sie genas glücklicherweise verhältnismäßig rasch und mutete sich bald wieder jede Arbeit zu, obwohl dies anfänglich über ihre Kräfte ging. Aber Vater hatte für solche »Weiberkrankheiten« wenig Verständnis. Mutter traf es jedenfalls hart, als er einmal äußerte: »Wer dut do andere Weiber?«. Er meinte: Was sollen da Frauen mit mehreren Kindern und einer größeren Landwirtschaft sagen. Mutter biss auf die Zähne.

Bei ihrer Heirat hatte sie der blinden Mutter versprochen, dass sie mindestens einmal in der Woche nach Erbstetten komme, um nach ihr zu sehen und ihr im Haushalt behilflich zu sein. Die Schwägerin Luise, die Frau des Bruder Eugen, war für diese Entlastung sehr dankbar. Also packte Mutter, wenn das Wetter nicht gar zu schlecht war, ihr kleines Töchterchen in den Kinderwagen, marschierte mit ihm hinunter zur Schiedt'schen Mühle im Buchenbachtal und dann die Burgstaller Steige hinauf und auf teilweise unbefestigten Feldwegen nach Erbstetten. Abends nach getaner Arbeit ging es dann wieder die vier Kilometer nach Wolfsölden. Allein schon der Fußmarsch mit Kinderwagen zum Elternhaus und wieder zurück war ein strapaziöses Unternehmen. Aber die junge Frau nahm ihn allwöchentlich willig auf sich und versicherte später uns Kindern, eine große Belastung sei dies für sie nicht gewesen, habe sie doch ihrer Mutter ein wenig Freude machen und ihr vor allem etwas behilflich sein können. Sie verschwieg allerdings auch nicht, dass Vater öfters »gebruddelt« habe, weil er der Ansicht war, in Erbstetten wohnten immerhin vier Geschwister der Mutter, und diese sollten sich um die blinde Ahne kümmern. Dies geschah ja auch. Allein, meine Mutter hätte ein schlechtes Gewissen gehabt, hätte sie sich nicht an dem für sie selbstverständlichen Liebesdienst beteiligen können. Hinzu kam, dass sie gerne mit ihren Erbstetter Geschwistern und deren Familien, ebenso mit alten Freunden und Bekannten zusammen war.

Wenn ich mich nicht täusche, hatte Mutter in dem auf die Geburt von Emma folgenden Jahr eine Fehlgeburt. Davon wurde aber selten gesprochen. Am 22. Juli 1931 erblickte ich nun als Stammhalter der Familie das Licht der Welt. Ich erhielt den Namen meines Vaters: Paul. Allerdings war mein zweiter Vorname Wilhelm, der meines Vaters aber Theodor. Im Unterschied zum großen Paul musste ich mit dem Rufnamen »Paule« vorlieb nehmen. »Das Paule« behagte mir überhaupt nicht, blieb aber während meiner ganzen Kindheit an mir haften. Selbst für den Chef der Marbacher Oberschule Dr. Albert Grau war ich noch 1944/45 »das Paule«. Allmählich aber avancierte ich dann doch zum »Paul«. Ich verdanke dies insbesondere meinem Wolfsölder Lehrer Wilhelm Gaiser und unserem Affalterbacher Gemeindepfarrer Johannes Berner. Auch meinen Eltern kam »das Paule« bald zu kindisch vor. Für sie war ich »der junge Paul«.

In meinen ersten Lebensjahren war ich ein schwächliches Kind. Meine Mutter machte sich ernsthafte Gedanken darü-

Die Hochzeit meiner Eltern am 14. Oktober 1926 in Erbstetten. In der Mitte der vorderen Reihe sitzend meine Erbstetter und meine Wolfsölder Ahne sowie mein Großvater Christian.

Blick auf Wolfsölden von den »Hauwiesen« aus um 1930.

ber, ob und wie sie mich durchbrächte. »Die englische Krankheit«, die Rachitis, setzte mir arg zu. Der Lebertran, den man mir zur Kräftigung meiner körperlichen Konstitution gab, ist mir bis heute in grässlicher Erinnerung. Manchmal meine ich auch heute noch, ich hätte ihn soeben geschluckt. Schließlich erfüllte er aber dennoch den ihm zugedachten Zweck, und ich war froh, diese tägliche Tortur durchgestanden zu haben. Mit dem Gehenlernen ließ ich mir viel Zeit. Eine kontemplative Weltbetrachtung zog ich schon immer der aktiven Betätigung vor. Mit dem Sprechen tat ich mich naturgemäß leichter.

Beinahe hätte ich schon in frühester Jugend das Zeitliche gesegnet. Ich war wohl so um die zwei Jahre alt, als ein voller Wasserzuber unter der Treppe neben dem Hauseingang meine Neugierde erregte. Wie ich es schaffte, dass ich kopfüber in den Wasserbottich stürzte und ums Haar ertrunken wäre, weiß ich nicht mehr. Dagegen stehen mir die schreckliche Atemnot und das verzweifelte um mich Schlagen noch vor Augen – eine meiner frühesten Erinnerungen. Mutter, die in der Küche oder Waschküche den »Pflatscher« gehört hatte, rannte herbei und rettete mich aus dem Wasser. Weniger dramatisch, aber recht blutig war einige Jahre später ein ungeschickter Griff in die Handrübenmühle. Wahrscheinlich gab es beim Zerkleinern der Futterrüben, der »Angerschen«, Probleme. Eine Rübe widersetzte sich dem Mahlvorgang. Ich versuchte mit der rechten Hand den Stau zu beheben und erlitt durch die an der Walze angebrachten scharfen Eisenzähne eine nicht ganz ungefährliche Wunde an der Hand. Die Narbe ist noch heute sichtbar.

Als kleiner Junge war ich zum Leidwesen meiner Eltern sehr eigenwillig. Das Gehorchen fiel mir arg schwer und ich verursachte manchen Ärger. Schon früh bekam ich daher die Koch- und Rührlöffel meiner Mutter schmerzhaft zu spüren. Dennoch blieb ich ein schwieriges Kind. Anders mein am 11. Juni 1933 geborener Bruder Alfred. Er war ein sonniger Bub und im Gegensatz zu mir pflegeleicht. Freilich hatte er auch seine »Mucken«, aber sie störten die Eltern kaum.

Über das neugeborene Brüderchen freute ich mich sehr und ließ an dieser Freude auch die Nachbarn teilhaben. Entsetzt war ich daher, als mir der Nachbar Karl Bäuerle mit ernster Miene, aber schalkhaften Augen eine Art Kaufangebot machte. Ich, der knapp Zweijährige, überlegte nicht lange und ließ den Karl wissen: Biderle selber b(eh)alde, Storch brocht!«

Ich erregte den Ärger meiner Mutter immer wieder, weil ich so »schleckig«, also beim Essen recht wählerisch war. Dabei bemühte sich meine Mutter im Rahmen ihrer bescheidenen Mittel und Möglichkeiten, uns gesund zu ernähren. Eine zentrale Bedeutung hatte für sie dabei die Milch, zumal wir die Milchlieferanten im eigenen Haus, im kleinen Stall unter dem Wohnzimmer, hatten. Zunächst waren es eine Kuh und eine Ziege, später zwei Kühe. Die weiße Mutterziege war übrigens das Geschenk meines Onkels Wilhelm Krauter in Magstadt an seine geliebte Schwester Mene, als diese mit ihrem zweiten Kind, also mit mir, niederkam. Sie und ihre Zicklein waren während meiner ersten zehn Lebensjahre die große Freude von uns Kindern, auch von unseren Spielkameradinnen und Spielkameraden. Mutter konnte nun nicht verstehen, dass ich eine Art Milchphobie hatte und dass es mir schon übel wurde, wenn ein Milchgericht, so der im Haus beliebte in Milch gekochte Blumenkohl, ferner Milchnudeln, Griesbrei, Milchreis oder Milchbrotsuppe auf dem Speiseplan standen.

Vergeblich kämpfte sie mit dem Rührlöffel dagegen an. Komischerweise war ich einer Tasse kuhwarmer Milch nicht abgeneigt, und zu meinen Lieblingsgerichten an heißen Sommerabenden gehörte »gestandene Milch«, also Sauermilch, mit Pell- oder Bratkartoffeln aus der neuen Ernte. Die gestandene Milch hatte es in gleicher Weise meinem Vater angetan, der auch sonst keinen Aber gegen Milch oder Milchgerichte hatte. Zusammen mit seinem Freund Karl Bäuerle hatte er sich dereinst als Schuljunge an das Fensterbrett vor der Speisekammer des Hauses Bäuerle herangeschlichen und sich immer wieder an der Milch gelabt, die Emma Bäuerle dort in irdenen Gefäßen zum Sauerwerden aufgestellt hatte. Beide Freunde erinnerten sich noch viele Jahre später schmunzelnd an ihre Milchfeldzüge.

Ein Gräuel waren mir auch Spinat und Karottengemüse. Da meine Eltern die Ansicht vertraten, alles, was auf den Tisch komme, müsse auch gegessen werden, erregte ich mit meiner beharrlichen Weigerung, dies zu tun, den Unwillen meiner Mutter. Oft wurde ich deshalb vom Tisch weggeschickt oder mit einer kräftigen Ohrfeige bedacht. Nach und nach wurden meine Eltern duldsamer: sie erkannten, dass ich mich nicht aus Bosheit Milch und Milchspeisen widersetzte.

Andererseits gab es viele Gerichte, die mir ausgezeichnet schmeckten. Ich nenne nur einige: Pfannkuchen, Waffeln, gebackene Griesschnitten mit Kompott; auch Kartoffelsalat, grüne Salate wie auch Gurken- und Tomatensalat, grüne Bohnen und Kernbohnen oder Linsen mit Spätzle zählten zu meinen Leibspeisen, ebenso wie Erbseneintopf, Sauerkraut oder Bayerisch-Kraut mit Spätzle, Kartoffelpüree, Bratkartoffeln, Gaisburger Marsch, Saure Kutteln, Saure Brühe und besonders am Gründonnerstag die exzellenten Maultaschen in der Brühe. Mutter war eine ausgezeichnete Köchin und verstand es, trotz äußerst beschränkter Ressourcen – der Garten und die Äcker bildeten die Hauptnahrungsmittellieferanten – schmackhafte Gerichte auf den Tisch zu bringen. Elektrische Kühlschränke gab es noch nicht, dafür hatten wir einen tiefen Gewölbekeller, in den die Wintervorräte an Kartoffeln und Obst, ebenso das Volksgetränk Apfelmost eingelagert wurden. Mutter »dünstete« auch viel Obst und Gemüse ein.

Fleisch und Wurst waren bei uns schon lange vor dem Krieg Mangelwaren. Im Spätwinter schlachteten die Eltern gewöhnlich ein etliche Monate gemästetes Schwein. Nachbar Karl Bäuerle übernahm sachkundig und gesprächig die blutige Prozedur. Wir Kinder konnten es kaum erwarten, bis das Kesselfleisch im Waschkessel gekocht war und als erstes Vesper mit Brot und Most zur Verfügung stand. Für uns Kinder hatte das fette Kesselfleisch leider oft auch eine »durchschlagende Wirkung«, dennoch ließen wir es uns nicht entgehen. Am späten Nachmittag gab es dann die begehrten Leber- und Griebenwürste. Jetzt setzte sich die Familie mit dem Metzger zusammen zu einem reichhaltigen Schlachtmenü: mit Fleischbrühe gekochte Nudelsuppe, sodann Sauerkraut mit Grieben- und Leberwurst sowie Kesselfleisch. Wir Kinder wurden anschließend mit der Metzelsuppe in benachbarte und befreundete Häuser geschickt: eine Portion Sauerkraut mit Kesselfleisch, Grieben- und Leberwurst, manchmal noch mit einem Stück Bratenfleisch, sowie mit einem Milchkännchen, gefüllt mit Fleisch- und Wurstbrühe. Auch arme Alte und Kranke wurden mit einer kräftigen Suppe bedacht. Das Metzelsuppen-Austragen übenahmen wir Kinder gerne, weil uns von den Empfängern kleine Geldbeträge oder Naschzeug zugesteckt wurden. Dies war ein sehr sinnvoller Brauch, beruhte er doch auf Gegenseitigkeit. Auf solche Weise war gewährleistet, dass sich die einzelnen Familien in gewissen Zeitabständen an frischen Würsten und frischem Fleisch erfreuen konnten.

Bei uns musste ein Schwein die Fleisch- und Wurstversorgung für ein ganzes Jahr sichern. Die größeren Bauern, die damals allerdings noch einige Knechte und Mägde zu versorgen hatten, schlachteten hingegen mehrmals im Jahr: neben einem oder mehreren Schweinen auch ein Stück Rindvieh. Bei ihnen gehörten Fleisch und Wurst zum täglichen Speiseplan.

Unerlässlich für die Selbstversorgung der Familie war das Geflügel: Hühner, Enten, Gänse. Es wurde artgerecht gehalten, hatte einen großen Auslauf. Ab und zu gelang es einem Marder, in den Hühnerstall einzudringen und dort großen Schaden anzurichten. Mit Marderfallen suchte man sich dagegen zu wappnen. Auch streunende Hunde und Habichte konnten Hühnern gefährlich werden. Ein Geflügelbraten, ein »gefülltes Göckele«, aber auch ein Suppenhuhn waren für uns Delikatessen. Hart gekochte Eier gab es nur an Ostern, Frühstückseier nur für Kranke. Viel Freude machten uns im Frühjahr die kleinen frisch geschlüpften Hühnchen und Entchen, die, von der Hühner- und Entenmutter eifersüchtig bewacht, im Grasgarten herumpurzelten oder in einer Art Gänsemarsch ihrer stolzen Mama hinterhertrotteten. Im Frühjahr bereiteten uns zudem die kleinen Geißlein, die wir zu beaufsichtigen hatten, Kurzweil. Auch die Hauskatze zählte zu unseren Gespielinnen. Mit den jungen possierlichen Kätzchen gaben wir uns viel ab, nicht immer zur Freude der Katzenmutter. Die Eltern schärften uns ein, dass die Katze

Mit unserer Ziege auf dem Wasserreservoir bei meinem Elternhaus, etwa 1937. Links neben mir Helmut Gaiser, rechts von mir Martin Föll und Renate Gaiser.

Mäuse im Haus, in der Scheune und im Keller fangen sollte, wir sie deshalb nicht verwöhnen dürften.

Einmal kamen wir auf den Gedanken, unsere Mutterziege als Zugtier vor das Leiterwägelchen zu spannen, mit dem wir Obst, Brennholz, Korn, Mehl und vieles mehr herankarrten. Ähnlich wie Pferde oder Kühe mussten sich doch auch Ziegen als Zugtiere verwenden lassen. Wir banden also das recht störrische Tier einigermaßen fachmännisch, so wie wir es bei unserem Vater gesehen hatten, an der Deichsel des Leiterwägelchens fest, stülpten ihm eine Art Kummet über den Kopf und verbanden dieses durch zwei Stränge mit der Vorderachse des Wägelchens. Als wir jedoch das Gefährt in Bewegung setzen und die Ziege mit einer Art Leitseil dirigieren wollten, riss sich das verstörte Tier los und raste mit dem Leiterwägelchen im Schlepptau den Häldenweg hinunter. Als wir die Ziege mit der Hilfe von Erwachsenen wieder eingefangen hatten, waren wir sehr erleichtert, dass das eigenartige Gefährt den Amoklauf im Großen und Ganzen heil überstanden hatte. Einen zweiten Versuch, uns ein Geißengespann zuzulegen, unternahmen wir nicht mehr. Ob ich als Anstifter damals von den Eltern bestraft wurde, weiß ich heute nicht mehr. Nahegelegen hätte es.

Wir wuchsen in einer Welt mit Tieren auf. Singvögel, die in den Obstbäumen rings um unser Haus nisteten, weckten uns morgens mit ihrem Gesang. Freilich gab es auch Vögel, deren unheimlicher Ruf die Menschen erschreckte, so der Steinkauz. Sein düsterer Schrei kündigte, wie uns die Erwachsenen versicherten, einen bevorstehenden Todesfall an. Einmal, so erinnere ich mich, konnte auch ich – sicher Zufall – den Warnruf eines Steinkauzes zu abendlicher Stunde in Verbindung bringen mit dem kurz darauf erfolgten Tod eines alten Menschen drunten im Weiler.

Gerne hielt ich mich abends im kleinen Kuhstall auf. Ich lag dann, häufig zusammen mit meinem Bruder Alfred auf einer Schütte frischen Strohs und sah beim Füttern, beim Melken, beim Striegeln der Tiere und beim Misten zu. Im Winter war es im Stall mollig warm.

1932/33 erreichte die Weltwirtschaftskrise mit mehr als sechs Millionen Arbeitslosen allein in Deutschland ihren Höhepunkt. Württemberg mit seiner großen Vielfalt exportorientierter mittelständischer Industriebetriebe und seinem leistungsfähigen Handwerk war von der Krise weniger als andere deutsche Länder betroffen. Hinzu kam, dass hier nicht wenige Industriearbeiter zugleich Nebenerwerbslandwirte waren und in harter Feierabendarbeit, vor allem aber dank der tatkräftigen Mithilfe der Ehefrauen und Kinder einige Morgen Äcker, Wiesen, Obstgärten, mancherorts auch Weinberge bewirtschafteten und sich so ihre enge Bindung an ihr Heimatdörfchen bewahrten. Dies war auch bei meinen Eltern der Fall.

Mitten in der Weltwirtschaftskrise wechselte mein Vater seinen Arbeitsplatz. Vermutlich reduzierte das Staatliche Schotterwerk Erdmannhausen die Zahl seiner Beschäftigten, oder es stellte den Betrieb ganz ein. Vater fand anscheinend ohne größere Mühe eine neue Beschäftigung in den Dachziegelwerken Spingler in Winnenden. Seine künftige Hauptbetätigung befand sich in der Lehmgrube der Firma am Winnender Galgenberg. Dort wurden die Rohmaterialien für die Herstellung von Ziegeln und Backsteinen gewonnen. Es war schwere Handarbeit von Montag bis Freitag ganztägig, samstags halbtägig. Doch daran war Vater gewöhnt. Ein Problem aber musste vorweg gelöst werden: das Erreichen des neuen Arbeitsplatzes. Bisher hatte Vater den Weg zur etwa fünf Kilometer entfernten Arbeitsstelle am nördlichen Ortsrand von Erdmannhausen teils auf Schusters Rappen, teils mit der Bahn bewältigt. Die Fahrt mit der Eisenbahn von Burgstall/Murr über Backnang nach Winnenden bedeutete gewissermaßen eine Fahrt mit der Kirche ums Dorf, und sie war zudem mit ziemlich langen Fußmärschen verbunden. Vater erlernte deshalb noch als Mittdreißiger das Fahrradfahren. Tagtäglich radelte er nun die sieben Kilometer lange Wegstrecke bergauf, bergab über die damals noch ungeteerte Zubringerstraße Wolfsölden – Siebzehn Morgen und von dort aus auf der Landstraße Marbach – Affalterbach – Winnenden – und dies bei jedem Wetter, auch im Winter, wenn es irgendwie möglich war. Der Autoverkehr spielte damals auf der Landstraße nach Winnenden glücklicherweise noch keine größere Rolle.

Wichtig war vor allem im Winterhalbjahr, dass der Fahrraddynamo funktionierte, damit Vorder- und Rücklicht brannten, denn immer wieder lauerte hinter einem Baum am Straßenrand der Affalterbacher Landjäger Heinrich Daiber, ein gestrenger, aber gleichzeitig recht menschlicher Hüter des Gesetzes, der damals nicht gerade mit Dienstaufgaben überlastet war. Erwischte nun Daiber einen Fahrradfahrer ohne Licht in der Dunkelheit, war ein Bußgeld fällig. Häufig aber begnügte sich der grimmig dreinschauende Polizist mit einer Verwarnung.

Ein Hitze und Kälte, Regen, Schnee und Eis trotzender Fahrradfahrer, der an den Werktagen jeweils eine Gesamtstrecke von 14 Kilometern zu bewältigen hatte, benötigte eine robuste Gesundheit. Diese schien Vater zu besitzen. Die starke physische Belastung am Arbeitsplatz und die weite Anfahrt mit dem »Stahlross« forderten jedoch ihren Preis. Erkältungen stellten sich ein; sie wurden nicht sonderlich

Mein Vater bei der Arbeit im staatlichen Steinwerk Erdmannhausen am 10. November 1931.

ernst genommen. Sobald Vater glaubte, wieder einigermaßen auf dem Damm zu sein, schlich er sich, einen dicken wollenen Schal um den Hals, in den Garten, um Bäume »auszuputzen« oder andere anstehende Arbeiten zu verrichten. Mutter hatte ihm dann einen Wink zu geben, wenn plötzlich einer der pflichteifrigen Krankenkontrolleure auftauchte, damit er rasch durch die Hütte ins Haus zurückschleichen konnte. Dies gelang nicht immer. Dennoch kam er nie ernstlich in Konflikt mit den Kontrolleuren der Krankenkasse, zumal diese sich davon überzeugen konnten, dass er noch immer gesundheitlich stark angeschlagen war. Verwarnungen gab es allerdings hie und da.

Im Februar 1936 bei der Beerdigung unserer Erbstetter Ahne erlitt Vater einen gesundheitlichen Kollaps. Hohes Fieber stellte sich ein. Vater musste mit dem Auto oder mit dem Pferdewagen, fest eingemummt, nach Hause gebracht werden. Dr. Rößler aus Winnenden, ein äußerst besorgter und tüchtiger Arzt, der damals die Wolfsölder Kranken betreute, diagnostizierte eine doppelseitige Lungen- und Rippfellentzündung. Der Zustand des Kranken verschlechterte sich rasch. Er verlor zeitweilig das Bewusstsein. Wirksame Antibiotika wie Penicillin gab es damals noch nicht. Mutter und die Wolfsölder Ahne wechselten sich am Bett des Schwerkranken ab. Gewissenhaft befolgten sie die ärztlichen Anweisungen. Die akute Krise kam mitten in der Nacht. Vaters Körper begann von unten her zu erkalten. Anzeichen des nahenden Todes waren unverkennbar. Da hörten die beiden Frauen das Geräusch eines Autos, das vor dem Haus anhielt. Dr. Rößler hatte die Sorge um den Wolfsölder Patienten nicht schlafen lassen. Er kam gerade noch rechtzeitig. Mit seiner sachkundigen Hilfe konnte die

Krise überwunden werden. Vater erholte sich und nahm etliche Wochen später seine Arbeit in Winnenden wieder auf. Wäre er damals gestorben, hätte mein Lebensweg und der meiner beiden Geschwister sehr wahrscheinlich einen anderen Verlauf genommen. Mutter zeigte sich zutiefst dankbar. Mich, den knapp Fünfjährigen, beeindruckte der so freundliche und hilfsbereite Dr. Rößler sehr. Jedenfalls erklärte ich, wenn ich einmal groß sei, werde ich auch ein Dr. Rößler. Dass der Nachdruck bei meiner Feststellung auf dem Doktor lag, erstaunte meine Mutter. Sie meinte, dies seien Kinderfantasien. Ein Doktor würde ich nie werden können. Dazu seien in unserer Arbeiterfamilie die Hürden entschieden zu hoch. Zwanzig Jahre später, als ich vor allem dank ihrer selbstlosen liebevollen Hilfe tatsächlich ein akademisches Studium absolviert hatte und den Dr. phil. nach Hause brachte, erinnerte sie sich wieder an meinen Dr.-Rößler-Ausspruch.

1933/34 machten sich die Eltern daran, das nicht gerade in bestem Zustand befindliche Haus mit Scheune und Hütte zu renovieren und den Bedürfnissen einer jungen Familie anzupassen. Küche und Wohnbereich wurden vergrößert, im Obergeschoss zwei Schlafzimmer für uns Kinder eingerichtet. Wie dies meine Eltern finanziell bewältigten, ist mir noch heute ein Rätsel. Vater brachte damals einen Wochenlohn von 30 bis 35 Mark nach Hause. Gewiss, Mutter verdiente mit Handarbeiten, mit Saisonarbeiten bei den größeren Bauern des Orts ein bescheidenes Zubrot und sah auf strikte Sparsamkeit. Dabei ging uns Kindern auch in dieser Zeit nichts ab. Wir waren sauber gekleidet, mussten keinen Hunger leiden und standen auch sonst unseren Altersgenossen nicht nach. Freilich, ohne günstige Darlehen hätten die

Eltern die Umbau- und Renovierungsarbeiten am Haus nicht finanzieren können. Wenn ich mich nicht irre, erhielt Vater von Müllermeister Eugen Schiedt ein mäßig verzinsbares Darlehen.

Als großzügiger Wohltäter erwies sich wieder einmal Onkel Karl in der Schweiz – übrigens auch gegenüber seinen anderen Geschwistern. Er lieh den Eltern bereitwillig Geld zu günstigen Bedingungen mit einer langen Laufzeit. Diese hielten die Rückzahlungsfristen gewissenhaft ein. In den ersten Jahren des Zweiten Weltkriegs hatten sie ihr Darlehen vollständig getilgt. Als Treuhänder fungierte Onkel Gottlieb in Erbstetten. Doch das Geld konnte nicht in die Schweiz transferiert werden. Hinzu kam, dass die Reichsmark-Währung im Ausland schon längst nichts mehr wert war. Durch die Währungsreform im Juni 1948 wurden die Reichsmark-Bankguthaben um 90 Prozent abgewertet. Onkel Karl war bereits Anfang 1941, also mitten im Zweiten Weltkrieg, gestorben – an seiner Beerdigung in Arlesheim hatte niemand von der Verwandtschaft teilnehmen können –, aber Tante Marie lebte noch. Sie hatte die Bäckerei und Konditorei nach dem Tod ihres Mannes weitergeführt, bis sie nach dem Zweiten Weltkrieg Marcelle und ihr Mann Kurt Weidmann übernahmen. Im Sommer 1958 auf der Rückfahrt von Marseille, wo ich meinen französischen Freund Jacques Serre besucht hatte, machte ich einen Abstecher in Arlesheim, wo ich seit meiner Freiburger Studentenzeit (1953–1957) stets willkommen war. Ich besprach mit Tante Marie und mit Marcelle im Auftrag meiner Eltern die leidige Angelegenheit. Tante Marie und Marcelle erklärten sich mit der Rückzahlung des abgewerteten Darlehens und der zwischenzeitlich angefallenen Zinsen einverstanden und gaben mir die vor einem

Vierteljahrhundert ausgestellte Schuldverschreibung zurück. Meine Eltern und ganz besonders mein Vater, der damals nur noch sehr eingeschränkt arbeitsfähig war, zeigten sich über die Großzügigkeit der Schweizer Verwandten außerordentlich dankbar.

Noch sehe ich meine Mutter vor mir – und dies ist eine meiner frühesten Kindheitserinnerungen –, wie sie uns drei Kinder – Alfred war noch ein Säugling – zwischen Speiskübeln, Backsteinen und Baugerüsten notdürftig versorgte. Indes überstanden wir den Hausumbau unbeschadet. Ich sicherte mir Abfallholz als Spielzeug, nicht immer zur Freude der Erwachsenen und wusste mich mit dem Bau von Häusern, Scheunen, Burgen und Kirchen, so wie mir dies vorschwebte, zu beschäftigen. Glücklicherweise vermochte ich mir einen Vorrat an Holzklötzchen auch über die Ausbauzeit hinaus zu bewahren. Als mir die Wolfsölder Ahne das geliebte Spielzeug während der schweren Erkrankung meines Vaters wegnehmen wollte, weil sie meinte, die »Bauerei« störe den Schwerkranken, redete ihr die Mutter gut zu, und ich behielt meine Holzklötzchen.

Die dunklen Flecken in meinem Erinnerungsvermögen vermindern sich, wenn es sich um die Zeit dreht, nachdem ich viereinhalb, fünf Jahre alt geworden war. Die meisten wichtigeren Lebensereignisse sind von da an irgendwie in meinem Gedächtnis gespeichert, manche allerdings recht verschwommen. Sehr deutlich steht mir noch die Beerdigung meiner Krauter-Ahne im Februar 1936 vor Augen. Mit den Eltern betrat ich das kleine Wohnzimmer der Ahne, in dem diese aufgebahrt war. Es hatten sich dort bereits zahlreiche nahe Verwandte versammelt, alle schwarz gewandet, die Männer im Kirchenrock, den Zylinder in der Hand oder auf dem Kopf. Das Gesicht der Toten war mit einem weißen Tüchlein bedeckt. Eine der Frauen nahm es weg. Erstmals in meinem Leben sah ich einen toten Menschen. Die Ahne schien zu schlafen. Das bleiche Gesicht, die geschlossenen Augen beeindruckten mich. Ich empfand keine Angst, konnte auch nicht begreifen, warum die Augen der Männer feucht waren und die Frauen schluchzten. Die Majestät des Todes hatte mich unmerklich angerührt. Erst Wochen später kam mir, als ich mit Mutter wiederum das nun leere Schlafzimmer betrat, zum Bewusstsein, dass die Ahne nicht mehr da war, dass sie eine nicht zu schließende Lücke hinterlassen hatte. An die eigentliche Beerdigung kann ich mich nur noch dunkel erinnern: die Aussegnung durch den Ortsgeistlichen, den Leichenzug zum Friedhof, die Bestattungsfeier. Die Ahne fand ihre letzte Ruhestätte im Grab ihres bereits fast 24 Jahre zuvor verstorbenen Mannes, unseres »Ehle«.

Der Tod und die Beerdigung der Ahne hatten meine kindliche Fantasie stark angeregt. Als einige Zeit später die Schwiegermutter meines Onkel Paul, Karoline Lang, in Erbstetten überraschend starb, drängte ich meine Mutter, mich doch zur Trauerfeier mitzunehmen. Der Leichentext aus 1. Petrus 1, 24 und 25 prägte sich mir tief ein: »Denn alles Fleisch ist wie Gras und alle Herrlichkeit des Menschen ist wie des Grases Blume. Das Gras ist verdorrt und die Blume abgefallen, aber des Herrn Wort bleibt in Ewigkeit«. Im Haus Ade weiter unten im Weiler, in dem ich wohlgelitten war, konnten sich die erwachsenen Töchter Anna, Sophie, Frieda und Hanne, die mich natürlich über die Beerdigung befragten, nicht genug wundern, dass der kleine Bub den der Trauerfeier zugrunde gelegten Bibeltext im Kopf behalten hatte und ihn bruchstückhaft zitieren konnte. Dieses Bibelwort, dessen Sinn ich erst später begriff, hat mich im Übrigen ein Lebenlang begleitet, und es hat mich vor dem einen oder anderen menschlichen Irrweg bewahrt.

Auch nach dem Tod der Ahne pflegte unsere Mutter den engen Kontakt zu ihren Erbstetter Geschwistern. Ich erinnere mich, dass mein immer arg lieber Onkel Paul, dem später ein so schweres Lebensschicksal beschieden war, meiner Mutter mit ihren kleinen Kindern an einem dunklen Herbst- oder Winterabend bis zur Burgstaller Steige oberhalb der Schiedt'schen Mühle das Geleit gab. Mich kleinen Jungen nahm er, wenn ich nicht mehr »laufen« wollte oder wenn ich zu sehr trödelte, huckepack. Einmal drohte er mir mit dem »Selfepudel«, dem Unhold, der angeblich am Söllbach sein Unwesen trieb und die nächtlichen Wanderer erschreckte, wenn ich weiterhin quengelte. Onkel Eugen spannte gelegentlich sein Pferd vor das Bernerwägele, um uns nach Hause zu fahren. Meine Base Elsa erzählte mir erst kürzlich, ihr Vater habe mich einmal gewaltsam auf dem Bernerwägele platzieren müssen, weil ich wie auch sonst öfter halsstarrig und widerborstig gewesen sei.

Zu Familienfeiern fanden wir uns regelmäßig in Erbstetten ein. Die Konfirmationen einiger meiner Bäsle und meines Vetters Fritz sind mir im Gedächtnis geblieben. Besonders beeindruckend für mich waren die Einsegnungen der Konfirmanden in der Laurentiuskirche mit Orgelspiel und Kirchenliedern. Pfarrer Ebinger verstand es, diese recht feierlich zu gestalten. Den Höhepunkt des Tages für uns Kinder bildete indes das erlesene Mittagessen. Die Kunde, dass es bei einer dieser Konfirmationen Chaudeau-Sauce, eine wahrhafte Götterspeise, gegeben habe, machte in ganz Wolfsölden die Runde. Ich hatte in meiner Begeisterung den »Ades-Mädle«, die sich nach der Speisefolge erkundigt hatten, über das Festessen detailliert berichtet und unter den mancherlei Köstlichkeiten die Chaudeau-Sauce (Schodosoß) besonders gerühmt.

Regelmäßig pilgerte die ganze Familie zur Kirchweih Mitte Oktober nach Erbstetten. Es gab bei den Geschwistern von Mutter eine Fülle von Kuchen, für die Erwachsenen dazu Apfelmost, selten Wein, für uns Kinder Obstsaft, am späten Nachmittag auch Kaffee.

Am Sonntag nach Martini (11. November) füllte sich dann unser Wohnzimmer mit den Onkeln und Tanten sowie deren Kindern aus Erbstetten. Auch der Dötle und die Dote, also der Patenonkel und die Patentante aus Kirchberg stellten sich ein. Wiederum tat man sich an einem reichen Kuchensortiment gütlich, zu dem üblicherweise Apfel-, Zwetschgen-, Kirsch- und Käsekuchen gehörten.

In Erbstetten trafen sich die Krauter-Geschwister regelmäßig, wenn der Onkel und die Tante aus der Schweiz ein Kleiderpaket geschickt hatten, und dies war öfter der Fall. Die meist bereits getragenen Kleidungsstücke, die von guter Qualität und in tadellosem Zustand waren – überwiegend Frauen- und Mädchenkleider – waren sehr begehrt. Doch ging es beim Verteilen stets friedlich zu. Vor allem meine Mutter und Emma profitierten von diesen Sendungen. Für uns Buben fiel seltener etwas ab. Doch auch wir gingen nie ganz leer aus. Übrigens war es üblich, dass getragene, aber nicht abgetragene Kinderkleider unter den Krauter-Geschwistern ausgetauscht wurden. Dies war sehr sinnvoll und schonte den Geldbeutel der einzelnen Familien. So bekam ich manches hübsche Anzügle von meinem Vetter Fritz Bürkle, sobald dieser daraus »herausgewachsen« war. Meine Schwester Emma hatte es in dieser Hinsicht besonders gut, sie konnte unter der Garderobe von mehreren älteren Bäsle wählen. Da Mutter ebenso wie ihre Schwester Luise sich auf das Abändern von Kinder-, insbesondere Mädchenkleidern, verstand, sahen die abgeänderten Kleidungsstücke meist recht adrett aus. Auch Schuhe, Mützen, selbst Schulranzen und anderes mehr wurden im Geschwisterkreis und unter Vettern und Basen getauscht.

Die Welt eines schwäbischen Bauerndörfchens in den 1930er Jahren

Die rund 180 Einwohner des Weilers Wolfsölden gehörten in meiner Kindheit ausnahmslos der evangelischen Landeskirche Württembergs an und waren Mitglieder der evangelischen Kirchengemeinde Affalterbach, die ihren Mittelpunkt in der Affalterbacher spätgotischen Martinskirche hatte. Seit 1927 betreute die Kirchengemeinde Pfarrer Johannes Berner (1873–1948), der zuvor Pfarrer in Althütte war. Das erste Kind, das er in der neuen Gemeinde taufte, war meine Schwester Emma. Berner war ein hochintelligenter, engagierter Geistlicher, dem das Wohl seiner Gemeindemitglieder am Herzen lag. Nach Wolfsölden kam er besonders gern. Wenn ich mich nicht irre, hatte er sich dafür einen bestimmten Wochentag reserviert. Hierbei besuchte er, wenn irgendwie möglich, sämtliche alten und kranken Bürgerinnen und Bürger. An warmen Sommertagen versammelte er eine größere Schar alter Leute, darunter meine Großeltern, im vorderen Teil des Schlossbiegels, des Schlosshofs, um sich. Meist bestand die traute Runde aus sechs, sieben Alten, die auf Wohnzimmerstühlen oder auf Bänken saßen, und der lebhafte kleine Pfarrer mitten drin. Es war eine Art Bibelstunde im Freien, doch man redete auch über andere Dinge. Wer geschichtliche Interessen hatte, der kam bei dem ungemein belesenen und kenntnisreichen verhinderten Geschichtsprofessor auf seine

Wolfsölder Ortsmitte um 1930: Im Vordergrund Haus Ade, Bildmitte Haus Lämmle mit Glockentürmchen von 1786, im Hintergrund Back- und Milchhäuschen mit Haus Bertele am Aufgang zum Schlosshof.

Kosten. Abends hielt er dann in der Schule Bibelstunde, zu der sich vor allem die Frauen einfanden. Über Mittag und am Abend war er gewöhnlich Gast bei Frieda Häußermann, einer älteren Frau, der Schwägerin von unserem Ortsvorsteher, damals Anwalt genannt, Gotthilf Föll.

Tante Frieda – so nannten sie nicht nur ihre Neffen und Nichten sowie ihre Großneffen und Großnichten, sondern auch wir – war eine resolute Frau. Sonntagmittags hielt sie im Säle des Hauses Föll am Beginn des Häldenwegs, damals noch Bäuerleswegs, Kindergottesdienst. Wir hatten großen Respekt vor ihr. Wenn sie im Obergeschoss des Hauses Föll das Fenster aufriss und mit Donnerstimme uns aus dem Garten des damaligen Anwaltshauses vertrieb, wo wir uns mit unseren Spielkameraden Martin und Gerhard Föll treffen wollten, rannten wir schleunigst davon. Doch die Gestrenge war auch leicht wieder zu beschwichtigen. Ihre Kindergottesdienste besuchten wir gerne. Mir gefielen besonders die biblischen Geschichten, die sie uns erzählte. Das Singen, wie schon erwähnt, ein Schwachpunkt meiner Begabung, machte mir weniger Freude. Die Liedertexte hingegen prägten sich mir rasch ein. Es war wohl an einem Himmelfahrtsfeiertag, als wir im »Sonntagsschüle« die Himmelfahrt Christi behandelten. »Nun, Martin«, fragte Tante Frieda ihren Großneffen Martin, »kannst du dir vorstellen, wie der Heiland zum Himmel aufgefahren ist?«

»Natürlich mit dem Auto, Tante«, war die prompte Antwort.

Die meisten von uns hätten vermutlich ähnlich geantwortet, vielleicht aber statt des Autos das Flugzeug oder den Zeppelin, der uns Kindern so mächtig imponierte, als Himmelfahrtsvehikel genannt.

Im Weiler galt Frieda Häußermann, die auch die sonntägliche Stunde der Süddeutschen Vereinigung, später der Hahn'schen Gemeinschaft organisierte, als eine Art Wetterprophetin. Wenn sie am Sonntagvormittag besonders kräftig die Tasten ihres Harmoniums bearbeitete und mit überlauter Stimme Choräle sang, meinten mein Vater und sein Freund Karl Bäuerle, ein Wetterumschwung stehe bevor. Gewöhnlich bemühte sie sich nämlich um eine gemäßigte Lautstärke.

Den drei Kilometer langen Weg zwischen Affalterbach und Wolfsölden legte Pfarrer Berner, mit einem runden Lederköfferchen und einem Regenschirm bewaffnet, meist zu Fuß zurück. Der kleine quirlige Mann, der nach allen Seiten grüßte und höflich den Hut zog, gelegentlich auch zu einem kleinen Schwätzchen stehen blieb, hatte einen eigenartigen Gang: rasche, kurze Schritte, die den ganzen Körper vibrieren ließen. Gelegentlich benutzte er wenigstens für eine Wegstrecke das Postauto. Die Post- und Telefonhilfsstelle Wolfsölden wurde in den dreißiger Jahren – man kann sich dies heute kaum noch vorstellen – wochentags täglich zweimal und sonntags einmal von der Kraftpostlinie Backnang angefahren. Das Postauto verfügte über einige Sitzplätze und nahm gegen ein nach der Entfernung gestaffeltes Fahrgeld Reisende mit. Pfarrer Berner befand sich oft noch spätabends zu Fuß auf dem Heimweg nach Affalterbach. Wie er uns Kindern sagte, schätzte er diese Nachtmärsche, weil er dabei seinen Gedanken nachhängen konnte. Bei schlechtem Wetter brachte ihn bereitwillig auch einer der Wolfsölder Bauern mit dem Bernerwägele oder im Winter mit dem Personenschlitten nach Hause.

Die Wolfsölder Männer waren keine großen Kirchgänger. Viele besuchten den Gottesdienst nur an Feiertagen, so insbesondere am Karfreitag oder am Altjahrabend, an Silvester.

Auch der Gottesdienstbesuch der Frauen hielt sich schon wegen der Zubereitung des Sonntagsbratens in Grenzen. An Konfirmationen und an Hochzeitsfeiern hingegen war die Kirche überfüllt. Ihre Verpflichtungen gegenüber der Kirchengemeinde aber nahmen die Wolfsölder ernst. Wenn »zwischen den Jahren«, also zwischen Weihnachten und Dreikönig, dem Erscheinungsfest, der altgediente urgemütliche Kirchenpfleger Paul Bärlin aus Affalterbach in die Häuser kam, wurde er gewöhnlich recht freundlich empfangen und ihm nach einer kürzeren oder längeren vertrauten Erkundigung über das wechselseitige Ergehen der schuldige Obulus ausgehändigt. Mir ist aus den letzten Jahren des Zweiten Weltkriegs und der ersten Nachkriegszeit in Erinnerung geblieben, wie Paul Bärlin, damals schon ein alter Mann, auf der Männerempore der Martinskirche vor der sonntäglichen Predigt seinen Platz einnahm, sofort, die Hände über dem Bauch gefaltet, einnickte, still vor sich hinlächelnd den Worten des Pfarrers zu lauschen schien und spätestens beim Vaterunser wieder ganz da war. Glücklicherweise gehörte er nicht zu den Kirchenschnarchern.

Die Kirchenschnarcher gab es aber auch. Freilich, die Bauern, ebenso die Arbeiter und die Handwerker hatten die Woche über hart zu arbeiten, die Ruhe im Gotteshaus wirkte auf sie einlullend. Pfarrer Berner und auch seine Nachfolger hatten dafür Verständnis. Berner kürzte deshalb seine Predigten aber nicht. Für unsere heutigen Begriffe waren sie überlang, auch war den Gedankengängen des belesenen und auch politisch sehr wachen Geistlichen nicht immer leicht zu folgen. Manchmal freilich würde ich mich heute über eine gehaltvolle Predigt von wenigstens 20 Minuten freuen. Eine Acht- bis Zehn-Minuten-Predigt, wie man sie jetzt mitunter hört, ist für mich lediglich eine Inhaltsangabe. Dagegen begrüße ich es sehr, dass der Liturgie in unserer württembergischen evangelischen Kirche heute mehr Bedeutung beigemessen wird. Ich habe es nach dem Zweiten Weltkrieg noch erlebt, dass der hochgeachtete Stundenmann Wilhelm Schnabel, der selbst vor den NS-Machthabern nicht gekuscht hatte, dem jungen Pfarrer Gerhard Schmitthenner schwere Vorwürfe machte, weil dieser mit der Rückendeckung seines Kirchengemeinderats zu Beginn des sonntäglichen Gottesdienstes zwei brennende Kerzen auf dem Altar aufstellen ließ. »Wir lassen uns nicht katholisch machen«, erklärte er dem Geistlichen.

Meine frühesten Kirchenbesuche mit Mutter und Ahne beeindruckten mich durch die feierliche Atmosphäre des Gotteshauses: der Klang der Orgel, die Kirchenlieder, die mich ein Leben lang begleitet haben, freilich auch die Männer im schwarzen Kirchenrock, die dunkel gekleideten Frauen und Mädchen, die älteren Frauen mit den gestickten oder gehäkelten Häubchen auf dem grauen oder weißen Haar.

Der landeskirchliche Pietismus war im Ort seit langem vertreten durch die Süddeutsche Vereinigung und die Hahn'sche Gemeinschaft. Regelmäßig fanden an Sonntagnachmittagen Erbauungsstunden statt; sie wurden unter Assistenz ortsansässiger Brüder meist durch auswärtige Brüder gehalten. Konkrete Erinnerungen habe ich noch an die Stunde im »Säle«, weil mich meine Mutter gelegentlich dorthin mitnahm. Männer und Frauen saßen streng getrennt. Vorne stand ein Tisch, an dem der leitende Bruder ein Bibelwort auslegte und die um ihn gruppierten Brüder ihre bekräftigenden oder geringfügig davon abweichenden Kommentare beisteuerten. Ein wenig redegewandter Bauer, vom Stundenhalter zu einer

Meinungsäußerung aufgefordert, begnügte sich gewöhnlich mit dem Satz: »I han au so denkt«.

Gebete und Lieder spielten eine wichtige Rolle. Bei den von einem Harmonium begleiteten Liedern meist aus »Hillers Schatzkästlein« übertönte die Stimme von Tante Frieda alle anderen Frauen- und Männerstimmen. Nach der Beendigung der »Stunde« verharrten die Männer regungslos auf ihren Stühlen, wogegen die Frauen und Mädchen sofort aufstanden und das »Säle« verließen. Erst nach etlichen Minuten folgten auch die Männer. Es sollte so möglichst jeder unzüchtige Blickkontakt vermieden werden.

Meine Großeltern Sauer besaßen eine engere Bindung an die Pregitzer'sche Gemeinschaft, die in Affalterbach, Burgstall und Kirchberg, auf dem Kirschenhardthof und in Nellmersbach, damals gemeinhin das Nellmersbächle genannt, geistliche Mittelpunkte hatten. Leider weiß ich nicht, ob die Großeltern regelmäßig oder ob sie sporadisch die auswärtigen Stunden dieser Gemeinschaft besuchten. Das hitzige, egozentrische Alltagsverhalten unseres Ehle, das sich mitunter in heftigen Zornesausbrüchen entlud, wurde durch das Stundenchristentum nur wenig gedämpft. In einem möglicherweise durch Frau und Kinder provozierten Wutanfall soll er einmal den Christbaum in die Suppenschüssel geschlagen haben. Wie dies zuging, vermag ich nicht zu sagen. Meine Schwester Emma und meine Eltern, die dies wiederholt erzählten, kann ich nicht mehr fragen.

Wolfsölden war in den 1930er Jahren noch immer ein Bauerndörfchen. Die Landwirtschaft bestimmte den Tages- und Jahresrhythmus. Den Ton im Ort gaben die größeren Bauern an. 1925 gab es in Wolfsölden insgesamt 35 landwirtschaftliche Betriebe. Elf von ihnen bewirtschafteten eine landwirtschaftliche Nutzfläche von weniger als einem Hektar. Von ihnen waren zehn Nebenerwerbsbetriebe. Drei Betriebe wiesen eine landwirtschaftliche Nutzfläche von einem bis zwei Hektar, sechs eine solche von zwei bis fünf Hektar, sieben eine solche von fünf bis zehn Hektar, sechs eine solche von zehn bis 15 Hektar und einer eine Nutzfläche von 15 bis 20 Hektar auf. Den größten Hof mit 22 Hektar und 93 Ar besaß Frieda Traub; es war dies zugleich der größte Hof in der Gesamtgemeinde Affalterbach. In den folgenden zehn Jahren änderte sich an der Zahl und der Größe der landwirtschaftlichen Betriebe nur verhältnismäßig wenig. Einige Betriebe konnten durch Kauf oder Pacht ihre landwirtschaftliche Nutzfläche vergrößern, andere schrumpften durch Erbteilung oder durch den Verkauf von Grundstücken. Manche Bauern bewirtschafteten zudem gepachtete oder durch Kauf erworbene Grundstücke auf Nachbargemarkungen.

In Wolfsölden gab es in meiner Kindheit drei selbstständige Handwerker: den Gipser Jakob Kummer, den Maurer Wilhelm Fischer und den Müller Eugen Schiedt. Alle drei betätigten sich auch als Nebenerwerbslandwirte. Der älteste Gewerbebetrieb war die bereits 1473 erstmals urkundlich erwähnte Schiedt'sche Mühle, mit der früher auch noch eine Sägemühle verbunden gewesen war. Sie lag im Buchenbachtal unterhalb des Ortes, erreichbar über eine Fahrstraße und über einen Fußweg, den Neuen Weg. Die meisten der insgesamt zwölf Nebenerwerbsbetriebe gehörten Arbeitern, die ihren Hauptverdienst in größeren Handwerksbetrieben oder in Industriebetrieben der Nachbarorte und -städte erlangten. Mit der Bahn waren damals vom Bahnhof Burgstall aus Backnang, Marbach, Ludwigsburg und Kornwestheim gut erreichbar.

Familie Ade bei der Ernte im Sommer 1939, auf dem vorderen Pferd mein Freund Hans Georg Schmitt.

Die Wolfsölder Mühle in den 1920er Jahren.

Die größeren Bauern – und zu diesen zählten bereits Landwirte mit acht bis zehn Hektar Grundbesitz – hielten als Zugtiere Pferde. Bei den Kleinbauern und den meisten Nebenerwerbslandwirten hatten Milchkühe diese Funktion zu erfüllen. Ochsen als Zugtiere wurden in Wolfsölden in den 1930er Jahren nicht mehr verwendet. Jedenfalls erinnere ich mich nicht daran. Kleine Nebenerwerbslandwirte, die nur eine Milchkuh besaßen, begnügten sich mit dieser als Zugtier, so meine Eltern. Sie hatten sich dazu geeignete kleine Wagen beschafft, die, vernünftig beladen, von einer »Kuhstärke« bewältigt werden konnten. Während der Heu- oder der Getreideernte stellten gelegentlich auch Nachbarn eine zweite Kuh oder gar ein Pferd mit einem größeren Erntewagen kurzfristig zur Verfügung. Als Gegenleistung wurde erwartet, dass vor allem die Frauen der Kleinbauern in landwirtschaftlichen Stoßzeiten Taglöhnerdienste leisteten. Unsere Mutter tat dies nicht ungern. Besonders bei den Geschwistern Bäuerle half sie oft. Den »Bäuerlesmädle«, die beide die Fünfzig schon überschritten hatten, war die fleißige und umgängliche Nachbarin willkommen. Vor allem Luise war nicht nur sehr gesprächig, sondern auch arg »naseweis« und wollte möglichst viel von Familieninterna und vom Dorftratsch erfahren.

Meinen Eltern halfen bei Gespann-Engpässen auch die Wolfsölder Großeltern und der ledige Onkel Albert Sauer, der den größten Teil des elterlichen Grundbesitzes bewirtschaftete, mit ihrem Kuhgespann aus. Nebenerwerbslandwirte, die als Milchtiere nur Ziegen hielten und Gras, Heu, Klee, Feldfrüchte und Obst mit Handwagen nach Hause karrten, gab es in den 1930er Jahren in Wolfsölden nicht mehr. Doch haftete einer achtbaren Familie, die längst über zwei Kühe als

Zugtiere verfügte, in der aber wegen der großen Kinderschar und des geringen Grundbesitzes viele Jahre Schmalhans Küchenmeister gewesen war, der wenig schmeichelhafte Beiname »Geißenfischer« an.

Ein recht vertrautes Bild meiner frühen Kinderzeit waren zwei ältere Frauen, die ihr Gras oder Heu in ein Grastuch eingeschnürt auf dem Kopf nach Hause trugen. Gewöhnlich sah man ein prall gefülltes Grastuch mit zwei Beinen sich auf das Dörfchen zubewegen. Kopf und Oberkörper der Trägerin waren unter der schweren Last kaum sichtbar. Allgemein üblich war, dass Frauen Eier in Körbchen auf dem Kopf trugen, wenn sie die Märkte in Winnenden besuchten. In diesen Körbchen brachten sie auf die gleiche Weise Materialien für Handarbeiten, sonstige Kurzwaren und andere Dinge, die sie dort oder in der Stadt gekauft hatten, nach Hause. Auf den steinernen Ruhebänken am Weg, auf deren höheren Teil sie ihre Lasten abstellten, konnten sie sich auf den niedrigeren Sitzflächen selbst etwas ausruhen. Einige der alten »Gruhen«, haben sich in unserer Gegend erhalten oder wurden rekonstruiert. Auf der Gemarkung Wolfsölden gibt es an der Zubringerstraße nach Winnenden, einige hundert Meter vom Ort entfernt, ein Gewann »Gruhe«. Dort stand dereinst eine längst verschwundene Ruhebank.

Die größeren Landwirte vermochten damals die anfallende Arbeit nicht allein zu bewältigen. 1925 befanden sich im Ort zehn Knechte und elf Mägde. An dieser Zahl dürfte sich in den 1930er Jahren nicht viel geändert haben. In der Landwirtschaft überwog noch die Handarbeit. Eine beträchtliche Arbeitserleichterung bedeuteten schon die Sä- und Mähmaschinen, die Erntebinder und die Kartoffelroder, die allesamt von Pferden gezogen wurden. Allein,

Maschinen konnten sich lediglich die Wohlhabenderen leisten. Um Kosten zu sparen, hatten sich beim Kauf wie bei der Nutzung dieser und anderer Maschinen und Geräte einige Bauern zusammengeschlossen. Das Dreschen des Getreides besorgte gewöhnlich ein auswärtiger Unternehmer, der im Spätherbst für etliche Tage oder Wochen mit seiner durch einen Bulldog betriebenen Dreschmaschine in den Ort kam. Das Dreschen war eine staubige Angelegenheit. Der Roggen wurde zum Teil noch von Hand mit dem Flegel gedroschen, weil man so sein Stroh zu Garbenbändern verarbeiten konnte. Doch auch sonst wurde vor allem bei den Nebenerwerbslandwirten noch viel Handarbeit geleistet. Ich habe bis heute das rhythmische Flegeldreschen im Ohr, wie es einem im November und noch in der Adventszeit aus kleineren und größeren Scheunen entgegentönte. Einige Bauern besaßen eigene kleine elektrisch betriebene Dreschmaschinen und Schrotmühlen. Bei den größeren Bauern hatten auch schon elektrische Futterschneidmaschinen Eingang gefunden. Die Kleinlandwirte, so auch meine Eltern, begnügten sich mit den durch Muskelkraft betriebenen Futterschneidmaschinen. Sobald wir Kinder um die neun, zehn Jahre alt waren, hatten wir das große Schwungrad zu betätigen. Wir machten dies nicht ungern, weil wir uns so nützlich machen und unsere Kräfte messen konnten.

Mit dem Pächter des Traub'schen Hofs kam der erste Bulldog oder Traktor, ein Lanzfabrikat, in den Weiler. Ende der dreißiger Jahre und nach Kriegsbeginn gesellten sich Deutz-Traktoren dazu. Die meisten Bauern blieben aber bei ihren Pferdegespannen. Auch wurde der Diesel-Kraftstoff bald rationiert. Gotthilf Föll junior, einer der Deutz-Lenker, der seine Pferde verkauft hatte, sah sich in der Zeit des so genannten

Umsturzes 1945 gezwungen, nebenbei Ochsen als Zugtiere wie zu Väterzeiten einzusetzen.

In Wolfsölden hatten sich in den letzten Vorkriegsjahren einige wohlhabendere Bauern Autos gekauft. Die Mehrzahl ihrer Mitbürger hatte dafür wenig Verständnis; sie hielt es für Angeberei, ja Größenwahn. Uns Kindern gefiel das Autofahren. Wenn uns einmal einer der stolzen Autobesitzer auf eine kurze Fahrt mitnahm, freuten wir uns wie die Schneekönige. An meine erste Autofahrt erinnere ich mich noch dunkel. Es muss während des Winters 1934/35 gewesen sein. Tante Käthe, die Frau meines Onkels Hermann Krauter, war aus den USA angereist, um als gebürtige Saarländerin an der Saarabstimmung teilzunehmen, die über die Rückgliederung des Saarlandes an das Deutsche Reich entschied. Ob die Reisekosten von Tante Käthe damals von der NS-Reichsregierung zumindest teilweise bezahlt wurden, weiß ich nicht, vermute es aber, hatten doch unsere in die USA eingewanderten, zunächst fast mittellosen Verwandten einen wirtschaftlich schwierigen Anfang. Jedenfalls besuchte Tante Käthe bei dieser Gelegenheit auch ihre blinde Schwiegermutter in Erbstetten und anschließend uns in Wolfsölden. Mutter und ich hatten die Tante in Erbstetten getroffen. Das Auto gehörte vermutlich einem ihrer Verwandten aus dem Saarland, der ihr so den Abstecher nach Württemberg ermöglicht hatte. Verglichen mit dem Fußmarsch von Erbstetten nach Wolfsölden war die nächtliche Autofahrt höchst angenehm, leider aber viel zu kurz. Nach Kriegsbeginn wurden die Privatautos in Wolfsölden stillgelegt oder für militärische Zwecke requiriert. Lediglich Karl Eisele durfte sein Auto mit Anhänger weiterhin benutzen, weil er die im Milchhäuschen angelieferte Milch auf den Burgstaller Bahnhof zu bringen hatte.

Das Telefon fand in Wolfsölden nur recht zögerlich Eingang. Neben einem amtlichen Fernsprecher, der mit der von meiner Tante Emma Sauer betreuten Poststelle verbunden war, gab es meines Wissens vor Kriegsbeginn 1939 im Ort nur ein einziges privates Telefon. Dieses hatte sich Gotthold Häußermann, ein fortschrittlicher Bauer, zugelegt. Im Ort hieß Gotthold Häußermann übrigens »dr Gscheitle« – und dies war keineswegs abwertend gemeint – weil er sich vor allem in jungen Jahren wiederholt auf waghalsige wirtschaftliche Unternehmen eingelassen hatte.

Die Zahl der Milchkühe in den landwirtschaftlichen Betrieben schwankte zwischen einer Kuh und etwa zehn Kühen. Die frisch gemolkene Milch konnte morgens und abends zu einer bestimmten Uhrzeit im Genossenschaftsmilchhäuschen abgeliefert werden. Für die Mädchen und Frauen eine willkommene Gelegenheit, sich zu einem Schwätzchen zu treffen und örtliche Neuigkeiten auszutauschen. Unsere Nachbarin Luise Bäuerle stellte nach dem Melken die volle Milchkanne vor der Haustüre ab, ehe sie, mit einer Art Ausgehschürze bekleidet, den Weg in das etwa 150 Meter entfernte Milchhäuschen antrat. Um die Stallschürze gegen die Ausgehschürze zu tauschen, musste Luise kurz in den ersten Stock des Wohnhauses. Diese Gelegenheit nutzte unsere Katze, um sich an die Kanne heranzuschleichen; das Brettchen, mit dem Luise die Kanne bedeckt hatte, – den Deckel musste sie erst holen –, wegzuschieben und sich an der Milch gütlich zu tun. Es dauerte geraume Zeit, bis Luise der Milchdiebin auf die Schliche kam und die Kanne sofort mit dem Deckel fest verschloss.

Die größeren Bauern hatten bereits moderne Stallungen erbaut, in denen Kühe, Kälbchen, ebenso die Pferde artgerecht untergebracht waren. Die Schweine hatten meist gesonderte Ställe. Anders sah es bei den Kleinbauern und Nebenerwerbslandwirten aus. Die Ställe im Erdgeschoss der Wohnhäuser waren gewöhnlich niedrig, allzu beengt und hatten zu wenig Licht und Luft. Der Dunghaufen befand sich nicht selten direkt unter dem Wohnzimmer. Die Güllengrube war schlecht verwahrt. Am Stallgeruch, der häufig auch den Kleidern anhaftete, störte sich kaum jemand. Kühe und andere Haustiere trugen wesentlich zur Sicherung des Lebensunterhalts der Familien bei. Wir Kinder wuchsen mit Tieren auf und lernten schon früh, auch in ihnen Geschöpfe Gottes zu sehen. An vorsätzlicher Tierquälerei sind mir nur wenige Fälle bekannt.

Den Jahresrhythmus bestimmte die bäuerliche Arbeit. Manche Bilder haben sich mir tief eingeprägt: sonnenhelle Frühlingstage, wenn auf den Feldern das Säen des Sommergetreides, des Welschkorns (Mais), der Futter- und der Zuckerrüben, das Stecken der Kartoffeln begann; der Heuet im Juni, wenn schon früh das Buchenbachtal vom Rattern der Mähmaschinen, dem Wetzen der Sensen, vom Wiehern der Pferde und dem Muhen der Kühe hallte, betörend duftende Heuwagen die Wege blockierten; die Getreideernte im Juli/August, wenn hoch beladene Garbenwagen in den Ort hereinfuhren; die Kartoffelernte im Frühherbst und die sich über Wochen bis zum Beginn der Frostperiode hinziehende Obsternte mit dem intensiven Geruch des frisch gekelterten Apfelmosts und mit der Einlagerung der prächtigen Tafeläpfel in den tiefen Kellern; das Dreschen im Spätherbst, das Bäumeschneiden, oft bei tiefem Schnee in den ersten Monaten des neuen Jahres.

Uns Kindern wurde es nie langweilig. Die Eltern zogen uns schon früh zur Mitarbeit im Haus, im Garten, in den Obstgrundstücken und auf den Feldern heran. Manches machte uns Freude, anderes taten wir nur ungern oder gar widerwillig. Doch wir lernten, unsere Zeit zu nutzen und zu begreifen, dass Mühe sich lohnt. Auf der anderen Seite blieb uns hinreichend Muße für Spiele, Ortserkundigungen und sonstige Aktivitäten mit Altersgenossen.

Wir drei Kinder waren in unserer Wesensart, unseren Begabungen und Interessen sehr unterschiedlich. Meine vier Jahre ältere sehr gewissenhafte, ängstliche und fleißige Schwester Emma musste schon bald bei Alfred und mir Kindsmagd sein. Sie nahm ihre Verantwortung gegenüber uns beiden Buben sehr ernst. Anfänglich gehorchten wir ihren Anordnungen. Doch bald regte sich unser Widerstand gegen ihr strenges Regiment. Vor allem ich muckte auf, ließ mir nicht mehr alles gefallen und gewann auch Alfred dafür. Schließlich vermochte Emma nicht mehr viel gegen uns auszurichten. Sie beschwerte sich bei unserer Mutter. Diese sah zu Recht in mir den Bösewicht und suchte mich mit Vermahnungen, nicht selten auch mit dem Rührlöffel, zur Räson zu bringen.

Einmal bestrafte sie mich völlig zu Unrecht: Der Lehrer unserer Wolfsölder Volksschule Wilhelm Gaiser, von dem noch später eingehend die Rede sein wird, unternahm mit seinen Schülern einen Lerngang an unserem Haus vorbei hinauf zu den in zauberhafter Frühlingsblütenpracht stehenden Baumwiesen in den Spitzäckern. Ich, damals ein Knirps von sechs Jahren, lehnte bei unserem alten Kirschbaum im Schneidersgarten am Zaun, der unseren Obstgarten von der Straße trennte. Herr Gaiser hielt mit seiner Kinderschar an, um einige naturkundliche Erklärungen zu geben. Als er merkte, dass ich zuhörte, fragte er mich nach meinem Namen. Ich antwortete wahrheitsgemäß: »Paul Wilhelm«. Emma, die in der Schule unter dem gestrengen, schlagkräftigen Lehrer

Mein Bruder Alfred im Alter von sechs Jahren.

sehr litt und keinesfalls seinen Unwillen erregen wollte, hörte nur Wilhelm und geriet in Panik. Als sie zum Mittagessen nach Hause kam, beschuldigte sie mich, ich hätte Herrn Gaiser veräppelt, weil ich auf seine Frage nach meinem Namen frech »Wilhelm« gesagt hätte. Mutter fackelte nicht lange. Ich bekam ausnahmsweise völlig unschuldig eine schmerzhafte »Rührlöffel-Strafe« und, wenn ich mich nicht irre, am Abend nochmals von meinem Vater einige kräftige Ohrfeigen, weil ich es gegenüber dem Lehrer der Schwester an dem schuldigen Respekt habe fehlen lassen.

Unsere Mutter sah auch sonst streng darauf, dass wir uns Verwandten, Bekannten, Nachbarn, ebenso Fremden gegenüber anständig benahmen. Alfred und ich brachten sie einmal in peinlichste Verlegenheit: An einem goldenen Spätsommer- oder Frühherbst-Sonntagnachmittag – vermutlich war es 1938 – wanderte die ganze Familie, vom Kirschenhardthof her zum Birkachhof, um eine aus Erbstetten stammende liebe Jugendfreundin von Mutter zu besuchen, die dorthin geheiratet hatte. Die Nane (Frau Völker) und auch ihr Mann, den Vater gut kannte, freuten sich über den schon lange angekündigten Besuch. Wir Kinder durften uns an einem Gutslesteller gütlich tun. Uns beiden Buben schmeckten die Brötle so sehr, dass wir den ganzen Teller leer putzten. Mutter war entsetzt und entschuldigte sich bei der Gastgeberin. Dieser hatte unser Appetit auf die leckeren Gutsle sichtlich Vergnügen bereitet. In den Augen unserer Mutter aber hatten wir uns unmöglich benommen, und sie trug uns die leidige Gutsle-Geschichte vom Birkachhof noch lange nach. Vor jedem Besuch, gleichgültig bei wem, schärfte sie uns ein, sie niemals wieder so unsterblich zu blamieren.

In den 1930er Jahren gab es in Wolfsölden kaum noch Familien, die vier, fünf oder mehr Kinder hatten. Vor dem Ersten Weltkrieg hingegen waren es nicht selten sieben, acht oder zehn Kinder gewesen. Im Durchschnitt schwankte jetzt die Kinderzahl zwischen zwei und drei je Familie. Auch Einzelkinder waren nicht selten. Die Kinderarmut im Ort hatte zur Folge, dass die Zahl der gleichaltrigen Spielkameraden sehr beschränkt war. Da mein Bruder Alfred und ich kontaktfreudig waren, auf der anderen Seite unsere nicht gerade mit Reichtum gesegneten Eltern wegen ihrer Arbeitsamkeit, ihrer Rechtschaffenheit und ihrer Hilfsbereitschaft allgemein Ansehen genossen, und unsere Mutter zudem darauf sah, dass wir sauber gekleidet waren und uns ordentlich benahmen, öffneten sich uns schon im Vorschulalter fast alle Türen im Dörfchen.

Ich selbst war ein munterer kleiner Junge, der gerne altklug mit Erwachsenen plauderte und sich für ihre Lebensgewohnheiten, ihren Alltag interessierte. Willkommen war ich im Haus Ade, einer der wohlhabendsten Familien des Orts. Dort lebten noch im Elternhaus zwei erwachsene ledige Söhne und vier erwachsene ledige Töchter. Sie alle waren recht kinderlieb. Oft durfte ich dort beim Backen und anderen häuslichen Arbeiten zusehen. Manchmal nahmen mich die »Adesmädle« auch mit in ihren Garten hinter dem Haus, von dem aus man einen herrlichen Blick runter zur Mühle und in das Buchenbachtal hatte. Häufig kam ich auch ins Haus von »Gottlobs«, der Familie des vor längerer Zeit verstorbenen Gottlob Häußermann: die ältliche Mutter und drei ledige erwachsene Töchter sowie der ledige Sohn Wilhelm. Das Haus mit dem Pferde- und Viehstall im Erdgeschoss befand sich nicht in bestem Zustand. Aber gerade dies reizte meine

Neugierde. Mutter und Töchter waren sehr nett zu mir. Da meine »Hausbesuche« vornehmlich in die kalte Jahreszeit fielen, wenn Schnee lag oder Schmuddelwetter herrschte, schätzte ich die mollige Wärme des heimeligen Wohnzimmers. Wilhelm, ein etwas schüchterner und kränklicher junger Bauer, schnitzte mir eine meiner ersten Weidenpfeifen und machte damit meinem Vater Konkurrenz, der sich erst nach längerem eindringlichem Bitten dazu entschloss, einen halben Frühlingssonntagnachmittag meinen Bruder und mich in der Kunst des Weidenpfeifenschnitzens zu unterweisen. Alfred erlangte in dieser Kunst rasch große Fertigkeit, meine Bemühungen hingegen blieben stümperhaft.

Auch bei unseren Nachbarn Bäuerle hielt ich mich oft auf. In den Ferien spielte ich dort viel mit dem einige Jahre älteren Neffen der Geschwister Bäuerle, Erich Gruber aus Bietigheim. Seine Mutter Frieda war die jüngste Schwester der Geschwister Bäuerle. Alfred und ich freuten uns immer auf Erich. Er war sehr einfallsreich und unternehmungslustig. Durch ihn standen uns die alten Ställe, Scheunen und Schuppen im oder neben dem Wohnhaus offen. In der baulich mit der Nesper'schen Scheune in Verbindung stehenden alten Scheune konnten wir im Stroh Höhlen bauen. Freude bereitete uns das Wägele- und Schlittenfahren den Bäuerlesweg hinunter bis zur Ortswaage oder gar bis zum Schulhaus. Louis Bäuerle missfiel zumindest das Schlittenfahren der Kinder und jungen Leute, weil es den Straßenübergang zum Stall und zur neuen Scheune zu einer Rutschpartie machte und seiner Schwester Luise den Weg zum Einkaufen oder zum Milchhäusle erschwerte. Er streute deshalb Asche, hatte damit aber wenig Glück. Wenn wir mit einem aus mehreren Schlitten bestehenden Konvoi, den der vorne Sitzende mittels angeschnallter Schlittschuhe lenkte, mit Karacho am Haus Bäuerle vorbeisausten, wurde die Asche meist problemlos zur Seite gefegt oder mit Schnee überdeckt, sehr zum Ärger von Louis.

Eine größere Gefahr bedeutete Landjäger Däuber. Wenn der Grünuniformierte »hoch zu Fahrrad« durch den Ort radelte und uns beim Wägelefahren ertappte – beim Schlittenfahren hatten wir weniger zu befürchten –, wurden wir streng zurechtgewiesen und aufgefordert, das Wägelefahren hinab zur Ortsmitte zu unterlassen, wir könnten ja sonst unter ein Pferde- oder Kuhfuhrwerk kommen oder gar mit einem Auto kollidieren. Dabei war der Verkehr auf der Hauptstraße des Weilers vor dem Zweiten Weltkrieg minimal. Autos verirrten sich kaum hierher, und die Bauern hatten für unser Fahrvergnügen meist Verständnis. Um aber jedes Unfallrisiko auszuschließen, vor allem um uns vor dem strengen Auge des Gesetzes zu bewahren, stellten wir gelegentlich einen Aufpasser beim Föll'schen Anwesen auf.

Zwei Episoden aus späterer Zeit bringen mich heute noch zum Schmunzeln. Ich hatte bereits mein Universitätsstudium in Tübingen und Freiburg hinter mir, als mich an einem Winternachmittag die Lust überkam, mit dem Schlitten den Bäuerlesweg hinabzurodeln. Unten im Weiler brachte ich meinen Schlitten gerade noch vor den Pferden zum Stehen, die Wilhelm Ade an einen mit Stallmist beladenen Wagen gespannt hatte. Kommentar des mir wohlgesinnten Bauern: »Der Doktor fährt no onder meine Gäul!« Wenn ich als junger Akademiker zu Hause weilte, nahm ich meinem bereits erheblich gehbehinderten Vater das Lenken des Kuhgespanns ab, wenn etwa Futter beizuschaffen war. Einmal begegnete ich dabei Wilhelm Ade. Er grinste über das ganze Gesicht und rief: »Doktor, mach dei Migge uff, s'goht berguff!«

Die Nachbarn wussten, dass ich schon als Sechs-, Siebenjähriger gerne kleine Besorgungen übernahm und sie im Allgemeinen auch zuverlässig ausführte. So wurde ich zu Einkäufen in die beiden Gemischtwarenläden des Dörfchens geschickt, von denen eines Frau Pauline Hauber, das andere meine Tante Emma Sauer betrieb. Außerdem hielt uns unsere Mutter an, dass wir für Nachbarn und Bekannte bereitwillig Botendienste übernahmen, wenn sie uns darum baten. Der gestrengen Tante Frieda Häußermann gefiel dies, und sie lobte den kleinen Paul ob seiner »Dienstfertigkeit«. Bei Bäuerles ging ich aus und ein. Emma Bäuerle honorierte kleine Dienste mit einem Gsälzbrot oder auch mit Obst. Beim Gsälzbrot musste man allerdings aufpassen. Die etwas kurzsichtige Emma verschloss das angerissene Gsälzglas nicht immer sorgfältig, und so fanden sich auf dem Brot öfters auch tote Wespen, die ihr Verlangen nach der süßen Delikatesse mit dem Erstickungstod in der Marmelade gebüßt hatten.

Das geräumige Bäuerle'sche Wohnzimmer war mir beinahe ebenso vertraut wie unser eigenes. Seine Bilder und Erinnerungsgegenstände entführten mich in eine fremde Welt. Zunächst fiel mir das beinahe lebensgroße Bild des Bruders Fritz (Friedrich) ins Auge, der im Ersten Weltkrieg gefallen war. Es zeigte einen strammen Soldaten in Friedensausgehuniform. Solche großformatigen Gedenkfotos hatten auch in den Wohnzimmern anderer Familien einen Ehrenplatz, so im Wohnzimmer der Familie Hermann Häußermann. Hier war es der Bruder Karl Häußermann, der aus dem Krieg nicht mehr heimgekehrt war: ein ernst dreinschauender Infantrist in blumengeschmückter Felduniform, an der Seite das Gewehr mit dem aufgepflanzten Bajonett.

Acht oder neun Wolfsölder hatten im Ersten Weltkrieg ihr Leben verloren. Ihre Namen waren in dem Ehrenmal vor der Affalterbacher Martinskirche (heute auf dem Gemeindefriedhof) eingemeißelt.

Weit mehr als das Bild des gefallenen Bruders Fritz faszinierten mich im Wohnzimmer der Bäuerles Bilder und Gegenstände aus dem Heiligen Land, so ein Farbbild von der Haifa-Bay und der Stadt Haifa, aus Olivenholz geschnitzte Beduinen mit Kamelen oder auch kleine Becher aus Olivenholz mit Motiven aus dem Vorderen Orient. Ich ahnte nicht, dass ich knapp dreißig Jahre später meinen Fuß erstmals selbst auf den Boden des Heiligen Landes setzen, dass Israel und mit ihm das Schicksal des jüdischen Volkes wesentlich mein späteres Lebensschicksal bestimmen sollten.

Die Geschwister Bäuerle hatten eine Schwester, Martha Eugenie, die 17-jährig nach Palästina ausgewandert war und dort in der württembergischen Templersiedlung Sarona (heute ein in seiner ursprünglichen Siedlungsstruktur erhaltener und unter Denkmalschutz stehender kleiner Wohnbezirk der Großstadt Tel Aviv) den Bauern Immanuel Steller, dessen Familie aus Hessen stammte, geheiratet hatte. Mir selbst waren die Templer ein Begriff, hatte diese aus dem württembergischen Pietismus hervorgegangene kleine Religionsgemeinschaft doch von 1856 bis Anfang der 1870er Jahre auf dem Kirschenhardthof ihre erste Siedlung gehabt. Es gab dort noch den David Auwärter, der als Kind der Tempelgesellschaft angehört hatte, dessen Familie später aber wieder zur Evangelischen Landeskirche Württembergs zurückgekehrt war. Auch wusste ich von etlichen anderen Familien in Wolfsölden und in den Nachbarorten, die verwandtschaftliche Beziehungen zu den Templern in Palästina hatten. Auf dem

Friedhof in Affalterbach befand sich bis nach dem Zweiten Weltkrieg das Grab eines kleinen Jungen, den die Eltern – es waren aus Leutenbach stammende Lämmle –, in den 1880er Jahren zur Festigung seiner Gesundheit nach Wolfsölden zu seinen Verwandten Häußermann/Föll gebracht hatten. Leider erwiesen sich die Hoffnungen der in Sarona ansässig gewordenen Eltern als trügerisch. Der Junge erholte sich nicht; er starb in Wolfsölden.

Eugenie Steller lud ihre Geschwister wiederholt nach Palästina ein. Sie sollten dort das Leben in der landwirtschaftlichen Templersiedlung Sarona kennen lernen und bei dieser Gelegenheit auch die heiligen christlichen Stätten in Jerusalem, Bethlehem, Nazareth am See Genezareth sowie andere Sehenswürdigkeiten im Heiligen Land besuchen. Aber nur Luise hatte, soviel ich weiß, den Mut, der Einladung der Schwester zu folgen. Die Reise mit der Bahn zu einem italienischen Hafen und von dort aus mit dem Schiff nach Haifa – 1932 oder 1936 – war für Luise ein einmaliges Erlebnis. Sie erzählte gerne von dieser uns damals noch gänzlich fremden Welt, diesem Märchen aus Tausendundeiner Nacht, wie wir es empfanden. Mich beeindruckte besonders, wenn sie von sonntäglichen Spaziergängen in den Orangenplantagen des Schwagers und der Schwester berichtete. Sie hätten, so erzählte sie, auf solchen Spaziergängen stets kleine Messer bei sich gehabt. Mit deren Hilfe hätten sie von den Plantagenbäumchen gepflückte oder auch abgefallene reife Orangen geschält, die hervorragend geschmeckt hätten.

Mir kam dies wie eine Schilderung des Paradieses vor: Orangen waren damals die köstlichsten Früchte, die ich kannte. Unsere Eltern konnten uns solches aus subtropischen Ländern importiertes Obst nicht kaufen, wir hatten uns mit Äpfeln, Birnen, Zwetschgen, Pflaumen und anderem einheimischem Obst zu begnügen, das es beinahe Jahr für Jahr in unserer Gegend überreichlich gab. Dass in den Osternestchen, die wir zusammen mit unserem Freund Erich im Bäuerle'schen Hausgarten kunstvoll aus Weiden und Moos aus dem nahen Wald hergerichtet hatten, neben einigen gefärbten Eiern, einer Brezel und einem Zuckerhasen am Ostermorgen jeweils auch eine Orange lag, freute uns riesig. Nach dem Beginn des Zweiten Weltkriegs, der Internierung der Familie Steller durch die britische Mandatsmacht und ihrer Deportation nach Australien 1941 fehlten in den Osternestchen die Orangen. Meine Geschwister und ich trauerten ihnen arg nach.

Der jüngere Sohn von Eugenie Steller, Hugo, ein ungewöhnlich freundlicher, liebenswürdiger, hilfsbereiter und kameradschaftlicher junger Mann (* 1914), dem etwas von der Weltläufigkeit der Auslandsdeutschen anhaftete, leistete in den letzten Vorkriegsjahren seine Militärdienstpflicht in Deutschland ab. Er kam während dieser Zeit immer wieder nach Wolfsölden. Unsere Eltern und wir Kinder schätzten ihn sehr. Er behandelte uns alle wie enge Freunde und nahe Verwandte. Wenn Hilfe gebraucht wurde, packte er tatkräftig mit an. Ich sehe ihn noch heute vor mir, wie er, obwohl sonntäglich gekleidet, sofort hinzusprang, als sich Gotthilf Föll junior und einige andere Männer unten im Weiler mit einer schweren Last abmühten. Hugo fand während seines Deutschlandaufenthalts im Hessischen seine künftige Frau, Elly Richtberg. Die hübsche junge Frau erregte trotz ihres guten Benehmens das Misstrauen der Bäuerle-Geschwister. Sie meinten, dies sei keine Frau für ihren Neffen. Aus dieser »Städterin« werde nie eine Bäuerin, und eine solche brauche der Hugo.

Indes hatte er die richtige Wahl getroffen. Elly hat Hugo während des Zweiten Weltkriegs, den er als Soldat der Wehrmacht, zuletzt als Offizier, an verschiedenen Kriegsschauplätzen, zeitweise in Nordafrika (er sprach fließend arabisch), mitmachte, zur Seite gestanden. Sie, die Mutter seiner beiden Kinder Gudrun und Jost, nahm auch die schweren Nachkriegsjahre auf sich, als sich Hugo als Verwalter größerer landwirtschaftlicher Betriebe im Hessischen mehr schlecht als recht durchschlug. Seine Hoffnung, sich in Wolfsölden auf dem Hof der Geschwister seiner Mutter eine Existenz schaffen zu können, scheiterte am harten Nein seiner Onkel und Tanten. »Der Hugo wär' scho recht, aber sei Frau passt net zu ons«, war ihre Begründung. Anfang der fünfziger Jahre wanderte er dann mit seiner Familie zu seiner Mutter und zu seinem Bruder Erich nach Australien aus. Dort gelang es ihm und seiner Frau in den Außenbezirken von Sydney, in Dural, als Farmer Fuß zu fassen. Im Frühjahr 1983 konnte ich mich bei einer wissenschaftlichen Forschungsreise nach Australien, die dem Zweck diente, die Quellen zur Geschichte der Templer im australischen Staatsarchiv und im Archiv der Tempelgesellschaft aufzuspüren und Näheres über die Schicksale der Palästinadeutschen in der ersten Hälfte des 20. Jahrhunderts zu erfahren, davon überzeugen. Hierbei erfuhr ich die großzügige Gastfreundschaft der Familien von Hugo und seinem Bruder Erich.

Eugenie Steller, die ihrem Sohn Hugo den Anfang als Farmer in einem ihm bislang unbekannten Land sehr erleichtert hatte, besuchte 1967 ein letztes Mal ihre damals noch lebenden Geschwister Luise und Karl. Den Bruder Karl raffte schon bald nach ihrer Ankunft in der alten Heimat im Herbst 1967 ein Herzschlag hinweg. Sie selbst erlag wenige Monate später, im Februar 1968, einer Grippe. Die seit längerer Zeit bettlägerige Schwester Luise, die Eugenie aufopfernd gepflegt hatte, überlebte sie um einige Jahre. An die Familie Bäuerle erinnert heute noch das um die Mitte des 19. Jahrhunderts erbaute Wohnhaus sowie die weiterhin landwirtschaftlich genutzten Wirtschaftsgebäude, die von den Familien Nesper und Kihnle erworben wurden. Einen Bäuerleshof aber gibt es längst nicht mehr. Hugo ließ es sich übrigens nicht nehmen, im Februar 1968 an der Beerdigung seiner Mutter auf dem Affalterbacher Friedhof teilzunehmen. In einem Flug rund um die Welt (über Amerika) langte er gerade noch rechtzeitig in Affalterbach an. Die Dankesworte, die er bei der Trauerfeier seiner dahingeschiedenen Mutter nachrief, haben mich tief bewegt. Hugo starb am 15. September 1984 in seinem Haus »Sarona« in Dural nach langer schwerer Krankheit. Seine Frau Elly überlebte ihn um 21 Jahre. Sie starb 91-jährig im Spätherbst 2005 in einem Pflegeheim in Australien.

Gerne spielten wir auch mit den beiden etwas älteren »Hermanns-Mädle«, Martha und Elfriede Häußermann. Das Anwesen ihrer Eltern grenzte an unseren unteren Garten. Das alte, bereits etwas baufällige Wohnhaus von Hermann Häußermann besaß für uns einen besonderen Reiz. In den Bühnenräumen stöberte ich bei schlechtem Wetter öfters zusammen mit der zweieinhalb Jahre älteren Martha und der ein Jahr älteren Elfriede. Dort fand sich manch alter Schatz: Bilder, Bücher, Handwerkszeug, Kleidungsstücke und anderes. Vieles von diesen »Kostbarkeiten« verschwand, als Hermann Häußermann nach Beginn des Zweiten Weltkriegs die Genehmigung erhielt, sein altersschwaches Wohnhaus durch einen Neubau zu ersetzen. Oft stellten mein Bruder Alfred und ich uns am Backtag bei Hermanns ein, wenn es dort köstlichen Flammkuchen gab. Kein Wunder, wenn wir der Mutter Emma Häußermann, einer geborenen Ade, mitunter lästig fielen und sie uns einmal mit dem nicht gerade schmeichelhaften Beinamen »Vesperknechte«bedachte.

Hermann Häußermann, ein Jahr älter als mein Vater, gehörte zu den selbstbewussten Vertretern des »Häußermann'schen Ortsadels«. Er meinte, den Häußermännern komme in Wolfsölden keine andere Familie gleich. Von seinen Mädchen sprach er stolz von den »Töchtern Wolfsöldens«. Doch war er ein recht umgänglicher Mann. Ich begann ihn sehr zu schätzen, nachdem ich den Kinderschuhen entwachsen war. Man konnte sich gut mit ihm unterhalten, so auch über den Ersten Weltkrieg, den er als Kavallerist mitgemacht hatte. Vage Erinnerungen habe ich noch an seinen gleichnamigen Vater, einen alten, wenig gesprächigen Mann, der mitunter hinter dem Haus saß, den ich aber auch oft im Wohnzimmer antraf. Er starb noch vor dem Zweiten Weltkrieg. Hermann Häußermann war ein Bauer alten Schlags. Dem technischen Fortschritt in der Landwirtschaft öffnete er sich nur zögernd. Seine Lieblingsbeschäftigung war das Dengeln. An manchem Sommerabend erfreute er die Nachbarschaft stundenlang mit dem rhythmischen metallenen Klang des Dengelhammers, mit dem er das Sensenblatt bearbeitete. Als lästig empfand es indes kaum jemand.

Zu Martha und Elfriede gesellten sich in der zweiten Hälfte der dreißiger Jahre Lore und Liese, zu denen wir aber in der Kinderzeit nur wenig Kontakt hatten. Bitter für die Eltern war der Tod des einzigen Sohns, Richard (* 1934), bereits im frühen Kindesalter. Ich durfte wohl in Begleitung meiner Mutter das sonst kaum zugängliche schöne Zimmer, die gute Stube, des Hauses betreten, um den dort aufgebahrten einjährigen Buben nochmals zu sehen. Es war ein Bild des Friedens, das mir so noch nach mehr als 70 Jahren vor Augen steht. Den Schmerz der Eltern begriff ich erst viel später.

In den beiden letzten Jahren vor Eintritt in die Wolfsölder Volksschule im April 1938 erschlossen sich mir, dem naturnahen Jungen, Wald, Feld und Wiesen. Ich strolchte gerne allein oder auch zusammen mit älteren Jungen und Mädchen herum, freute mich an Blumen und Blüten. So entdeckte ich, wo es die ersten Veilchen, die ersten Schlüsselblumen, die ersten Vergissmeinnichte gab, wo der Seidelbast blühte. Meiner Mutter konnte ich mit einem Frühlingssträußchen die größte Freude machen. Ihre Lieblingsblumen waren die Maiglöckchen; sie waren damals in den Wäldern rings um Wolfsölden noch sehr verbreitet.

Es war wohl im Mai 1937, als mich unser Anwalt Gotthilf Föll (senior) zusammen mit seinem Enkel Martin in die vordere Altach mitnahm. Dort wusste er eine Stelle in einer jungen Tannenkultur, in der Maiglöckchen gerade zuhauf blühten. Stolz kehrten wir mit hübschen Sträußen nach Hause zurück. Ich hatte mir das Maiglöckchenparadies im Wald einigermaßen eingeprägt und wollte es am nächsten Vormittag mit einigen Spielkameraden wieder aufsuchen. Wer mich begleitete, weiß ich nicht mehr. Vielleicht waren es Rudi Kübler und Martin Föll, vielleicht auch andere Jungen und Mädchen. Jedenfalls zogen wir los und fanden auch die Stelle. Dies dauerte natürlich geraume Zeit. Irgendjemand im Ort vermisste uns. Wahrscheinlich war es Frau Kübler, die Mutter von Rudi. Diese alarmierte Lehrer Gaiser, der sich sofort mit seinen Schülern und einigen Müttern auf die Suche machte. Man fand uns rasch. Über mich ging ein Donnerwetter nieder. Dabei war ich mir keiner Schuld

Oberlehrer Wilhelm Gaiser (1900–1954).

bewusst. Zudem zweifelte ich nicht daran, dass wir auch ohne den Schul-Suchtrupp den Weg nach Hause gefunden hätten.

Eine besondere Anziehungskraft übte auf mich die Schiedt'sche Mühle aus, der einzige größere Gewerbebetrieb in Wolfsölden. Der Inhaber Eugen Schiedt (1881–1953) verstand sich gleichermaßen mit Erwachsenen wie mit Kindern. Wusste er nicht gleich den Namen, begrüßte er die vielen auf dem Fußweg zum Bahnhof Burgstall Vorbeikommenden, ebenso die ihm begegnenden Wanderer je nach Geschlecht mit »Fanny« oder »Adolf«. Obwohl er dabei den Namen des seit 1933 in Deutschland allmächtigen »Führers und Reichskanzlers« Adolf Hitler, wenn man's genau nahm, verunglimpfte, bekam er in den Jahren der NS-Gewaltherrschaft meines Wissens nie Schwierigkeiten mit nationalsozialistischen Fanatikern. Er war ein Original und ein Gemütsmensch. Mit der ausufernden Bürokratie nach Beginn des Zweiten Weltkriegs hatte er seine Probleme. Die Rationierungsvorschriften für Nahrungsmittel, die auch für seinen Betrieb galten, übersah er, vor allem wenn er seinen alten Kunden einen Gefallen tun konnte. Deshalb wurde seine Mühle auch schon bald nach Kriegsbeginn geschlossen. Da die Familie Schiedt über ansehnlichen Grundbesitz verfügte, brauchte sie trotzdem nicht am Hungertuch zu nagen. Nach dem Untergang des Dritten Reichs nahm Eugen Schiedt den Mühlbetrieb wieder auf.

Freilich, auch der von der amerikanischen Besatzungsmacht eingesetzten Landesregierung von Württemberg-Baden, die mit dem Inkrafttreten der demokratischen Landesverfassung im November 1946 ihre demokratische Legitimation erhielt, und dem Landrat in Backnang missfielen das Geschäftsgebaren des Wolfsölder Müllers, und Eugen

Schiedt musste erneut seine Mühle dicht machen. Inzwischen aber hatte sein Sohn Erich das Müllerhandwerk erlernt und einige Jahre später in Abendkursen auch den Meisterbrief erworben. Erich, Geburtsjahrgang 1930, war ein ungewöhnlich tüchtiger Handwerker und Geschäftsmann. Er brachte mit Fleiß und Geschick, allerdings auch mit einer gewissen Schlitzohrigkeit, die ihm viel Sympathien eintrug, weil er sich nie unfair verhielt, den väterlichen Betrieb empor. Die Erzeugnisse seiner Mühle fanden allgemein Anerkennung; er gewann rasch in der Gemeinde Affalterbach und in der näheren Umgebung einen großen Kundenkreis.

Eugen Schiedt hatte gleich zu Beginn des Ersten Weltkriegs im Sommer 1914 in Frankreich einen »Heimatschuss« abbekommen, eineVerwundung durch eine Gewehrkugel oder einen Granatsplitter am rechten Unterarm, wenn ich mich nicht irre. Seinen Beruf konnte er trotzdem weiterhin ausüben, zumal er meist einen oder zwei Müllergehilfen, »Mahlknechte«, hatte. Das Schwabenalter hatte er längst hinter sich, als er sich zum Heiraten entschloss: eine Müllerstochter aus der heutigen Gemeinde Auenwald im Rems-Murr-Kreis. Aus der Ehe gingen drei Kinder hervor: Hilde (* 1928), Erich (* 1930) und Gotthold (* 1936). Mit Hilde und Erich verband meine Schwester und mich spätestens seit Beginn unserer gemeinsamen Schulzeit in Wolfsölden eine enge Freundschaft.

Vor dem 1780 erstellten stattlichen Mühlengebäude, führte der mehrere hundert Meter lange Mühlkanal sein Wasser über ein uns Kindern riesig erscheinendes Mühlrad in das Bett des unterhalb der Mühle vorbeifließenden Buchenbachs zurück. Dies war ein wahres Eldorado für uns Kinder: die als Holzschuppen genutzte ehemalige Sägemühle, das separat stehende Backhaus, in dem wohl noch im Zweiten Weltkrieg eine kleine Schnapsbrennerei eingerichtet wurde, der Gewölbekeller am Fuß des Schulrains und die Wirtschaftsgebäude mit Scheune und Stallungen dem Mühlgebäude gegenüber. Noch vor dem Krieg modernisierte Eugen Schiedt die Mühle. An die Stelle der alten Mahlsteine traten Walzenstühle. Zum Schroten benutzte man weiterhin Mahlsteine. Die technische Mühlanlage erstreckte sich über mehrere Stockwerke. Gelegentlich nahm uns Eugen Schiedt mit dem Aufzug, den er mit einem Seil dirigierte, in die geräumige Wohnung im ersten Stock oder auch in die oberen Stockwerke des Hauses mit. Dies war im Übrigen der einzige Aufzug, den ich als kleiner Bub kannte. Jedesmal beschlich mich ein eigenartiges Gefühl, wenn in der Mühle Eugen und später Erich Schiedt im Aufzug mit einem ruckartigen Geräusch von den oberen Stockwerken herabkamen und plötzlich vor einem standen. Die Mühle im Erdgeschoss, in der sich Korn- und Mehlsäcke stapelten, sollten wir möglichst nur in Begleitung von Erwachsenen betreten, weil vor allem die zahlreichen Transmissionsriemen eine Gefahr bildeten. In meiner frühen Kinderzeit in Wolfsölden lebte noch ein alter Mann, dem bei seiner Tätigkeit als »Mahlknecht« ein solcher Treibriemen einen Arm abgerissen hatte.

Im Wohnzimmer und in der Küche durften wir uns hingegen gerne aufhalten und auch die über achtzigjährige Großmutter von Erich besuchen, die im hinteren Teil des ersten Stocks am Ende eines langen Ganges eine abgeschlossene Wohnung hatte. Der Gang endete an einer Holztüre. Öffnete man diese, gelangte man zu einer Holztreppe, die über das Wasserrad hinweg zur ehemaligen Sägmühle führte. Die beiderseits mit Bretterverschlägen gesicherte Treppe benutzten wir gerne, zumal die ehemalige Sägmühle viele Anreize zum Spielen bot.

Im Ohr habe ich noch immer die gutturalen Laute und das hilflose Wimmern oder Schluchzen, das einem entgegentönte, wenn man das Schiedt'sche Wohnzimmer betrat. In seinem Bettchen oder auf dem Sofa lag der jüngste Sohn der Familie, Gotthold, mit angstvoll vor sich hinstarrenden Augen, missgebildet: ein ungewöhnlich großer Kopf auf einem viel zu kleinen Körper, zurückgebliebenen, verkümmerten Gliedmaßen. Gotthold war in seiner Entwicklung auf der Stufe eines etwa fünfmonatigen Säuglings stehengeblieben. Er war völlig hilflos, musste gefüttert und wie ein Kleinkind zeitlebens versorgt und betreut werden. Frau Schiedt nahm diese Aufgabe wie selbstverständlich auf sich, bald assistiert von der Tochter Hilde und der jungen Hausgehilfin Trudel (Gertrud Fischer, verheiratete Schnitzler). Die Eltern weigerten sich, Gotthold in ein Pflegeheim zu geben. Sie retteten ihm so das Leben, denn zweifellos wäre er den vom NS-Regime gegen den Willen der Bevölkerung massenhaft an körperlich und geistig Behinderten verübten sogenannten Euthanasiemorden in den ersten Kriegsjahren zum Opfer gefallen. Gotthold erreichte ein Alter von 36 Jahren. Nachdem die Mutter bereits 1953 gestorben war, übernahm die Schwester Hilde seine Pflege. Der entsagungsvolle, sie physisch und psychisch aufs Äußerste fordernde jahrzehntelange Dienst, den Hilde leistete, verdient höchsten Respekt. Erich hat dabei die Schwester unterstützt.

Sicher wäre das Leben der beiden Geschwister ganz anders verlaufen, hätten sie nach dem Tod der Mutter den Bruder Gotthold einem Pflegeheim anvertraut. Die Gefahr, dass dies seinen widernatürlichen Tod zur Folge gehabt hätte, bestand nach dem Untergang des menschenverachtenden Hitler-Regimes nicht mehr. Beide blieben ledig. Erich, mit dem mich bis zuletzt eine enge Freundschaft verband, starb überraschend an Weihnachten 2002 im Krankenhaus in Stuttgart-Bad Cannstatt, Hilde ein gutes Jahr später im Alten- und Pflegeheim Steigacker bei Backnang. Besonders hart war das Lebensschicksal von Hilde. Nach einem Schlaganfall bereits stark körperlich behindert, doch weiterhin im Haus und in der Mühle nach Kräften tätig, mussten ihr schließlich noch beide Beine amputiert werden. Sie ertrug ihr wahrhaft tragisches Geschick, ohne viel zu klagen. Jeder Besuch aus Wolfsölden freute sie.

In der Mühle war, vermutlich seit seiner Konfirmation, als landwirtschaftlicher Arbeiter Wilhelm Hommel tätig. Seine Eltern betrieben einen Kaufladen und etliche Jahre auch die Poststelle in Wolfsölden, die sie dann Mitte der dreißiger Jahre an meinen Onkel Hermann Sauer verkauften. Wilhelm, ein Schulkamerad meines Vaters, war geistig geringfügig behindert, aber fleißig und für Arbeiten im Stall und auf dem Feld gut einsetzbar. Im Hause Schiedt hatte er ein zweites Zuhause gefinden.

Bei den Wolfsöldern galt Wilhelm als Dorfdepp. Ich hatte als ABC-Schütz meine Schwierigkeiten mit einem in die damalige Fibel aufgenommenen Tierreim: »Im Stall, im Stall, da tollen die Dackel herum.« Gut gelaunt, fragte mich unser Lehrer Gaiser: »Weißt du, Paul, was ein Dackel ist?«

»Natürlich«, erwiderte ich, mich an eine Bemerkung meines zu drastischen Ausdrücken neigenden Vaters erinnernd, »des isch dr Hommels Wilhelm en dr Mühle.«

Herr Gaiser unterdrückte mühsam das Lachen und wies mich ernsthaft zurecht: »So etwas darfst du nicht sagen, Dackel ist eine bestimmte Hunderasse.«

Mein Vater vertrat übrigens die Auffassung, Dackel sei eigentlich kein Schimpfwort, wohl aber sei dies die Bezeichnung Halbdackel. Unter Halbdackel verstand er einen Idioten. Wie er den gleichfalls von ihm verwendeten Ausdruck »Dreiviertelsdackel« in seine Werteskala einordnete, vermag ich indes nicht zu sagen. Vielleicht war es für ihn eine Abschwächung des Schimpfwortes Halbdackel.

Wilhelm war sehr schreckhaft und leicht ins Bockshorn zu jagen. Wenn man ihn allerdings zu sehr reizte, musste man sich in Sicherheit bringen, denn in seinem Jähzorn war er unberechenbar. Mein Freund Erich spielte ihm manchen Schabernack. So redete er ihm ein, in der Mühle und auch in deren nächster Umgebung spuke es.

Im Herbst, wenn es schon früh dunkel wurde, postierten wir Buben uns auf halber Höhe des Schulrains, von der man von der Mühle aus bestens zu sehen war. Wir entzündeten dann die Kerzen in den ausgehöhlten Kürbissen und Futterrüben, den »Angerschen«, in die wir Gesichtsfratzen geschnitten hatten. Auf unser Gebrüll stürzte Wilhelm aus dem Stall oder aus der Scheune, um meist rasch wieder dort zu verschwinden, da ihm der Lärm und die erleuchteten Teufelsfratzen zu unheimlich erschienen. Einmal hielt er in der Aufregung beim Herausrennen die Mistgabel quer und blieb im Scheunentörchen hängen, ohne glücklicherweise größeren Schaden zu nehmen.

Mir missfielen im Konfirmandenalter diese üblen Lausbubenstreiche mehr und mehr. Ich begann Wilhelm zu grüßen und einige Worte mit ihm zu wechseln. Er freute sich darüber. Und siehe da, er war nicht der komische, halbverrückte Kauz, wie ich bislang gemeint hatte, sondern ein vereinsamter freudloser Mann, der niemand etwas zu Leide tat, ein gutes, aufmunterndes Wort schätzte und sich nach ein wenig Anerkennung sehnte. Wilhelm blieb bis zu seinem frühen Tod nach dem Krieg im Haus Schiedt, wo er sich heimisch fühlte. Und die Familie Schiedt sorgte neben seinen Verwandten dafür, dass er ein Begräbnis wie jeder andere Bürger der Gemeinde erhielt. Ich denke noch heute an diesen vom Leben so sehr benachteiligten Menschen. Gerade wir Kinder hätten ihn rücksichtsvoller behandeln, ihm hie und da eine Freude bereiten sollen. Dass wir ihn zu ohnmächtigem Zorn reizten, dass wir ihn grundlos demütigten, seine Schwächen ausnutzten, schmerzt mich heute.

Meine Eltern legten schon immer Wert darauf, dass wir Kinder die Erwachsenen grüßten, ihnen »die Zeit boten«. Dies war auch der Grund, warum ich als Fünfzehn-, Sechzehnjähriger Wilhelm Hommel mit dem üblichen Gruß bedachte. Grüß Gott, guten Morgen, guten Tag, guten Abend, auf Wiedersehen, adieu (schwäbisch: ade) sagte man vor allem dann, wenn einem die Honoratioren der Gemeinde, Bürgermeister, Pfarrer, Lehrer, begegneten, und dies meist in einem etwas gehobeneren Schwäbisch, dem Honoratiorenschwäbisch, so wie es vor allem in den Städten, so in Stuttgart, gesprochen wurde. Den 1933 offiziell eingeführten Hitler-Gruß »Heil Hitler!« hörte man in einem so kleinen Ort wie Wolfsölden nur selten. Wir Schulkinder hatten ihn gegenüber Lehrern, dem Bürgermeister und sonstigen Amtspersonen anzuwenden. Im dörflichen Alltag spielte er aber nur eine geringe Rolle. Mein Vater machte sich zu Hause und unter vertrauten Bekannten öfters über den Hitler-Gruß lustig. So konnte man von ihm hören, und dies durchaus noch in den Jahren des Dritten Reichs: »Heil Hitler, du Dackel!« Er machte sich damit über seine Vorgesetzten in der Winnender Ziegelei lustig, die ausschließlich mit »Heil Hitler!« und erhobenem rechten Arm grüßten und die so die Belegschaft zwangen, sie in gleicher Weise zu grüßen.

Den schon damals von vielen als läppisch empfundenen Hitler-Gruß konnte man durch das »Zeitbieten« vermeiden. Dabei musste man recht wendig, ja erfinderisch sein: Man sah darauf, welche Tätigkeit der oder die zu Grüßende gerade ausübte, was ihn oder sie im Augenblick beschäftigte. So konnte man auf dem Feld hören: »Angersche felge?«, »Gras mähe?«, »Ebire grabe?«, »Äpfel ufflese?«. Der oder die so angesprochene antwortete einfach mit »Ja«. Oft gab dies den Anstoß für ein kürzeres oder längeres Gespräch. Kurios muteten Wendungen an wie: »Au do?«, »Fleißig!«, Uffm Hoimweg?«, »Kommet ihr au?«.

Beim Besuch meines Onkels Wilhelm Sauer in Meßstetten (Zollernalbkreis) als Student von Tübingen aus im Sommer 1952 hörte ich auf dem Spaziergang am frühen Sonntagnachmittag von einander Begegnenden vielleicht fünfzigmal »G'esse?« (zu Mittag gegessen?) und die stereotype Antwort »Ja«. Das »Zeitbieten« ist in Wolfsölden und anderswo in den Dörfern unserer Heimat ungebräuchlich geworden. Heute gelten auch auf dem Land die allgemein üblichen Grußworte.

Nationalsozialistischer Alltag

Wolfsölden besaß innerhalb der Gemeinde Affalterbach, zu der es seit Jahrhunderten gehörte, eine gewisse Eigenständigkeit. An der Spitze des Ortes stand als Anwalt der Bauer Gotthilf Föll, Inhaber eines der größten Wolfsölder Höfe. Er entschied zusammen mit einigen Gemeinderäten über die den kleinen Weiler direkt betreffenden kommunalen Angelegenheiten, so über die Wasserversorgung, die Feuerwehr, die Schule, die Ortswaage, das Backhaus, das Milchhäuschen. Die für die Gesamtgemeinde wichtigen Aufgabenbereiche fielen allerdings in die Zuständigkeit von Bürgermeister und Gemeinderat in Affalterbach. Die Deutsche Gemeindeordnung von 1935 beseitigte den Sonderstatus der Teilorte. Die Wolfsölder, die damit recht gut gefahren waren, trauerten den früheren Verhältnissen noch lange nach. Bürgermeister Eugen Brodt in Affalterbach, ein um das Wohl der Bürgerschaft bemühter, rechtlich denkender Mann hatte dafür Verständnis und nahm, soweit ihm dies möglich war, auf die Gefühle der Wolfsölder Rücksicht.

Die Machtübernahme durch die Nationalsozialisten 1933 wurde in Affalterbach und in Wolfsölden wie anderwärts von der Mehrheit der Einwohnerschaft begrüßt. Viele missbilligten zwar das harte Vorgehen gegen Regimegegner, insbesondere gegen Sozialdemokraten und Kommunisten, den wenigsten aber war bewusst, dass sie sich mit ihrer politischen Selbstentmündigung auf Gedeih und Verderb einem menschenverachtenden totalitären Regime ausgeliefert hatten. Anfänglich schlug die virtuos gehandhabte deutsch-patriotische Propaganda der neuen Machthaber die Menschen in ihren Bann. Diese suggerierte ihnen die rasche Überwindung der Wirtschaftskrise und den Wiederaufstieg Deutschlands zu neuer Macht und Größe.

An den Kundgebungen des Regimes, so am Tag der nationalen Arbeit, dem 1. Mai, beteiligten sich auch zahlreiche Wolfsölder. Der noch in den Jahren der Weimarer Republik gewählte Bürgermeister Brodt blieb im Amt, und er entschloss sich, wie übrigens auch die Lehrer in der Gemeinde, nach längerem Zögern, dem Druck der herrschenden Partei nachgebend, zum Eintritt in die NSDAP. Die Eignung zum fanatischen Nationalsozialisten hatte aber keiner von ihnen, sie waren, wenn man so will, Mitläufer. Deutsch-patriotisch gesinnt, blieb ihnen die NS-Ideologie, obwohl sie in Propagandaschriften beinahe tagtäglich mit ihr konfrontiert waren, weitgehend fremd. In der Hitler-Partei sahen sie eine nationale Bewegung, und mit einer solchen konnten sie sich durchaus solidarisch erklären. Empfänglich für die Parolen Hitlers war vor allem die junge Generation. Ein Teil von ihr schloss sich der zunächst noch freiwilligen Hitlerjugend, der HJ, an.

Die anfängliche Begeisterung für das NS-Regime flaute indes, von Ausnahmen abgesehen, bald ab. Auch war die Zahl der Hakenkreuzfahnen, die an staatlichen Feiertagen und an solchen der NS-Bewegung gehisst wurden, gering. Der deutschnational gesinnte Pfarrer Johannes Berner, zunächst ein enthusiastischer Hitler-Anhänger, weil er sich vom »Führer« die Schaffung eines starken, von christlichem Geist erfüllten Deutschlands und eines festen Bollwerks gegen den in Russland etablierten Bolschewismus versprach, erkannte rasch die von der nationalsozialistischen Rassenideologie ausgehende

Gefahr für Christentum und Kirche. Noch 1933 wechselte er die Front. Mutig wandte er sich in seinen Predigten gegen die Verfälschung von Bekenntnis und Lehre der evangelischen Kirche durch das Regime. Nicht zuletzt ihm war es zuzuschreiben, wenn das NS-Gedankengut in Affalterbach und Wolfsölden verhältnismäßig wenig Anklang fand. Auswärtige Parteifanatiker, denen der in der Gemeinde beliebte Geistliche unbequem war, diskreditierten ihn als alten Trottel und senilen Schwätzer. Das Gegenteil jedoch war zutreffend: Johannes Berner war ein ungewöhnlich intelligenter Mann, der durch verlässliche Informanten erstaunlich gut über schlimme Menschenrechtsverletzungen des Regimes und dessen KZ-System, aber auch über die verhängnisvolle Hitler'sche Außenpolitik unterrichtet war. Gemeindemitgliedern, die sein Vertrauen besaßen, machte er darüber Andeutungen. Durch ihn erfuhr ich als 13-Jähriger erstmals von der Existenz von Konzentrationslagern, konnte dies aber nicht mit dem Glorienschein, den das Dritte Reich damals noch immer für mich hatte, in Einklang bringen.

Ich erinnere mich, dass mich als kleiner Bub die zwei Hakenkreuzfahnen im Ortszentrum und die Hakenkreuzfahne vor dem Schulhaus, die zur Feier nationalsozialistischer »Großtaten« wie dem »Anschluss« Österreichs, der Rückgliederung des Memellands und der Annexion des tschechischen Reststaats oder an NS-Gedenktagen aufgezogen wurden, sehr beeindruckten. In Wolfsölden gab es im Übrigen nie Aufmärsche oder Kundgebungen der herrschenden Partei, solche fanden in Affalterbach vor der Kelter oder am »Heldengedenktag« im März am Kriegerehrenmal vor der Kirche statt. In NS-Uniform zeigte sich, eine Zigarre rauchend, allenfalls unser Anwalt, zwar ein »Alter Kämpfer«, doch alles andere als ein nationalsozialistischer Eiferer. Die meisten Wolfsölder

Erntedankfest 1937 in Affalterbach.

waren ausgesprochen unpolitisch. Manche trauerten noch der Monarchie und dem allseits beliebten König Wilhelm II. von Württemberg nach. Die Weimarer Republik mit ihrem Parteiengezänk blieb ihnen fremd. Dabei schätzten sie die weit in die Vergangenheit zurückreichende demokratische Struktur der kommunalen Selbstverwaltung, und sie engagierten sich in Angelegenheiten ihrer Heimatgemeinde und ihres Oberamtsbezirks. Mit dem vom NS-Regime eingeführten, auf Befehl und Gehorsam gegründeten Führerprinzip, das eine eigenverantwortliche Mitwirkung der Bürger in der Kommunalpolitik ausschloss, vermochten sie sich nur schwer anzufreunden. Die neuen Machthaber aber erklärten, dass nur so effektive Verwaltungsarbeit geleistet werden könne und dass außerdem allein die Einführung des Führerprinzips auf allen Verwaltungsebenen die Voraussetzung für den Aufbau eines starken Reiches sei.

Mit dem Ausbruch der Weltwirtschaftskrise Ende der zwanziger Jahre war der Ruf nach dem starken Mann, der das deutsche Staatsschiff wieder flott machen sollte, zunehmend lauter geworden, – und in Adolf Hitler präsentierte sich ein solcher. Nach der NS-Machtübernahme im Reich und in Württemberg stellte man erleichtert fest, dass es wirtschaftlich wieder aufwärts ging, dass jetzt jeder Arbeitsfähige und -willige eine Beschäftigung finden konnte. Die forcierte Wiederaufrüstung, die sich belebend, aber keineswegs sanierend auf die Wirtschaft auswirkte, vielmehr mittelfristig ein wirtschaftliches Desaster vorprogrammierte, beunruhigte nur wenige. Eine starke Wehrmacht hielt man für selbstverständlich. Die gleichgeschaltete Presse und der gleichgeschaltete Rundfunk störten die Politik der Machthaber nicht; sie waren vielmehr ihr verlässliches Sprachrohr. In den meisten

Häusern in Wolfsölden wurde die »Marbacher Zeitung« gelesen, die, abgesehen von ihrem politischen Teil, ihre seitherige bürgerliche Aufmachung beibehalten hatte und zuverlässig über alle Begebenheiten der näheren und weiteren Umgebung berichtete. Auf die Lokalberichterstattung aber legte ein Großteil der Leser besonderen Wert.

Radios gab es in der Mitte der dreißiger Jahre im ganzen Ort, soviel ich weiß, nur zwei. Hauptlehrer Gaiser besaß eines und ebenso »dr Ernste Karle« (Karl Häußermann), ein schon etwas älterer kränklicher Junggeselle, der mit seiner Mutter, »dr Amme«, im geräumigen Haus seines Bruders Gotthold eine Wohnung hatte. Um Karles Volksempfänger scharten sich die Wolfsölder Bauern, um mit gespannter Aufmerksamkeit den Führer-Reden zu lauschen. Da war es freilich schlimm, dass im Mai 1939 – es war die Zeit wachsender außenpolitischer Spannungen – zwei kleinen Buben, meinem knapp sechsjährigen Bruder und mir, dem knapp Achtjährigen, das wilde Geschrei aus dem Lautsprecher nicht sonderlich gefiel und ihnen das Ganze mit der Zeit auch ziemlich langweilig wurde. Sie begannen daher, ermuntert durch den zu lustigen Streichen aufgelegten jungen Maurer Eugen Fischer, den Sohn des Maurermeisters Wilhelm Fischer, hinter dem Rücken der älteren Mannen, allerlei Unfug zu treiben. Unser Nachbar Karl Bäuerle, beileibe kein begeisterter Nationalsozialist, schaffte die beiden Störenfriede aus Karles Wohnzimmer und bedachte sie zudem mit kräftigen Ohrfeigen. So also ging es meinem Bruder und mir bei der ersten Hitler-Rede, die wir zu hören bekamen.

Freude bereitete es uns kleinen Jungen, wenn Soldaten der nahen Garnisonen Ludwigsburg, Kornwestheim oder Stuttgart-Bad Cannstatt in das Dörfchen kamen – Infanterie, Kavallerie, Nachrichtentruppen, leichte Artillerie – und kleine Übungen durchführten. Wir wichen ihnen nicht von den Fersen. Die »Gulaschkanone«, die Feldküche, imponierte uns besonders, und wir waren glücklich, wenn wir einmal einen Teller oder ein Kochgeschirr mit Gaisburger Marsch, bei den Reservisten der Jahre vor 1914 wegen seiner Häufigkeit als Tagesgericht auch Oßweiler Trauermarsch genannt, oder eine Portion eines anderen schwäbisch-militärischen Spezialgerichts ergattern konnten. Dass sich Übungen und Manöver häuften, dass an vielen Abenden Scheinwerfer mit ihren Lichtkegeln den Himmel nach Flugzeugen abtasteten, dass man beinahe Tag für Tag das Knattern von Maschinengewehren oder die Schüsse leichter Feldgeschütze von den nicht allzu weit entfernten Exerzier- und Übungsplätzen hören konnte, bekümmerte uns nicht. Dankbar war ich, als mich Nachbarn oder Bekannte im Spätsommer 1938 zur Winnender Straße mitnahmen. Dort zogen, von Winnenden kommend, lange Militärkolonnen in Richtung Ludwigsburg an uns vorüber. Ich erinnere mich an eine größere Zahl mit Soldaten besetzten und von Soldaten gelenkten Pferdewagen, an motorisierte Einheiten, die, wie ich meine, allerdings in der Minderheit waren, an vorbeimarschierende Infanterieabteilungen und an leichte Geschütze, die von Pferden gezogen wurden. Die Truppen kehrten sehr wahrscheinlich vom Manöver in ihre Garnison zurück. Diese Demonstration militärischer Stärke begeisterte mich, den damals Siebenjährigen.

Krieg hielten wir Kinder für die natürlichste Sache der Welt, und wir bekamen von Verwandten, später auch von Lehrern zu hören, Deutschland sei durch die Siegermächte des (Ersten) Weltkriegs schlimm gedemütigt worden, sein Anspruch auf die ihm im Osten und Westen entrissenen

Gebiete bestehe zu Recht, ebenso seine Forderung nach einer starken Wehrmacht, und diese werde jetzt aufgebaut. Manche Weltkriegsteilnehmer, so auch einige meiner Onkels, berichteten uns voll Stolz von ihren Kriegserlebnissen, ihren größeren oder kleineren Heldentaten. Sie glorifizierten den Krieg und nannten ihn die höchste männliche Bewährungsprobe. Mein Vater – ich erwähnte es schon – vermochte in solche Lobeshymnen nicht einzustimmen. Ihm standen wie vielen anderen seiner ehemaligen Kameraden die ungeheuer blutigen und völlig sinnlosen Kämpfe vor Verdun und an der Somme vor Augen, an denen er als 21-Jähriger hatte teilnehmen müssen. Immer wieder war er dem Tod nur um Haaresbreite entgangen. Auch konnte er die Kameraden nicht vergessen, die im feindlichen Feuer auf schreckliche Weise ihr Leben verloren hatten.

Als Arbeiter und Nebenerwerbslandwirt den Sozialdemokraten zugeneigt, hielt er von den Hitler-Anhängern, den »Braunen«, wenig. Dass die von Hitler provozierte Sudetenkrise im Herbst 1938 infolge der allzu konzilianten Haltung Frankreichs und Großbritanniens nicht zum Krieg führte, nahm er wie ein Großteil seiner Altersgenossen mit Erleichterung auf. Als er dann ein knappes Jahr später, inzwischen 44 Jahre alt, einer der ersten Wolfsölder war, die vom Affalterbacher »Polizeidiener« mitten in der Nacht benachrichtigt, zum Kriegsdienst einberufen wurde, war er, wie meine Mutter berichtete, fassungslos, und er benötigte einige Zeit, bis er sich in das Unvermeidliche schickte. Tief bedrückt verließ er am nächsten Morgen in aller Frühe das Heimatdörflein, um von Burgstall, der nächsten Bahnstation, zusammen mit seinem gleichfalls einberufenen Schulkameraden Karl Bäuerle nach Gaildorf zu fahren, wo er eingekleidet wurde. Mutter

Mein Vater im Quartier bei der Familie Hüster in Arfeld an der Eder im Februar 1940.

und ich besuchten ihn dort noch, ehe das neu aufgestellte Bataillon, dem er zugewiesen worden war, nach Polen in Marsch gesetzt wurde. Für mich, den damals Achtjährigen, war es erschütternd, wie gestandene Männer, Frontsoldaten des Ersten Weltkriegs, beim Abschied von ihren Angehörigen, kaum eines Wortes fähig, hemmungslos schluchzten. Einige Nationalsozialisten unter den Muss-Soldaten versuchten, die triste Stimmung durch den Gesang patriotischer Lieder zu verscheuchen. Allein sie mühten sich vergebens.

Das Nachschubbataillon, dem Vater angehörte, hatte in Polen keine Feindberührung und kehrte im Spätherbst 1939 ins Reich zurück. In der Magdeburger Börde, später im preußischen Regierungsbezirk Arnsberg bezog es Quartier. Vater verstand sich mit seinen Quartiergebern, der Familie Hüster in Arfeld an der Eder, einer Bauernfamilie, gut, zumal er, an das untätige Herumsitzen nicht gewöhnt, mit anpackte, wenn er dadurch die Arbeitslast der Familie erleichtern konnte. Mit den Hüsters blieb er bis nach dem Ende des Zweiten Weltkriegs in freundschaftlicher Verbindung. Zweimal kam er im Spätherbst 1939 und im Winter 1939/40 auf Urlaub nach Hause. Wir Kinder hatten Mühe, uns an den schnautzbärtigen Soldaten in seiner feldgrauen Uniform mit Koppel und Seitengewehr, das Schiffchen, die militärische Kopfbedeckung, breit und lustlos auf den Kopf gedrückt, zu gewöhnen. Freilich zu Hause legte er sofort die Militärmontur ab, um Mutter einen Teil der Arbeit im Stall und auf dem Feld abzunehmen.

Im Februar/März 1940 wurde er »altershalber« aus dem Wehrdienst entlassen. Gute zwei Jahre später erhielt er erneut einen Stellungsbefehl, diesmal zum verstärkten Zollgrenzschutz. Nach einer kurzen Spezialausbildung in Baden-Oos wurde er als »Hilfszollbetriebsassistent« dem Grenzschutz an der Schweizer Grenze zugewiesen. Sein Einsatzort war Bietingen bei Singen am Hohentwiel. Die tagtäglichen Fußmärsche und Kontrollgänge im unmittelbaren Grenzbereich, oft bis zu zehn Stunden, setzten seiner Gesundheit schwer zu. Insbesondere seine bereits durch den Ersten Weltkrieg und dann durch vieljährige Arbeit im Freien, in Steinbrüchen und Lehmgruben geschädigten Beine waren den Anforderungen eines solchen Patrouillendienstes Tag und Nacht bei Wind und Wetter nicht gewachsen. Im Frühjahr 1943 wurde er endgültig ins Zivilleben entlassen.

Seine zweite Einberufung 1942 steht mir noch heute vor Augen. Der sonst so raubauzige Mann, der in einer harten Lebensschule gelernt hatte, auf die Zähne zu beißen und seine Gefühle zu beherrschen, weinte wie ein Kind, als er sich von den Geschwistern Bäuerle und dann von uns verabschiedete. Tränen rannen ihm über die Wangen, und er konnte kaum reden. Ich habe später kaum einmal wieder, sieht man von tragischen Todesfällen naher Familienangehöriger ab, einen erwachsenen Mann so hemmungslos weinen gesehen.

Meine ersten Schuljahre

In den dreißiger Jahren galt alles Militärische als vorbildlich und erstrebenswert. Selbst unsere kleine Ortsfeuerwehr gebärdete sich soldatisch. Die wenig erfolgreichen Löschübungen, zu denen Gotthilf Föll junior die Mannschaft mit dem melodischen Signalhorn zusammengerufen hatte, erfolgten mit einer auf einen vierrädrigen Untersatz montierten Handfeuerspritze aus der Zeit kurz nach Beginn des 20. Jahrhunderts und mit porösen Schläuchen. Ein Glück, dass es nie zu einem größeren Brand kam. Kommandant Karl Eisele , dem dereinst sein Schwiegervater Kienzle (Engelhard) attestiert hatte, dass sich mit dem im Haus Kienzle gekelterten Apfelmost lautstark schreien lasse, ließ die Mannschaft stramm stehen und Front machen. Doch schon nach der Absolvierung weniger Formalien erfolgte der erlösende Befehl: »Rührt euch, ab zum Otto!«, also zu Otto Eckerts »Krone«, dem damals einzigen Gasthaus im Ort.

Auch wir Kinder konnten uns der Faszination des Militärischen nicht entziehen. Unsere Mütter überredeten wir, dass sie uns Achselstücke und Dienstgradabzeichen auf die Kittel nähten. Die Tapferkeitsauszeichnungen wie Eiserne Kreuze stellten wir aus Pappkarton her. Die obligate Hakenkreuzfahne aus Packpapier bemalten wir in der üblichen Weise und befestigten sie an einem kräftigen Haselnussstecken. Da ich Oberkommandierender der sechs, sieben Mann starken Truppe war und zufällig auch noch Paul hieß, war mein Dienstrang in Angleichung an den 1934 verstorbenen Reichspräsidenten und Generalfeldmarschall Paul von Hindenburg unstrittig. Als ich im April 1938 als einziger Schulanfänger widerwillig zum ersten Mal die einklassige Wolfsölder Volksschule betrat, in der Hauptlehrer Gaiser, ein großer, stattlicher Mann, das Zepter schwang, prangte auf der Wandtafel gewissermaßen als Willkommensgruß für den Muss-ABC-Schützen in großen Lettern: »Dem Generalfeldmarschall a. D.«. Später erschien mir der Dienstrang Generalfeldmarschall mit Blick auf die Wolfsölder Verhältnisse denn doch zu hoch gegriffen. Ich begnügte mich nun mit dem Rang eines Majors. Meine Mitstreiter legten sich mit meiner Zustimmung Subaltern-Offiziersdienstgrade zu wie Leutnant, Oberleutnant oder Hauptmann. Die kleineren Buben wurden mit Unteroffizierschargen abgefunden. Einen »Gemeinen«, einen gewöhnlichen Soldaten, hatten wir nicht.

Hin und wieder rückten wir feldmarschmäßig ausgerüstet »ins Feld«, das heißt auf die Stoppelfelder, die abgemähten Wiesen oder in den Wald, um dort gegen einen fiktiven Gegner unsere kriegerische Leistungsfähigkeit zu erproben. Einmal – es war noch vor Beginn des Zweiten Weltkriegs – besetzten wir die zum Wohnhaus von Friederike Aichholz, allgemein Ricke genannt, führende Steintreppe. Plötzlich erschien die Ricke, damals eine etwa 70-jährige Frau, die auf ihrem Äckerchen im »Wannenberg« gearbeitet hatte, völlig überraschend auf der Bildfläche. Sie drohte uns schon von weitem mit der Hacke. Wir bekamen es mit der Angst zu tun, flohen Hals über Kopf und ließen unsere Fahne zurück. Ricke sprach davon, dass wir mit dem spitzen Fahnenstecken ihre Hauswand beschädigt hätten. Dem war aber dann glücklicherweise nicht so. Tagelang traute ich mich nicht mehr zu meinem Onkel Hermann, dessen Haus mit Poststelle und

Gemischtwarenladen direkt Rickes Haus gegenüber lag, zumal die alte Frau meist bis in den späten Abend hinein und häufig auch schon tagsüber den Kopf durch ihr kleines Wohnzimmerfenster steckte, um die Passanten auf der Straße und insbesondere die Kunden der Post und des Gemischtwarenladens im Blick zu haben und sie in ein kurzes Gespräch zu verwickeln.

Von lebenslanger schwerer körperlicher Arbeit in der Landwirtschaft gebeugt, war Ricke indes ein recht gutmütiger und verträglicher Mensch. Nachdem ihr Mann gestorben war und sich ihre erwachsenen Kinder auswärts sesshaft gemacht hatten, bewohnte sie ihr kleines Häuslein ganz allein. Nach etlichen Tagen bot sie uns über die »Hermanns-Mädle« Waffenstillstand an und gab uns die Fahne zurück. Ich war sehr erleichtert und riskierte nie mehr einen Streit mit ihr. Auch wuchs mein Respekt vor dieser wahrlich nicht mit irdischen Gütern gesegneten alten Frau, die ohne jeden Anflug von Bitterkeit ihr hartes Lebensschicksal meisterte. Mein Bruder Alfred und ich haben, als wir in Affalterbach die Schule besuchten, für sie, manche kleine Besorgung übernommen. Ich denke an Menschen wie die Ricke gerne; sie haben meine Kindheit bereichert.

In Wolfsölden lebte damals noch eine zweite Witwe Aichholz: Karoline Aichholz. Beide Frauen trugen zwar denselben Familiennamen, waren aber nicht miteinander verwandt. Karoline Aichholz führte, seitdem ihre Kinder aus beruflichen Gründen weggezogen waren und sich auswärts verheiratet hatten, ein recht eigenbrötlerisches Leben. Sie bewohnte neben der Familie Kummer ein kleines, armseliges Haus, das schon längst einer grundlegenden Renovierung bedurft hätte. Im Untergeschoss ihrer Behausung hielt sie Ziegen, die sie, so gut ihr dies möglich war, versorgte. Wir Kinder gingen der verschlossenen, uns missmutig-abweisend erscheinenden alten Frau aus dem Weg. Dies änderte sich Anfang der vierziger Jahre. Ermuntert durch unsere Eltern und durch Nachbarn, leisteten wir ihr kleine Dienste, so bei der Obsternte auf ihrem Grundstück in den Spitzwiesen. Dies freute sie sehr. Jetzt gewannen wir ihr Vertrauen und kamen hier und da auch in ihr kärglich eingerichtetes Wohnzimmer. Ein Bild von dem gefallenen Sohn oder Stiefsohn Karl (Adam) Schreiber beherrschte den niedrigen, recht düster wirkenden Raum.

Der Familie des verstorbenen Mannes von Karoline Aichholz entstammte die 1785 in Wolfsölden geborene Maria Margaretha Aichholz. Dieser jungen Frau hatte die Gemeindeobrigkeit, wie dies damals auch in vielen anderen Fällen geschehen war, aus wirtschaftlichen Gründen die Heirat mit dem Bauernknecht Daniel Schäfer aus Steinach, dem Vater ihrer beiden 1808 und 1811 geborenen Kinder, verweigert. Die Gemeinde hatte mit ihrem harten Nein verhindern wollen, dass ihr in absehbarer Zeit eine mittellose Familie zur Last fiel.

Maria Margaretha, offensichtlich eine lebenstüchtige, wagemutige Frau, fand sich mit dem ihr zugemuteten Heiratsverbot nicht ab. 1817 schloss sie sich mit ihren Kindern Katharina Barbara und Jakob der großen Schar der württembergischen Auswanderer nach Russland an und langte nach einem äußerst beschwerlichen drei- bis fünfmonatigen Treck in Tiflis in Georgien an. Dort gründete sie zusammen mit anderen Auswanderern die unfern der Stadt gelegene Siedlung Elisabethtal, ein schwäbisches Dorf, das mehr als 120 Jahre bestand und 1941 nach dem Überfall Hitlers auf die Sowjetunion ein gewaltsames Ende fand. In Elisabethtal schuf sich Maria Margaretha eine bescheidene Existenz; sie starb dort 60-jährig 1845. Durch ihren Sohn Jakob (gestorben 1869) und dessen Tochter Magdalena wurde sie zur Stammmutter von Swetlana Stalin, der 1926 geborenen Tochter des sowjetischen Diktators Josef Stalin (1879–1953).

In ihrem 1969 veröffentlichten Buch »Zwanzig Briefe an einen Freund« berichtet Swetlana Stalin, dass die Tochter von Jakob Aichholz, Magdalena, eine Bierschenke betrieben und sich auf das Backen vorzüglicher Kuchen verstanden habe. Durch ihre Heirat mit dem Russen Jewgenij Fedorenko, dem sie neun Kinder geschenkt habe, sei sie ihre Urgroßmutter gewesen. Die Angaben der Stalin-Tochter treffen zu. Ihre Mutter war übrigens Nadjeshda Allilujewa (* 1901), die zweite Ehefrau des sowjetischen Diktators, deren Selbstmord 1932 weltweit Aufsehen erregt hatte.

Von der genealogischen Verknüpfung der Familie Stalin mit der Wolfsölder Familie Aichholz war in meiner Kinder- und Jugendzeit freilich noch nichts bekannt. Ihr kam ich erst Anfang der siebziger Jahre bei den Vorarbeiten für meine Affalterbacher Ortsgeschichte auf die Spur. Mit Hilfe des bekannten Historikers der Russlanddeutschen Dr. Karl Stumpp und eines Angehörigen der Elisabethtaler Familie Aichholz, der nach dem Zweiten Weltkrieg in der Bundesrepublik Zuflucht gefunden hatte, erlangte ich detailliertere Kenntnisse von den Aichholz-Ahnen der Swetlana Stalin. Diese Daten und Fakten habe ich in meinem Buch »Affalterbach 972–1972. Weg und Schicksal einer Gemeinde in tausend Jahren« (2. erweiterte Auflage 1997), Seite 333 f., veröffentlicht.

Die erste bis siebte Klasse der Schule in Wolfsölden wurde 1938 von insgesamt 13 Schülern besucht – eine achte Klasse gab es damals in den württembergischen Landgemeinden

Das Wolfsölder Schulhaus in den 1920er Jahren.

noch nicht. Ich war der einzige ABC-Schütze. Zunächst hatte ich, eigenwillig wie ich war, noch immer die große Freiheit der nicht-schulpflichtigen jungen Gespielen vor Augen. Deshalb fand ich an der Schule keinen Geschmack. Herr Gaiser ließ mich einige Wochen in angenehmem Nichtstun gewähren, dann aber legte er mich übers Knie und ließ den Stock unbarmherzig auf mein Hinterteil niedersausen. Ich konnte nach dieser überaus schmerzhaften Prozedur kaum noch sitzen. Im Dörfchen musste ich Spießruten laufen: »Der hat heut Hosespannes kriegt«, erzählte man sich lachend. Indes wirkte diese Züchtigung Wunder. Ich nahm jetzt die Schule ernst, und dabei merkte ich schnell, dass mir das Lernen leicht fiel. Dies befriedigte den gestrengen Lehrer. Dass ich nicht singen konnte – ein Erbe von Mutters Seite – und als ungelenker, steifer Bub auch im Turnen weit unter Olympia-Niveau blieb, akzeptierte er

Weiterhin beim Austeilen von Ohrfeigen und anderen körperlichen Strafen nicht gerade zimperlich, brachte mich Herr Gaiser in kurzer Zeit auf das Niveau der zweiten Klasse. Diese bestand aus drei Schülern, meinem Freund Erich Schiedt, Elfriede Häußermann und Hilde Wurst. Mir ging es in der Schule, verglichen mit meiner Schwester Emma, gut. Der Stock regierte, und täglich gab es Tränen bei ihr. Ich blieb nun weitgehend verschont. Einmal aber hatte ich den Zorn des schlagkräftigen Pädagogen ungemindert auszukosten. Ich schrieb, wohlgemerkt in der ersten Klasse, in der damaligen deutschen Sütterlinschrift die Gans am Schluss mit »langem s«. Ich wurde über die Bank gelegt und mit Stockstreichen traktiert. Noch heulend hatte ich einen Stuhl zu besteigen und der versammelten Schülerschar zu verkünden: »Die Gans schreibt man am Schluss mit einem ›runden s‹.«

Herr Gaiser genoss trotz seiner Strenge und seiner Launenhaftigkeit, die manche Schulstunde zur Qual machte, im Ort hohes Ansehen. Wenn ein Familienvater mit dem Ausfüllen eines amtlichen Schriftsatzes seine Schwierigkeiten hatte oder wenn in der Landwirtschaft tätigen Bürgern von der Gemeindeobrigkeit oder vom Landratsamt zugestellte Erhebungsbogen mit mehr oder minder bedeutsamen sozialen, wirtschaftlichen oder politischen Fragen Probleme verursachten, war er zur Stelle und half bereitwillig. Dankbar wurde auch sein kulturelles Angebot angenommen. Die Stummfilme, die er von der Kreisbildstelle zu Unterrichtszwecken auslieh, durften abends auch die Erwachsenen sehen, und Herr Gaiser hatte an diesen allgemein beliebten Filmabenden im kleinen Schulsaal stets ein aufmerksames und dankbares Publikum.

Unvergesslich sind mir seine Lerngänge durch Feld und Wald, die er in allen Jahreszeiten mit uns unternahm. Er weckte in uns die Liebe zur Natur. Als großer Vogelkenner machte er uns mit den Vögeln unserer Heimat vertraut. Als ihn einmal ein Landwirt auf ein Nest von Ringelnattern in der Nähe der Mühle aufmerksam machte, eilte er mit uns dorthin, und es gelang ihm, ein stattliches Tier zu fangen. Er zeigte es uns, ehe er es wieder in die Freiheit entließ, und vermittelte uns zugleich einen Einblick in die Lebensweise dieser harmlosen und zugleich nützlichen Reptilien. Damit wollte er uns die Angst vor Schlangen nehmen, zumal es in unserer Gegend keine Giftschlangen wie Kreuzottern gab. Auch Glattnattern (Schlingnattern) und Blindschleichen bekamen wir so zu sehen. Herr Gaiser durchstreifte mit uns die Wälder oberhalb der Rinnenwiesen im unteren Buchenbachtal, in denen sich die Baue von Füchsen und Dachsen häuften.

Wilhelm Gaiser besaß ein Fernglas und beobachtete damit vom Schulhaus hoch über dem Buchenbachtal die Tier- und insbesondere die Vogelwelt. Da konnte es freilich auch geschehen, dass wir morgens, nichts Böses ahnend, das Schulzimmer betraten und ehe wir uns versahen, mit ein paar saftigen Ohrfeigen bedacht wurden. »Was«, so seine erläuternde Frage, »habt ihr Lausbuben gestern nachmittag im Buchenbachtal getrieben?« Mein Freund Erich Schiedt und ich hatten uns aus lauter Übermut mit Erdklumpen von Maulwurfshügeln beworfen, die es im Spätherbst in den Talauen in hinreichender Zahl gab. Auch dieser Unfug, der streng genommen unseren Lehrer nichts anging, war dem Fernglas nicht entgangen und hatte für uns zwei Jungen schmerzhafte Konsequenzen gehabt. Hohes Lob hingegen ernteten wir einige Jahre später, als wir beide aus freien Stücken der alten Ricke die ihr zugeteilten Kohlen von dem Wagen, der sie ihr gebracht hatte, abluden und in ihren Schuppen schafften. Bei einem Rundgang durch den Ort hatte Herr Gaiser uns zufällig bei dieser Tätigkeit entdeckt.

An heißen Sommertagen wanderte die Schülerschar mitunter zu dem hinter dem Mühlhäuleswald gelegenen Wolfsölder Badplatz im Buchenbach. Herr Gaiser, wie üblich feiertäglich gekleidet, meist auch mit weißem Hemd und farblich abgestimmter Fliege, setzte sich auf einen Baumstumpf am Rand des Gumpens, um uns zu beobachten. Passieren konnte kaum etwas, denn das Wasser war auch hier recht seicht. Der Lehrer wollte uns die Angst vor dem nassen Element nehmen. Dies war beim Großteil der Schülerinnen und Schüler nicht nötig. Doch es gab auch ein oder zwei wasserscheue Mädchen. Der Gestrenge winkte diejenigen Kinder zu sich heran, die schon schluchzten, wenn das Wasser ihre Zehen bedeckte, und beförderte sie mit einem derben Schubs ins Wasser. Es gab Angstschreie und Tränen. Allein, Herr Gaiser ließ sich dadurch nicht beirren, er wollte die Wasserscheuen auf solche Weise von ihrer Angst befreien, sie gewissermaßen kurieren. Ob dies pädagogisch klug war, sei dahingestellt. Harmonischer verlief im Allgemeinen unter Aufsicht des Lehrers das winterliche Schlittenfahren den Götzenbuckel oder den Bäuerlesweg hinunter bis zur Schule oder von unserer »Gruhe« an der Zubringerstraße zur Winnender Straße bis hinunter zur Mühle.

Für den Turnunterricht standen uns der kleine Sportplatz des von Wolfsölder Kriegsteilnehmern 1919 gegründeten Turnvereins und dessen 1927 erbaute Turnhalle zur Verfügung. Ich war, wie schon erwähnt, ungelenk und unbeholfen und konnte deshalb dem Turnunterricht wenig Positives abgewinnen. Zudem diagnostizierte der Schularzt bei mir schon im ersten Schuljahr einen eingedrückten Brustkorb und eine Rückgratverkrümmung. Diese körperlichen Gebrechen trugen mir im August 1939 einen gesundheitlich sehr förderlichen knapp vierwöchigen Kuraufenthalt in der Orthopädischen Klinik Paulinenhilfe in Stuttgart ein.

In der Paulinenhilfe verlor ich etwas von meiner Abneigung gegen gymnastische Übungen. Und ich ließ es, ungeachtet meines anfänglichen starken Heimwehs, am guten Willen bei dem mir und anderen jugendlichen Patienten auferlegten Therapieprogramm nicht fehlen. Ich rang mich sogar dazu durch, morgens gegen 9 Uhr eine Tasse frischer Milch zu trinken. Dies empfand ich zwar als Tortur, aber ich hatte in der jungen Diakonisse Schwester Hilde eine liebevolle Betreuerin, und diese wollte ich nicht enttäuschen. Andererseits wurde ich mit mir bis dahin völlig unbekannten Konditoreileckereien verwöhnt;

Die neu erbaute Turnhalle in Wolfsölden 1927.

Die Aufhebung der selbständigen Wolfsölder Volksschule im April 1939. Abschiedsfoto, aufgenommen im »Mühlhäule« von Hauptlehrer Gaiser. In der hinteren Reihe von links nach rechts: Walter Bertele, Margarete Eckert, Martha Häussermann, Hilde Schiedt, Brunhilde Wurst, Emma Sauer; in der vorderen Reihe: Paul Sauer, Rudi Kübler, Renate Gaiser, Alfred Sauer, Erich Schiedt, Elisabeth Kübler, Elfriede Häussermann.

die brachte mir meine Kusine Elise Bürkle bei Besuchen aus der Bäckerei und Konditorei Stumpp, Ecke Büchsen-/Calwer Straße mit, wo sie tätig war. Der Inhaber Julius Veigel war nach schwäbischer Gepflogenheit ein indirekter Verwandter, sicher von Elise und wahrscheinlich auch von meiner Mutter. Am letzten Sonntag vor Kriegsausbruch – mein Vater war unmittelbar zuvor zur Wehrmacht einberufen worden – holte mich meine Mutter nach Hause. Die Therapie in der Paulinenhilfe endete somit abrupt; sie wurde nie fortgesetzt. Der Krieg ließ die Rückgratverkrümmung in den Hintergrund treten, zumal sie mir keinerlei Beschwerden verursachte und sich auch sonst meine Gesundheit zunehmend festigte.

Größten Wert legte Herr Gaiser darauf, dass wir ihm auch außerhalb des Schulzimmers mit dem obrigkeitlich angeordneten Hitler-Gruß die schuldige Reverenz erwiesen. Da wir nie wussten, ob wir nach seiner Ansicht angemessen grüßten – bei »Grüß Gott« wäre dies genau so gewesen –, gingen wir dem Gestrengen im Ort möglichst aus dem Weg. Als ABC-Schütze musste ich einmal zu meinen Großeltern, wahrscheinlich um ihnen von meinen Eltern etwas mitzuteilen oder zu überbringen. Mein Weg führte etwa 50 Meter oberhalb des Schulhauses vorbei. Ich vermied es, hinunter zu schauen. Plötzlich ein durchdringender Pfiff und die Kommandostimme des Lehrers: »Komm sofort zu mir!« Ich gehorchte. Aber kaum hatte ich an die Wohnungstür im Schulhaus geklopft, erhielt ich eine schallende Ohrfeige. »Du Duckmäuser, wenn dein Lehrer zum Fenster hinausschaut, hast du zu grüßen!«

Im Frühjahr 1939 fand die Wolfsölder Schulidylle – und sie war trotz des strengen schulmeisterlichen Regiments eine solche – ein Ende. Die Zwergschule Wolfsölden wurde mit der Affalterbacher Volksschule zusammengelegt. Ich büßte das Privileg ein, in meiner Person eine ganze Schulklasse zu repräsentieren. Plötzlich hatte ich 15 Schulkameradinnen und Schulkameraden. Indes war ich erstaunt, dass die Affalterbacher in ihrem Kenntnisstand weit hinter uns Wolfsöldern dreinhinkten. Unser Affalterbacher Lehrer, Hermann Hausmann, Kriegsversehrter des Ersten Weltkriegs und im Gegensatz zu Wilhelm Gaiser gegenüber dem NS-Regime völlig unkritisch, war ein lieber, hochanständiger Mann, der sich alle Mühe gab, seine Schüler zu lebenstüchtigen Menschen zu erziehen; allein das Durchsetzungsvermögen seines Wolfsölder Kollegen besaß er nicht.

Bei meinen Schulkameraden beobachtete ich einige kuriose Dinge. Mein recht begabter Nebensitzer Fritz Börkircher, der 1994 leider viel zu früh verstorbene Affalterbacher Bäckermeister, hatte keine Ahnung von dem in Wolfsölden bis zum Exzess geübten Schönschreiben. Er schrieb recht krakelig. Die Innenräume vor allem der Großbuchstaben füllte er mit Tinte aus. Erst allmählich gewöhnte er sich eine einigermaßen lesbare Schrift an. Einmal sollten wir als Hausaufgabe eine Skizze vom Bodensee zu Papier bringen. Ein Schulkamerad schüttete einen Teil seines Tintenfasses auf ein Stück Packpapier, gab dem großen blauen Klecks mit den Fingern eine etwas längliche Form und ließ von ihr zwei Wurmfortsätze ausgehen: den Untersee und den Obersee. In beiden Fällen Kommentar des Lehrers: »Fritz« (»Karle«), »schö isch anders«. Dieses »Schö isch anders« hörte ich von Herrn Hausmann auch sonst oft. Mit körperlichen Strafen hielt er sich zurück. Wenn sie ihm wegen schlechter Leistungen, notorischer Faulheit oder boshaftem, den Unterricht störenden Verhaltens oder Quälereien von Mitschülern geboten erschie-

Affalterbacher Dorfzentrum um 1920.

Die Unterstufe der Affalterbacher Volksschule mit Hauptlehrer Hermann Hausmann im Sommer 1939.

nen, teilte er Tatzen aus: eine, zwei oder vier Tatzen, letztere noch verschärft als »Tatzen aus dem Salz«. Ich erhielt ein einziges Mal von Herrn Hausmann eine Tatze, weil ich bei einer Rechenaufgabe ein falsches Ergebnis vorgelegt hatte. Den Streich spürte ich aber kaum. Es war, als hätte mir jemand einen Stock etwas unsanft auf die rechte Hand gelegt.

Die Unterstufe der Affalterbacher Volksschule, für die Hermann Hausmann verantwortlich war, umfasste die ersten drei Schuljahre mit insgesamt mehr als 50 Schülerinnen und Schülern. Untergebracht waren wir im Erdgeschoss des heutigen Alten Schulhauses. Mit meinen Klassenkameradinnen und -kameraden kam ich gut zurecht. In Affalterbach mussten wir nach Beginn des Zweiten Weltkriegs ein Kriegstagebuch führen. Diese Aufgabe war zeitweise mir übertragen. Dazu wurde mir der Stuhl hinter dem Pult eingeräumt. Ich trug die von Herrn Hausmann für wichtig gehaltenen Ereignisse in ein dickes Heft ein. Er diktierte, und ich schrieb. Da zwischen Herbst 1939 und Sommer 1942 die deutschen Armeen Sieg auf Sieg an ihre Fahnen hefteten, war diese Kriegschronik gewissermaßen das Spiegelbild der anfänglich großen militärischen Erfolge des Hitler-Reichs. Die dunkle Seite des Kriegs mit unermesslichem Leid, mit schrecklichem Elend, unvorstellbaren Massenverbrechen und millionenfachem Tod blieb uns weithin fremd, und sie fand auch keinen Niederschlag in unserem Schul-Kriegstagebuch.

Mit Beginn des dritten Schuljahrs wurden wir mit der lateinischen Schrift vertraut gemacht, die schon bald darauf die Sütterlinschrift ablöste und die vom NS-Regime zur deutschen Einheitsschrift erklärt wurde. Wir waren froh, dass wir uns künftig auf eine Schrift beschränken konnten. Dass damit aber allgemein der Zugang zu dem Jahrhunderte zurückreichenden Erbe deutscher Schriftkultur sehr erschwert wurde, ist mir viel später bewusst geworden.

An den Unterricht in der Affalterbacher Unterstufe habe ich nur noch vage Erinnerungen. Er war für mich weit weniger anregend als der in Wolfsölden. Dort hatte ich die Ohren gespitzt, wenn Herr Gaiser die Schüler der Oberstufe in Heimatkunde, Geschichte und Geographie unterrichtete, und manches Interessante mitbekommen. In Affalterbach hingegen musste ich mich mit dem Stoff begnügen, der laut Lehrplan für die Unterstufe vorgeschrieben war. Hinzu kam, dass Herr Hausmann mehr Rücksicht als Herr Gaiser auf Minderbegabte nahm und dass er bei der großen Schülerzahl mit erheblichen Disziplinproblemen zu kämpfen hatte.

Manches mutete auch recht eigenartig an. Herr Hausmann ließ gut gelungene Aufsätze der versammelten Schülerschar vortragen. Die Verfasserin oder der Verfasser musste vor das Pult treten, sich der Klasse zuwenden, dann stramm stehen, mit erhobener rechten Hand den Hitler-Gruß entbieten, dann den Aufsatz vorlesen und am Schluss die Eingangszeremonie wiederholen. So bekamen wir beispielsweise bei dem obligaten Kirchweihaufsatz zu hören, dass die Mutter des Aufsatzschreibers 15 oder gar 20 Kuchen gebacken hatte, die dann alle verspeist worden waren. Dabei stand der Hitler-Gruß am Anfang und am Ende des für Lehrer und Schüler aufschlussreichen Kirbe-Berichts.

Erstaunt waren wir Wolfsölder, dass Affalterbach 1939 noch keine Turnhalle besaß und dass deshalb bei schlechtem Wetter und im Winter das Schulzimmer zum Gymnastikraum umfunktioniert wurde. Herr Hausmann ließ an der Tür eine Leiter aufstellen, und an dieser hatten sich die Schüler in Klimmzügen zu üben. Ich selbst brachte eine solche turnerische Leistung nie zustande. Zur Erheiterung meiner Schulkameraden hing ich wie ein Sack an der Leiter, das heißt ich umklammerte mit beiden Händen krampfhaft eine Sprosse, versuchte, meinen Körper ein wenig nach oben zu ziehen, was mir allerdings nicht gelang. Daher ließ ich mich dann, wenn ich es nicht länger aushielt, auf den Boden des Schulsaals plumpsen. Da Herr Hausmann einsah, dass Klimmzüge für mich eine Überforderung bedeuteten, dispensierte er mich und einige andere Schüler schon bald von dieser Gliederverrenkung.

Im Sommerhalbjahr marschierten wir – Herr Hausmann wollte uns möglichst früh den militärischen Gleichschritt beibringen – zu dem etwa eine Viertelstunde entfernten Sportplatz am Lemberg, um uns dort mit Weitsprung, Hochsprung, Wettlauf, Ballspielen und Ähnlichem zu vergnügen. Bald forderte der Krieg seinen Tribut. Ein Teil unserer Turnstunden wurde dem Sammeln von Heilpflanzen für Lazarette, beispielsweise Maiglöckchenblätter, Brombeerblätter, Waldmeister, geopfert. Auf die beliebten Wolfsölder Lerngänge durch Wald und Feld mussten wir weitgehend verzichten. Dafür unternahmen wir im Winterhalbjahr nachmittägliche Ausmärsche auf den Straßen nach Marbach und Erdmannhausen, auf die sich damals nur selten ein Auto verirrte. Den Verkehr bestimmten Pferde- und Kuhgespanne, Fahrradfahrer und Fußgänger.

Vom Krieg überschattete Kinder- und Jugendzeit

Am 1. September 1939, dem Tag des Kriegsbeginns, herrschte trübes, regnerisches Wetter: ein Spiegelbild der gedrückten Stimmung der Bevölkerung. Überall traurige Gesichter. Viele Frauen weinten. Von Kriegsbegeisterung wie zu Beginn des Ersten Weltkriegs im August 1914 war nicht die geringste Spur. Wir hatten schulfrei. Evakuierte aus der im Aktionsbereich französischer Geschütze gelegenen Stadt Karlsruhe langten an. Sie wurden in Affalterbach und Wolfsölden notdürftig untergebracht und blieben einige Wochen hier. Wir fassten mit an: Auf Handwägelchen brachten wir kleine Kinder, ebenso Handgepäck der Flüchtlinge in die zugewiesenen Quartiere.

Die Stimmung hob sich erst, als im Westen alles ruhig blieb, die Franzosen sich hinter ihrer Maginot-Linie verschanzten und kaum einen Schuss abgaben, während die deutschen Armeen in Polen einen raschen Sieg errangen. Die Vertrauenskrise zwischen Regime und Bevölkerung, die nach Kriegsbeginn mit Händen zu greifen gewesen war, schien überwunden. Man setzte auf eine baldige Beendigung des Kriegs – Verständigung mit den Westmächten – und vor allem auf das »Genie des Führers«, der selbst bei manchen Nichtparteigenossen eine beinahe religiöse Verehrung genoss. Indes gab es auch jetzt politisch wache Menschen, die den von Hitler angezettelten Krieg für ein Verbrechen hielten und seinen für Deutschland verhängnisvollen Ausgang voraussahen.

Es war wohl während Vaters erstem Urlaub im Spätherbst 1939, als wir mit unseren Eltern an einem Sonntagnachmittag durch das Buchenbachtal hinaufwanderten zum Kirschenhardthof, um dort im Ausflugslokal »Zum Grünen Baum« einzukehren, das die befreundete Familie Fuchs betrieb. In der Gaststätte herrschte reges Leben. Einige der Gäste beschäftigten sich mit der Kriegslage und äußerten vorsichtig Zweifel an einem raschen Sieg Deutschlands über Frankreich und Großbritannien. Plötzlich deutete einer von ihnen auf das damals in Gaststätten und öffentlichen Gebäuden obligate Hitler-Bild und äußerte dem Sinn nach: »Das alles hat uns der da eingebrockt.« Betretenes Schweigen. Niemand widersprach. Noch drastischere Worte fand unser Nachbar Karl Bäuerle vor Kameraden seines Bataillons bei der Rückkehr aus dem Polenfeldzug: »Schlimmer als 1918!«, das heißt, er hielt die militärisch-politische Situation für ungünstiger als nach der deutschen Niederlage im Spätherbst 1918. Ihm widersprach gleichfalls niemand, auch wurde er nicht denunziert, wohl aber wurde ihm mehr Zurückhaltung bei politischen Äußerungen geraten.

Gegen Jahresende 1939 oder gleich Anfang 1940 kamen die ersten Ausländer in den kleinen Ort: junge polnische Zivilarbeiterinnen und -arbeiter. Die Hitler-Partei befahl aus ideologischen Gründen – der Großteil der Polen galt den nationalsozialistischen Rassenfanatikern als rassisch minderwertig – ihre strenge Absonderung von den deutschen Arbeitgebern und von deren Familien. Allein, kaum jemand hielt sich daran. Die Polen wurden im Allgemeinen gut behandelt. Sie saßen bei Mahlzeiten am gleichen Tisch wie ihre Arbeitgeber und meist wurden ihnen auch ordentliche Schlafräume zugewiesen. Sobald sie etwas Deutsch, richtiger Schwäbisch, gelernt hatten, entspannen sich zwischen ihnen und ihren deutschen Nachbarn und Bekannten oft kuriose Unterhaltungen, an die ich mich noch heute gut und gern erinnere. Glück hatten auch die russischen Zivilarbeiterinnen und -arbeiter, die 1941/42 hierher kamen. Sie fanden gleichfalls großenteils verständnisvolle und humane bäuerliche Arbeitgeber. Wenn in wenigen Fällen Polen und Russen Grund zu Klagen hatten, dann betraf dies stets Familien, bei denen auch deutsche Dienstboten nichts zu lachen hatten.

Mich bedrückt noch heute, was unsere Nachbarn Bäuerle ihrem Knecht Alfred Rommel zumuteten, der ihnen 1936 auf ihren Wunsch als 14-Jähriger von der Paulinenpflege Winnenden als landwirtschaftliche Hilfskraft zugewiesen worden war. Alfred, der wohl als Waise in Winnenden eine christliche Heimerziehung erhalten hatte, war nach der Konfirmation und der Schulentlassung buchstäblich ins kalte Wasser geworfen worden. Die Geschwister Bäuerle sahen in dem schwächlichen Burschen nicht den hilfs- und liebebedürftigen jungen Menschen, der ihnen von der Paulinenpflege zur weiteren Erziehung anvertraut war, sondern den noch wenig leistungsfähigen Knecht. Sie brachten ihn auf der Bühne ihres geräumigen Hauses in einem Gelass unter, das zugleich als Kornschütte diente. Hier war es im Winter kalt und zugig und im Sommer oft fast unerträglich heiß. Das Bett, ein altes Brettergestell, war mit einem Strohsack und mit ausrangiertem Bettzeug ausgestattet. Lange gab es dort auch kein elektrisches Licht. Alfred musste sich nach Feierabend auf der Straße aufhalten. Im Winter durfte er sich abends ein Plätzchen im warmen Kuhstall suchen. Das Wohnzimmer der Geschwister stand ihm lediglich am Heiligen Abend offen. Verrichtete er seine Arbeit nicht ordnungsgemäß, wurde er hart zurechtgewiesen, mitunter auch geschlagen. Einer Verwandten der Geschwister Bäuerle aus Marbach missfiel die schlechte Behandlung des jungen Mannes. Sie redete den Geschwistern wiederholt ins Gewissen und erreichte, dass sich einiges besserte.

Da Alfred auch nachdem er 1942 die Zwanzig überschritten hatte, noch immer recht schwächlich und zudem stark kurzsichtig war, verzichtete die Wehrmacht lange auf seine Dienste. Im Herbst 1944 wurde er wie andere junge und ältere Männer, so auch mein lediger Onkel Albert Sauer, zum Schanzen an die von feindlichen Truppen bedrohte Westgrenze des Reiches beordert. Damit er die kümmerlichen persönlichen Habseligkeiten, deren er während dieses mehrwöchigen Schanzeinsatzes bedurfte, unterbringen konnte, rüstete ihn Louis Bäuerle mit einem sauberen Kartoffelsack aus, der mit zwei zu Tragebändern umfunktionierten Garbenstricken versehen war. Der gute Alfred ähnelte so einer Vogelscheuche, als er mit seinen abgetragenen Kleidern und besonders mit seinem Kartoffelsack-Rucksack zum Burgstaller Bahnhof aufbrach. Anfang 1945 wurde er kurz vor Kriegsende dann doch noch zum Militär eingezogen. Er geriet in französische Kriegsgefangenschaft, und dort ging es ihm anscheinend besser als in Wolfsölden. Deshalb blieb er freiwillig als landwirtschaftlicher Arbeiter noch einige Zeit in Frankreich. Später hielt er sich bei seiner Schwester in Nürnberg auf. Nach Wolfsölden kam er nie mehr. Noch heute besitze ich einige Bücher zu zeitgeschichtlichen Themen, die er mir bei seiner Einberufung 1945 schenkte. Gerne hätte ich sie dem passionierten Bücherleser, der über ein erstaunliches Detailwissen in deutscher und europäischer Geschichte verfügte, zurückgegeben, hätte ich dazu irgendwann eine Gelegenheit gehabt. Mich wundert noch heute, wie Alfred bei seiner miserablen Entlohnung Bücher kaufen konnte. Ich denke, dass ihm Bücher sein Lebenslos erträglicher machten.

1940 erregten die Massenmorde an Geisteskranken und Geistesschwachen, die sogenannte Euthanasie, die Menschen unserer engeren Heimat. Das Entsetzen war groß. Diese nach Kriegsbeginn vom NS-Regime ideologisch begründeten Massenmorde waren vor allem durch bürokratische Fehlleistungen an die Öffentlichkeit gedrungen. So gab es Doppelbenachrichtigungen über das Ableben von Euthanasieopfern oder Angaben über äußerst unwahrscheinliche Todesursachen. Aber auch Massenverlegungen von Insassen staatlicher und kirchlicher Heil- und Pflegeanstalten, so aus dem Psychiatrischen Landeskrankenhaus Winnenden (Winnental) ließen aufhorchen sowie Presse- und Filmkampagnen gegen geistig und körperlich Schwerbehinderte, die als »unnütze Esser«, ja als lebensunwürdig bezeichnet wurden. Allein in der württembergischen Tötungsanstalt Grafeneck bei Münsingen wurden 1939/40 mehr als 10 000 Menschen durch Gas ermordet. Mutige Proteste evangelischer und katholischer Kirchenführer erreichten, dass das NS-Regime offiziell diese Morde stoppte. Allerdings waren der Euthanasie bereits bis zum Sommer 1940 viele Tausende hilfloser Menschen zum Opfer gefallen. Insgeheim ging das gewaltsame Töten von Geisteskranken und Geistesschwachen, in stark vermindertem Umfang, bis zum Kriegsende weiter.

In fast jeder württembergischen Gemeinde waren eines oder gar mehrere Euthanasieopfer zu beklagen. Auch unsere Familie blieb von dieser Mordaktion nicht verschont. Wilhelmine Karoline Sauer, eine Schwester meines Vaters, geboren am 10. März 1894 in Wolfsölden, befand sich viele Jahre im Psychiatrischen Krankenhaus in Winnenden und galt als unheilbar geisteskrank. Nach Andeutungen meiner Eltern war die Tante als junge Frau von einem Verwandten übelst behandelt und erniedrigt worden. Dies hatte ihren völligen psychischen Zusammenbruch und ihre Einweisung in die geschlossene psychiatrische Abteilung zur Folge gehabt. Im Sommer 1940, wenige Monate nach ihrer Goldenen Hochzeit, erhielten meine Großeltern Christian und Marie Sauer, die Nachricht, dass ihre Tochter Wilhelmine Karoline am 7. Juli jenes Jahres in der Psychiatrischen Landesanstalt Hartheim bei Linz in Österreich gestorben sei. Hartheim war eine der berüchtigten NS-Euthanasie-Mordanstalten des Regimes.

Erfreulich entwickelte sich das Verhältnis zu den französischen Kriegsgefangenen, die seit Sommer 1940 bei hiesigen Landwirten beschäftigt waren. Im Allgemeinen waren es umgängliche junge Männer, die das Beste aus ihrer Situation zu machen suchten. Soweit sie selbst Bauern waren, nutzten sie ihren Zwangsaufenthalt in Deutschland, um ihre beruflichen Kenntnisse zu mehren. Uns Kindern steckten sie gelegentlich etwas von der Schokolade zu, die sie von zu Hause geschickt gekamen, für uns damals eine seltene Köstlichkeit. Sehr bedauert wurde von ihren Arbeitgebern, als wohl 1942 verfügt wurde, alle in der Gemeinde tätigen Franzosen in Affalterbach zu konzentrieren, damit sie in ihrer Sammelunterkunft besser von deutschen Reservisten überwacht werden konnten. Den Anlaß zu dieser Maßnahme hatten mehrere Fluchtversuche von Gefangenen gegeben.

Freundschaftliche Kontakte zu ihrem ehemaligen Chef Gotthilf Föll junior unterhielten auch von Affalterbach aus die Kriegsgefangenen Ferdinand (Ferdé) und René. Als sie sich im letzten Kriegsjahr auf Ehrenwort freier bewegen durften, besuchten sie hin und wieder die Familie Föll, und sie wurden stets ausgesprochen herzlich empfangen.

Pfarrer Berner, der gut französisch sprach, unterhielt sich gelegentlich recht ungezwungen mit einzelnen Kriegsgefangenen. Uns Konfirmanden legte er nahe, den Franzosen zuzurufen: »Vive l'Empereur!« (»Es lebe der Kaiser!«). Der Pfarrer war davon überzeugt, wir könnten damit den Kriegsgefangenen, für die wie für alle ihre Landsleute Napoleon der große Nationalheros sei, eine große Freude machen. Indes blickten wir in verständnislose Gesichter, als wir in Affalterbach französische Kriegsgefangene mit »Vive l'Empereur!« begrüßten. Sie konnten mit dem emphatischen Gruß ebenso wenig etwas anfangen wie wir. Das »Vive l'Empereur« blieb uns so im Hals stecken.

Die freundschaftliche Verbindung zwischen deutschen Arbeitgebern und französischen Kriegsgefangenen erhielt sich weit über den Zweiten Weltkrieg hinaus durch Briefe und Besuche hin und her – ein erstes Aufkeimen der heutigen deutsch-französischen Freundschaft. Ich erinnere mich gerne an den Besuch ehemaliger französischer Kriegsgefangener in Wolfsölden und an die Unterhaltung in einem »Mischmasch« von Schwäbisch, Hochdeutsch und Französisch.

Kurz nach Kriegsbeginn warfen englische und französische Flugzeuge Flugblätter ab, die trotz strengen Verbots eifrig gelesen wurden. Wir Kinder mussten die Gemeindegemarkung absuchen, um die verstreuten Blätter möglichst rasch einzusammeln und abzuliefern. Der mit uns befreundeten Familie Stooß auf dem Böllenbodenhof wurden im Sommer 1944 Säcke dieser Flugblätter beinahe vor die Haustür geworfen. Sie versteckte diesen »Schatz«, um so in der Zeit großer

Papierknappheit jahrelang auf unterschiedliche Weise (nicht zuletzt auf dem stillen Örtchen) davon zu »zehren«.

Seit 1940 gab es Fliegeralarme. Wir Kinder genossen sie, weil sie uns am nächsten Tag einen späteren Schulbeginn bescherten. Als sich 1940 oder 1941 englische Flugzeuge über dem Oberen Zuckmantelwald ihrer Sprengbomben entledigten, gruben wir Buben wochenlang in den Bombenkratern nach Splittern, und wir waren stolz, wenn wir ein größeres Stück Metall ergattern konnten. Dass der Luftkrieg, von dessen Erfolgen gegen Großbritannien im Sommer und Herbst 1940 die gleichgeschaltete Presse tagtäglich berichtete, für unser Land selbst zu einer tödlichen Gefahr werden könnte, wurde uns erst 1941/42 bewusst. Damals kamen die ersten Evakuierten aus dem Ruhrgebiet nach Württemberg. Ab 1943 waren es dann vor allem Stuttgarter, die bei uns Zuflucht suchten, und Ende Februar 1945, nach dem verheerenden Luftangriff auf Pforzheim, schließlich noch Obdachlose von dort.

Eine neue Erfahrung, die wir nach Kriegsbeginn machten, war die von der Regierung angeordnete Verdunkelung der Fenster und Türen in Wohn- und Wirtschaftsgebäuden, der Scheinwerfer der wenigen Autos, die mit Sondergenehmigung noch fahren durften, sowie der Fahrradlichter – bei Autos und Fahrrädern waren nur kleine nicht abgeblendete Lichtschlitze erlaubt. Landjäger Daiber, offizielle Berufsbezeichnung Gendarmerie-Meister, eine uns Buben Furcht einflößende Respektsperson, zumal wir ständig etwas auf dem Kerbholz hatten, achtete streng darauf, dass die Verdunkelungsvorschriften eingehalten wurden. Doch begnügte er sich bei Verstößen meist mit Verwarnungen.

Dass Affalterbach bei einem britischen Luftangriff am 12. Oktober 1941 zwischen 22 und 22.30 Uhr knapp an einer

Katastrophe vorbeigeschrammt war, wurde uns erst später bewusst. Bei diesem Angriff wurde das Haus des Gendarmerie-Meisters Daiber durch eine Brandbombe leicht beschädigt. Die anderen Brandbomben, etwa 100 an der Zahl, fielen auf freie Straßenflächen und in die Gärten. Die sechs schweren Sprengbomben explodierten außerhalb des Dorfes und verursachten lediglich Flurschäden.

Am Alltagsleben änderte der Krieg zunächst nur wenig. Wir Kinder vermissten zwar die Väter, Verwandten und Bekannten sehr, die zum Wehrdienst eingezogen waren. Doch war ihre Zahl zunächst nicht sonderlich groß. Auch wurden viele der Teilnehmer des Ersten Weltkriegs wieder entlassen und konnten ihrer beruflichen, meist landwirtschaftlichen Tätigkeit nachgehen. Ich begann in den ersten Kriegsjahren, regelmäßig Zeitung zu lesen, und ich war stolz, wenn ich bei der Lektüre von den ruhmvollen Waffentaten der deutschen Heere erfuhr. Dass die gleichgeschaltete Presse das Sprachrohr des herrschenden Regimes war und dass sie nur über das berichtete, was Hitler und seinen Paladinen genehm war, konnten wir Andeutungen und Gesprächen unserer Väter und unseres alten Lehrers Wilhelm Gaiser entnehmen. Allein wie viele meiner Altergenossen sah ich in Hitler den großen Heros der deutschen Nation, und ich war davon überzeugt, dass Deutschland den Krieg gewinnen werde. Auch hatte ich keinen Zweifel, dass sich die deutsche Führung immer und überall an die Regeln des Völkerrechts hielt. Mich ärgerte daher oft, wenn mich Erwachsene wegen meiner unbedingten Siegeszuversicht belächelten und wenn sie sich kritisch, ja abweisend über Hitler und insbesondere über die sich aufplusternden »kleinen Hitler«, die fanatischen Hitler-Anhänger und lokalen Funktionäre des Regimes, äußerten. Da wir keine Juden kannten, hatte die NS-Propaganda leichtes Spiel, zehn- oder elfjährigen Buben wie mir den verderblichen Einfluss dieser angeblich rassisch minderwertigen Menschen auf das deutsche Volk vor Augen zu stellen. Dass sich die Eltern hier mit Urteilen sehr zurückhielten, stimmte mich zumindest etwas nachdenklich. Andererseits merkte ich, dass Pfarrer Johannes Berner trotz seiner kompromisslosen Gegnerschaft gegen Hitler und dessen Bewegung Vorbehalte gegen die Juden hatte. Dies erklärte sich zumindest zu einem Teil aus seiner Herkunft aus dem deutschnationalen Lager. Die Verbrechen der so genannten Reichskristallnacht und die sich anschließende Eskalation der Judenverfolgung entsetzten ihn.

Im Frühjahr 1942 wurde unser Jahrgang geschlossen in das Deutsche Jungvolk, eine Untergliederung der Hitlerjugend, übernommen. Die Affalterbacher und Wolfsölder zehn- bis 14-jährigen Jungen bildeten einen Jungzug und zusammen mit dem Kirchberger und dem Rielingshäuser Jungzug ein Fähnlein. Wir hatten uns von jetzt an regelmäßig zum »Dienst« einzufinden. Dieser bestand in Heimabenden, politischer Indoktrination durch die Führer, sportlicher Ertüchtigung, Ausmärschen, Geländeübungen, Schießübungen mit Kleinkalibergewehren, Treffen mit anderen Jungzügen. Es wurde erwartet, dass uns die Eltern die braune Sommeruniform und die dunkelblaue Winteruniform der »Pimpfe« anschafften. Meine Eltern lehnten dies mit der Begründung ab, dafür hätten sie kein Geld. Ich nahm deshalb wie auch mein Freund Erich Schiedt am Jungvolkdienst in Räuberzivil teil. Da man es in Affalterbach mit dem Dienst nicht eben ernst nahm und er uns zudem wenig attraktiv erschien, drückten wir uns häufig. Willi Schmid, unser Jungzugführer, ließ uns gewähren. Bei Aufmärschen zu Fähnleintreffen in Kirchberg marschierten wir Zivilisten am Schluss der Kolonne. So erschienen wir auch einmal bei einem Appell vor dem zuständigen HJ-Bannführer, einem strammen Parteigenossen und Lehrer an der »Nationalpolitischen Erziehungsanstalt« in Backnang, der Napola.

Ich selbst habe nur einmal in meinem Leben Uniform getragen und dies lediglich während eines halben Tages: am 9. November 1944, an dem das Regime wie alljährlich des missglückten Hitler-Putsches von 1923 gedachte. Der Leiter der Marbacher Oberschule, Dr. Albert Grau, ein glühender Nationalsozialist, hatte angeordnet, dass wir an diesem Tag in HJ-Uniform erscheinen müssten. Ich befand mich in größter Verlegenheit. Mein Freund Eugen Häußermann, dessen Eltern und ältere Schwester am 13. September 1944, just an seinem Geburtstag, bei einem Fliegerangriff auf Stuttgart umgekommen waren und der mit seinem jüngeren Bruder Manfred bei seinen Großeltern Ade in Wolfsölden Aufnahme gefunden hatte, half mir aus der Klemme. Er lieh mir seine Winter-Pimpfuniform aus, und so konnte ich mit einer nicht gerade hundertprozentig sitzenden Uniform in Marbach erscheinen.

Die Nachfolger von Willi Schmid als Führer des Affalterbacher Jungzugs hatten ihre Mannschaft schlecht im Griff. Bei den Heimabenden in der Schule ging es chaotisch zu. Hauptlehrer Hausmann, der im Haus wohnte, missfiel dies. Er opferte etliche Abende, um uns etwas Disziplin beizubringen und uns mit deutsch-patriotischem und gemäßigt nationalsozialistischem Liedgut vertraut zu machen. Sicher hat er uns nicht das üble NS-Machwerk beigebracht: »Haut die Juden, schlagt die Bonzen an die Wand. Ja, wenn das Judenblut am Messer spritzt, dann geht's noch mal so gut!«

Diesen abscheulichen Hassgesang hatte irgendein fanatischer NS-Jugendführer zu einem Marschlied für die Hitler-Jugend bestimmt. Als wir nun dieses Lied beim Marsch durch Kirchberg singen mussten, sprangen die Leute aus den Häusern und verboten uns empört solche unerträglichen Schmutztiraden. In Winnenden entrüstete sich der alte Sattlermeister Unkel, als ich ihm im Sommer 1944 meine alte Schulmappe zum Reparieren brachte, darüber, dass wir Hitlerjungen derart abscheuliche Marschlieder sangen. Wir Lausbuben sollten uns schämen. Ich konnte ihm darauf nichts entgegnen, denn auch mich widerte dieser menschenverachtende Hassgesang an; es war der schlimmste Ausrutscher in unserem ansonsten einigermaßen gemäßigten Liedrepertoire.

Im Spätherbst 1944 wurden die Buben des Affalterbacher Geburtsjahrgangs 1931 nach Kirchberg beordert. Dort erwarteten sie einige SS-Offiziere. Diese legten ihnen Verpflichtungserklärungen für den späteren Eintritt in die SS vor, die sie unterschreiben sollten, und meine übertölpelten Schulkameraden unterschrieben auch – und dies ausnahmslos. Ich selbst hatte aus irgendeinem Grund geschwänzt. Mag sein, dass ich von der Marbacher Oberschule nicht freigestellt worden war. Jedenfalls entging ich so dieser ominösen Verpflichtung. Die Eltern meiner Schulkameraden waren darüber verärgert, dass die SS einfach über ihre Buben verfügte, doch es blieb ihnen nichts anderes übrig, als klein beizugeben. Ich selbst wollte damals wie viele andere meiner Altersgenossen, sobald ich das wehrfähige Alter erreicht hätte, Offizier werden – zumindest Reserveoffizier –, jedoch in der Wehrmacht und nicht in der SS. Meine Ablehnung der Hitler'schen Elitetruppe gegenüber hatte ihren Grund keineswegs in dem fehlenden Gardemaß und auch nicht in einigen sonstigen körperlichen Mängeln; sie hätten mir von vornherein den Weg für eine SS-Offizierskarriere versperrt. Nein, die SS besaß bei uns keinen sonderlich guten Ruf. Vor allem ihre feindliche Haltung gegenüber Christentum und Kirche sowie der von ihr gepflegte Germanenkult machten sie der ländlichen Bevölkerung unserer Gegend suspekt.

Der Krieg beschäftigte uns Buben tagtäglich. Doch unsere vielseitigen Aktivitäten beeinträchtigte er nur wenig. Unser Dörfchen, das Buchenbachtal, ein landschaftliches Juwel, die verwilderten Weinberge oberhalb der Mühle und – bereits auf Burgstaller Gemarkung – die ausgedehnten Waldungen, sie alle boten uns beinahe unbegrenzte Betätigungsmöglichkeiten. Jede Jahreszeit hatte ihren besonderen Reiz. Wir liebten den Frühling, schauten die Blumen fast aus dem Boden, weil wir es nicht erwarten konnten, bis die ersten Veilchen, die ersten Schlüsselblumen und die ersten Maiglöckchen blühten. Im Vorfrühling vergnügten wir uns mit kleinen Feuern in den einstigen Weinbergen. Freilich gerieten diese Feuer nicht selten außer Kontrolle, weil das verdorrte Gras und das wilde Gestrüpp den Flammen reichlich Nahrung boten, und wir hatten Mühe, die von uns entfachten Brände zu löschen, ehe sie größeren Schaden anrichteten. Zu Recht erregten wir mit unserem Zündeln den Ärger, ja den Zorn der Erwachsenen. Einen geheimnisvollen Reiz hatte für uns die alte Räuberhöhle am rechten bewaldeten Steilhang des unteren Buchenbachtals, bereits auf Burgstaller Gemarkung, oberhalb der Waldwiesen. Oft suchten wir diese Höhle auf, krochen hinein und spielten das Leben der alten Räuber nach. Freilich scheuchten wir dabei die zahlreichen Fledermäuse auf, die dort einen idealen Unterschlupf gefunden hatten.

Der Buchenbach beflügelte unsere Phantasie. Wiederholt planten wir, mit einer kleinen Flotte aus Flößen mit Aufbauten, vor allem mit Geschütztürmen, die Gewässer zu befahren – so den aufgestauten Mühlkanal. Wir begannen daher mit dem Ausschachten eines kleinen Hafens am bewaldeten linken Ufer. Leider kamen wir über die ersten Grabarbeiten nicht hinaus. Auch bei der projektierten Flotte beschränkten wir uns schließlich auf ein kleines Floß, das kaum einen »Mann« trug. Im Wald errichteten wir Lager, zuerst am Flachsberg im Föll'schen Wald, später im oberen Tal im Mühlhäule und schließlich in einer Fichtenschonung nahe der Turnhalle. Überreste unserer teilweise unterirdischen Waldunterkünfte lassen sich für Kundige noch heute im Gelände feststellen. Zumindest zwei unserer Erdbunker konnten wir 1944/45 ungestört vollenden. In ihnen fanden einer oder auch zwei von uns Unterschlupf. Mit Hindenburglichtern, die in etwa dem heutigen Teelicht gleichkamen, beleuchteten wir sie.

Das »Kriegführen« hatte für uns Kinder noch immer einen hohen Stellenwert. Anfang der vierziger Jahre bekämpften wir vor allem die uns zahlenmäßig überlegenen Affalterbacher. Einmal bekamen wir dabei willkommene Unterstützung. Die Feinde waren bis in den Ort vorgedrungen. Ihr kriegerisches Gehabe brachte Karl Eisele in Rage. Seine angeschirrten Pferde wurden unruhig und scheuten. Karl griff zur Peitsche und schlug die Eindringlinge in die Flucht.

Unvergesslich ist mir eine missglückte Attacke gegen die Affalterbacher. Es war an einem Frühsommertag; wir erwarteten in voller Rüstung und Bewaffnung unterhalb der heutigen Birkhausiedlung den Feind. Um ihn zu täuschen, legten wir uns an der Straße in einem grünen Haferfeld auf die Lauer. Kaum hatten wir uns in unserem Versteck niedergelassen, sahen wir uns ringsum von angriffslustigen Wespen bedroht. Ich hatte mich mitten in ihr Nest gesetzt und dadurch ihre wütende Attacke ausgelöst. Die aufgeschreckten Insekten stachen zu, wo immer sie eine ungeschützte Hautstelle fanden. Blutüberströmt und noch lange von den aufgeschreckten Wespen verfolgt, floh ich Hals über Kopf nach Hause. Meine Mutter war entsetzt, aber sie verarztete den »todkranken Krieger«, der sich indes rasch wieder erholte. Meinen Mitstreitern war es auch nicht viel besser ergangen.

Etwa zu dieser Zeit schlugen wir auch mit Erlaubnis von Eugen Kübler, dessen Sohn Rudi zu unserer Truppe gehörte, unser Hauptquartier im ehemaligen Schmied'schen Häuschen oben am Götzenbuckel auf. Eugen Kübler hatte das Häuschen erworben und es umgebaut. Hier konnten wir uns nun bei schlechtem Wetter aufhalten, unsere Besprechungen abhalten und vorübergehend auch Ausrüstungsgegenstände lagern. Ich hatte damals die Idee, für unsere Truppe eine exakt auf dem lateinischen Alphabet beruhende Schrift zu entwickeln mit völlig neu gestalteten Buchstaben. Meine Schrift fand allgemein Anklang. Bald beherrschten sie fast alle Jungen unserer militärisch organisierten Gemeinschaft. Wir kritzelten mit Kreide Mitteilungen und Nachrichten an Wände und Mauern, ohne dass Außenstehende sie zu entziffern vermochten. Leider schwand das Interesse an unserer Geheimschrift rasch wieder; sie geriet in gänzliche Vergessenheit.

Wenn die Sommerferien vor der Tür standen, rüsteten wir uns zu einem würdigen Empfang unseres Freundes Hans Schmitt aus Lörrach. Hans, wie ich im Juli 1931 geboren, hatte von Kriegsbeginn 1939 bis zur Beendigung des Frankreichfeldzugs im Juli 1940 die Affalterbacher Schule besucht. Seine Eltern hatten ihn nach Wolfsölden zu seiner Großmutter Martha Beckert und seiner Urgroßmutter Wilhelmine Lämmle gebracht, weil das nahe der französischen Grenze gelegene Lörrach damals Teil des rückwärtigen Frontgebiets war. Hans schloss sich unserer Kriegerschar an. Er war einfallsreich und unternehmungslustig. Freilich missfiel ihm, dass ich bis dahin unbestrittener Befehlshaber der kleinen Truppe gewesen war. Es kam zu Spannungen und Streitigkeiten. Die Truppe spaltete sich zeitweilig. Doch wir fanden uns immer wieder zusammen, und wir bedauerten sehr, als ihn seine Mutter, die wie er sehr an Wolfsölden, ihrem Geburtsort, hing, nach Lörrach zurückholte. Die Sommerferien verbrachte er aber regelmäßig in Wolfsölden. Wenn er dann mit Mutter und Großmutter vom Burgstaller Bahnhof her den Flachsberg zur Schiedt'schen Mühle herunterkam, wurde er von uns unter ohrenbetäubendem Lärm mit allerhand Kinderschießwerkzeugen und Knallkörpern begrüßt. Kurzweilige, erlebnisreiche Wochen lagen vor uns. Die Eifersüchteleien und Meinungsverschiedenheiten, die es zwischendurch gab, waren bald wieder vergessen.

Ein Schock für uns war der plötzliche Tod des 14-jährigen Alfred Kübler, des Bruders von Rudi, im Oktober 1941. Alfred, der an den Folgen einer Blutvergiftung gestorben war, hatte die Marbacher Oberschule besucht. Er hatte sich uns Jüngeren gegenüber stets kameradschaftlich und hilfsbereit verhalten. Erstmals erlebte ich hier den Tod eines jungen Menschen, und dies ganz nahe und sehr bewusst. Meine Mutter half mir, das Unbegreifliche in mein kindliches Weltbild einzuordnen, was alles andere als leicht war. Der Vater Eugen Kübler ermöglichte mir noch einen Blick auf den Toten unmittelbar vor der Beerdigung. Dafür war ich ihm sehr dankbar.

Alfred Kübler (1927–1941).

Mein Freund Hans Georg Schmitt an seinem neunten Geburtstag am 6. Juli 1940.

Im Weiler war uns jeder Winkel vertraut. Dies reizte, nicht immer zur Freude der Erwachsenen, zu Versteckspielen. Geheimnisumwittert war der Schlosshof, der »Schlossbiegel«. Wir wussten, dass dort einmal die Burg mächtiger Adelsgeschlechter gestanden hatte. Freilich, sichtbar war außer dem Stumpf eines Turms nahe der Klinge nichts mehr. Der Aufgang zum »Schlossbiegel« und die Klinge rückten uns den alten Burggrafen und die einstige Zugbrücke vor unser geistiges Auge, und unsere Phantasie ließ über dem tief eingeschnittenen Buchenbachtal die Hochadelsburg der Stauferzeit wieder erstehen, die die Wolfsölder Bauern, wohl aber auch Bewohner von Nachbarorten, nachdem sie teilweise zerstört oder verfallen war, lange Zeit als willkommenen Steinbruch für den Bau von Häusern und Wirtschaftsgebäuden benutzt hatten. An dem unterhalb der Klinge sich hinziehenden, damals noch mit Gras bewachsenen Schlossrain konnte man deutlich erkennen, dass dort einmal ein Weg zur Burg geführt hatte. Ob er von Burgstall und Erbstetten her auch der erste Zugang zu dem im Anschluss an die Burg entstandenen Weiler gewesen war, ließ sich nicht sagen. In der Schule erfuhren wir kaum etwas über die Geschichte der Burg und ihrer Herren. Einige Wolfsölder meinten, vielleicht könne man einmal große Keller, in denen noch Wein aus dem 12. oder 13. Jahrhundert lagerte, entdecken, oder man stoße beim Graben auf verborgene Schätze. Als Christian Fischer vor etwa hundert Jahren sein Haus und sein Scheuerlein auf dem Burgareal erbaute, suchte er mit den damals üblichen bäuerlichen Grabwerkzeugen mit großem Eifer. Außer einem verrosteten Säbel oder etwas Ähnlichem soll er aber nichts gefunden haben.

Das Referat Denkmalpflege, Archäologie des Mittelalters, im Regierungspräsidium Stuttgart hat nun im Jahr 2005 bei »Notgrabungen«, die wegen einer geplanten Überbauung unumgänglich waren, im Bereich des abgebrochenen Fischer'schen Scheuerleins und des angrenzenden Areals Teile der alten Burganlage freigelegt und dabei sensationelle Funde gemacht, so eine hochmittelalterliche Heizluftanlage, und eine Besiedlung des Geländes seit dem 9./10. Jahrhundert nachgewiesen. Dies freilich konnten wir in den 1930er und 1940er Jahren noch nicht ahnen. Hoffentlich erkennt die Gemeinde Affalterbach die hohe kulturgeschichtliche Bedeutung dieser Grabungen und setzt sich für die Erhaltung und Sicherung der freigelegten Burganlage ein. Eine Überbauung würde nicht nur Affalterbach, sondern unser Land Baden-Württemberg eines herausragenden Kulturdenkmals berauben.

In den beginnenden vierziger Jahren gewann für uns auch der bereits genannte Badeplatz im oberen Buchenbachtal hinter dem Mühlhäuleswald eine große Anziehungskraft. Wir hielten uns an heißen Sommertagen viele Stunden dort auf und genossen das erfrischende Wasser des Baches. Auf den angrenzenden Wiesen ruhten wir uns aus, und dies zum Ärger der Eigentümer auch dann, wenn das hohe Heugras noch nicht gemäht war. Dem Müller Eugen Schiedt und dem Fischwasserpächter missfiel, dass wir den Bach an dem als Badeplatz geeigneten Gumpen zu Beginn der »Badesaison« mit Steinen, Gras und Buschwerk stauten. Sie ließen uns aber erstaunlicherweise Jahr für Jahr gewähren. In dem aufgestauten Bachabschnitt konnten wir auf einer Länge von 30 bis 40 Metern schwimmen, an den tiefsten Stellen sogar Startsprünge riskieren. Das Schwimmen haben wir dort alle gelernt und zwar ohne Bademeister oder Schwimmlehrer. Im Frühjahr konnten wir es nicht erwarten, bis das Wasser warm genug war, dass ein Bad Genuss versprach. Oft wagten wir es schon im April oder Anfang Mai, den Bach auf seine Badequalität zu prüfen. Gewöhnlich froren wir erbärmlich, indes der väterliche Stock wirkte aufwärmend, denn nicht selten wurden wir bei unseren vorzeitigen Badefreuden beobachtet und bei den Eltern verpetzt.

Im Jahresablauf gab es durch den christlichen Kalender bestimmte Höhepunkte, auf die wir Kinder zulebten. Da war zunächst die Fastnacht. Sie hatte in unserer altwürttembergischen Heimat keine große Bedeutung, galt sie doch als katholisch. Ein Relikt aus früherer Zeit war das Backen der Fastnachtsküchlein am Fastnachtsdienstag. Diesem Brauch entzog sich kaum eine Familie. Wir Kinder hatten am Fastnachtsdienstag »Narrenfreiheit«. Wir durften uns verkleiden und so durch den Ort ziehen. Auch konnten wir jedermann »in die Fastnacht schicken«, das heißt zum Narren halten, ihn anschwindeln. Dies taten wir besonders gern mit unserem Lehrer. Ein einigermaßen mutiger und wortgewandter Mitschüler meldete sich zu Beginn des Unterrichts: »Herr Gaiser«, so verkündete er mit todernstem Gesicht, »Sie sollen sofort zum Anwalt Föll kommen, er hat eine wichtige Angelegenheit mit Ihnen zu besprechen.« Herr Gaiser fiel meist auf den Fastnachtsscherz herein. Freilich, bei seiner Rückkehr musste man auf der Hut sein, denn er war fuchsteufelswild darüber, dass es seinen Schülern wieder gelungen war, ihn »in die Fastnacht zu schicken«.

Den entsprechenden Brauch, der mit dem 1. April verbunden ist, kannten wir damals noch nicht. Als etliche Jahre nach dem Zweiten Weltkrieg die Presse – bei uns die Backnanger Kreiszeitung, Marbacher Zeitung, Ludwigsburger Kreiszeitung, Stuttgarter Zeitung und andere – alljährlich Aprilscherze zu veröffentlichen begann, wurden diese frei erfundenen Geschichten oder Begebenheiten in Wolfsölden sehr ernsthaft diskutiert und für bare Münze gehalten. In einigen Fällen wurden sie sogar zum Tagesgespräch. Ich erinnere mich noch an einige dieser Geschichten: Backnang baut eine Straßenbahn, vom Bahnhof quer durch die Stadt zum einstigen Lehrerseminar. – Die Jäger benötigen jetzt keinen Hochsitz mehr, um das Wild zu beobachten. Ein schwäbischer Tüftler hat einen Motorroller mit eingebautem Hochsitz konstruiert. Der Jäger braucht nur noch an einer ihm genehmen Stelle im Wald anzuhalten, auf einen Knopf zu drücken und der Leichtmetallhochsitz springt wie eine Feder senkrecht nach oben (mit Bildmontage publiziert). – Neuerdings gibt es eine Salbe, wenn sich ein Mann diese ins Gesicht schmiert und ein Stück mit dem Motorrad oder Fahrrad fährt, kann er sich das Rasieren sparen. – Es ist eine Kamelkarawane aus dem Vorderen Orient unterwegs zum Hohenasperg; sie will die im Fürstengrab Kleinaspergle entdeckten Kleinodien zurückholen, die vor mehr als zweitausend Jahren den Vorfahren der erlauchten Kamelbesitzer geraubt worden sind.

Verband sich Fastnacht in meiner Vorstellung mit dem Winter, so bedeutete Ostern immer Frühling. Freilich, nicht immer sprossten bereits die Frühlingsblumen in üppiger Fülle, auch waren in manchen Jahren die Bäume und Sträucher noch ganz kahl. Da blühten lediglich Weiden- und Palmkätzchen, und die Schneeglöckchen lugten aus den Schneeresten. Der Gründonnerstag war wichtig für uns. Morgens zogen wir los in den an die Hagäcker grenzenden Wald, um Moos zu holen und mit ihm die Nester für den Osterhasen vorzubereiten. Das obligate Mittagessen am Gründonnerstag waren Maultaschen in der Brühe. Meine Mutter fertigte sie ganz und gar selbst, und sie schmeckten ausgezeichnet. Gewöhnlich gab es sie nur einmal im Jahr, und wir Kinder konnten es kaum erwarten, bis die verheißungsvoll dampfende Schüssel auf dem Tisch stand. Das Essen am Karfreitag war grundsätzlich fleischlos, doch die lecker zubereiteten Mehlspeisen waren uns sehr willkommen.

In den beiden Kaufläden im Ort gab es in der Karwoche Zucker- und Schokoladenosterhasen zu bestaunen. Unsere Tante Emma bezog ihre Zuckerhasen vom Sternwirt Krauter in Erbstetten. Wenn sie und eine Begleiterin mit einem prall gefüllten Waschkorb den Abhang am Flachsberg herunterkamen, wussten wir, dass die begehrten Osterhasen wieder im Laden zu kaufen waren. Im Krieg durften wir die Tante gelegentlich nach Erbstetten begleiten. Freilich mussten jetzt für die Zuckerhasen Zuckermarken oder Zucker gegeben werden, weil Zucker wie fast alle Lebensmittel rationiert war. Die Bauern, die Zuckerrüben anbauten, erhielten dafür ein bestimmtes Quantum Zucker zugeteilt. Der »Normalverbraucher« aber konnte Zucker lediglich gegen die Abgabe von Zuckermarken zum üblichen Preis beziehen.

Den Ostersonntag konnten wir kaum erwarten. Jetzt galt es, den »Osterhasen« zu suchen, was uns oft große Mühe machte, weil die Nester im Garten oder in der Hütte gut versteckt waren. Bei uns musste man den Osterhasen suchen. Dazu bekamen die Eltern das von uns im Wald geholte Moos. Bei anderen Familien, so bei unseren Nachbarn Bäuerle, wurden die Osterhasennester bereits am Karsamstag von den Kindern vorbereitet. Dies geschah mit viel Liebe und Freude. Oft waren die Osterhasennester kunstvolle Gebilde aus Weidengeflecht und Moos. Da wir in Wolfsölden, Erbstetten und Kirchberg/Murr zahlreiche Verwandte und zum Teil auch Bekannte hatten, die uns mit dem »Osterhasen«

beglückten, kamen gewöhnlich für meine Schwester, meinen Bruder und mich mehr als 30 Stück hart gekochte, gefärbte Eier zusammen, ebenso zahlreiche Brezeln und Zuckerhasen. Bei der Vertilgung dieser Eier in der Osterwoche – Kühlschränke, in denen man die Eier hätte länger aufbewahren können, gab es in ländlichen Privathaushalten noch kaum – wirkte die ganze Familie zusammen, und dennoch war dies selbst mit leckerem Kartoffelsalat kaum zu schaffen.

In der Nacht zum 1. Mai stellten die jungen Männer den Mädchen, für die sie schwärmten, »Maien«, kleine Birkenbäumchen in lichtem Frühlingsgrün, vors Haus – nicht immer zur Freude der Eltern, die andere Schwiegersöhne im Auge hatten. Der Krieg unterbrach dann den alten Brauch, weil die jungen Männer im Feld standen – und ein erheblicher Teil von ihnen sah die Heimat nie mehr wieder.

Im Herbst, wenn die Dunkelheit früh hereinbrach, begeisterte uns das Fackellaufen durch den Ort. Außerdem erprobten wir unsere Fertigkeit beim Schnitzen von hässlichen Fratzen in ausgehöhlte Kürbisse und Futterrüben, die wir mit brennenden Kerzen versahen. Die furchterregenden Lichtkobolde stellten wir dann an markanten Stellen vor den Häusern oder an den Wegen auf.

Die größte Freude bereitete mir die Vorweihnachtszeit. Sie sehnte ich geradezu herbei. Schon vor dem Ersten Advent herrschte in unserem Backhäuschen bei der Schule Hochbetrieb. Das Gutslesbacken begann. Beherrscherin des Backhauses war Frau Kummer, eine resolute ältere Frau. Wir gingen ihr aus dem Weg, weil wir meist etwas auf dem Kerbholz hatten und nicht gerne für tatsächlich begangene oder uns zu Unrecht angelastete Streiche oder Missetaten lautstark und unter Androhung von Schlägen zurechtgewiesen werden

Wolfsölder Schuler bereiten sich auf den Festzug in Affalterbach am »Tag der nationalen Arbeit«, dem 1. Mai 1939, vor (Walter Bertele, Alfred Kübler, Erich Schiedt, Rudi Kübler, Paul Sauer, Elisabeth Kübler).

Wir Wolfsölder Buben vor dem Backhaus 1943. Hintere Reihe ich zwischen Erich Schiedt und menem Bruder Alfred, vordere Reihe: Martin Föll, Horst Möllenhoff, Rudi Kübler, Reinhold Esslinger, Helmut Gaiser.

wollten. Später schreckte uns ihr lautes Organ kaum noch. Auch wurde sie zugänglicher. Sie hat es mir nicht einmal sonderlich übel genommen, dass ich sie beim Erlernen der Kunst des Fahrradfahrens vor unserem Haus trotz verzweifelter Notbremsung beinahe umgefahren habe. Frau Kummer verkaufte im Ort die Hefe und wies den Benutzerinnen des Backhauses die Backzeit zu. In der Adventszeit löste eine Familie die andere beim Backen ab, und das Backhaus stand während der Wochentage bis in die späte Nacht hinein »unter Dampf«. Wir Buben wussten, dass hierbei auch manches Gutsle für uns abfiel. Deshalb hielten wir uns in der Nähe auf und machten uns durch kleine Dienstleistungen nützlich.

Meine Mutter benutzte nie das Dorfbackhaus. Wir hatten in unserer Waschküche einen gusseisernen Backofen, der den Ansprüchen unserer fünfköpfigen Familie genügte. Das Jahr über war freitags Backtag. Die zuerst gebackenen Flammkuchen, Salzkuchen und Rahmkuchen, im Herbst auch die Zwiebelkuchen, die einfachen Zwetschgen- und Apfelkuchen schmeckten ausgezeichnet und bildeten an diesem Tag den vollwertigen Ersatz für das Mittagessen. Hatte der mit Holz beheizte Ofen die erforderliche Hitze erreicht, kamen die Brotlaibe an die Reihe: kräftiges schwäbisches Bauernbrot und ein Laib Weißbrot für den Sonntag, sowie für die Gäste, die sich überraschend einstellten und denen man üblicherweise ein Glas Apfelmost kredenzte. Im Herbst diente der Backofen auch noch zum Dörren von Zwetschgen sowie von Apfel- und Birnenschnitzen. Da die Waschküche mollig warm war, folgte am Freitagabend das Vollbad der Kinder und anschließend das der Erwachsenen im großen Waschzuber. Das erforderliche heiße Wasser lieferte der mit Holz und Briketts beheizte Waschkessel.

In der Adventszeit übertraf sich meine Mutter selbst als exzellente Bäckerin. Dabei war auch unsere Hilfe stets willkommen. Freilich interessierte uns oft der köstliche Gutslesteig mehr als die Mitwirkung bei der Bäckerei. Das Gutslessortiment war breit gefächert: Ausstecherle, Springerle, Spitzbuben, Lebkuchen, Honigkuchen, Vanillebrötchen, Spritzgebackenes. Kurz vor den Feiertagen kamen dann noch als Kaffeegebäck Mütschele und mit Apfelmus gefüllte Krapfen hinzu, ebenso das allgemein beliebte Schnitzbrot, ferner selbstgemachte Suppennudeln und breite Nudeln für das weihnachtliche Festessen. Als etwa Zehn- bis Zwölfjähriger hatte ich große Freude an der Weihnachtsbäckerei. Besonders gerne beteiligte ich mich am Ausschneiden der Springerle. Die beiden beliebtesten Springerlemodel, zwei unterschiedlich große Blumenkörbchen, sind heute noch im Besitz meiner Familie. Sie werden Jahr für Jahr benutzt, und wir haben zahlreiche Bekannte, denen wir mit den Körbe-Springerle eine große Freude bereiten können. Als Fünft- und noch als Sechstklässler liebäugelte ich zeitweise mit dem Gedanken, wie zwei Brüder meiner Mutter den Bäcker- und Konditorberuf zu erlernen.

Den rotgewandeten greisen weißbärtigen Nikolaus, der am 6. Dezember von Haus zu Haus zieht, brave Kinder mit Äpfeln, Nüssen und Weihnachtsgebäck sowie mit sonstigen kleinen Geschenken belohnt, die bösen aber bestraft, kannten wir noch nicht. Bei uns übte der »Pelzmärte«, also der Pelzmartin, der alte Kirchenheilige St. Martin, diese Funktion aus. Allerdings erschien der Pelzmärte nicht nur einmal in der Adventszeit, sondern an den drei oder vier Donnerstagen, den »Knöpflesnächten« (Klöpfelsnächten) zwischen Erstem Advent und Heiligem Abend. Da die jungen Männer an der Front standen, »machten« wir Elf- bis Vierzehnjährigen in den letzten Kriegsjahren »den Pelzmärte«. Meist zu dritt oder zu viert zogen wir, bekleidet mit einem alten, gewöhnlich zu langen und zu weiten Mantel, einer spitzen Mütze, die wir nicht selten selbst gebastelt hatten, in der rechten Hand einen Stock oder eine Rute, das Gesicht verdeckt mit einem schlecht angeklebten oder hinter den Ohren zusammengebundenen Vollbart aus Watte oder weißer Wolle und einem besseren Apfel- oder Kartoffelsack in die Häuser, in denen kleinere Kinder wohnten. Es wirkte höchst komisch, wenn wir mit verstellter Stimme fragten, ob denn die Kinder auch brav seien. Wir drohten mit der Rute oder mit dem Stock, benutzten aber das eine wie das andere Züchtigungsinstrument nur ganz selten. Sagten die verängstigten oder belustigten Kinder das von ihnen verlangte Verslein auf, wurden sie mit Äpfeln, Nüssen und Gutsle belohnt, und wir verließen polternd und rasselnd das Haus, um gleich darauf das nächste aufzusuchen.

Am dritten Adventssonntag 1938, also im letzten Vorkriegsjahr, machten uns die Eltern eine besondere Freude. Sie wanderten mit uns drei Kindern nach Winnenden. Mein Bruder Alfred war damals erst fünfeinhalb Jahre alt und doch schaffte auch er – zeitweilig wohl auf Vaters Schultern – den fast sieben Kilometer weiten Weg. Wenn ich mich recht erinnere, lag kein Schnee, und es war verhältnismäßig mild. In Winnenden waren sämtliche Geschäfte geöffnet, und sie erstrahlten in vorweihnachtlichem Glanz. Die Eltern erstanden kleine Geschenke. Erstmals erlebte ich den Zauber einer Stadt in der Vorweihnachtszeit. Verglichen mit heute eine bescheidene Einstimmung auf die bevorstehenden Feiertage, für den siebenjährigen Buben aus einem kleinen Bauerndörfchen dennoch eine Wunderwelt. In den Schaufenstern sah ich viele reizvolle Spielsachen, hübsche Kinderkleidung und anderes mehr. Ich hatte unendlich viele Wünsche. Allein die Eltern ließen keinen Zweifel, dass das Christkind sie nur in bescheidenem Maß werde erfüllen können. Beglückt, wenn auch rechtschaffen müde, langten wir schon nach Einbruch der Dunkelheit wieder zu Hause an.

Am Heiligen Abend konnten wir den Zeitpunkt der Bescherung kaum erwarten. Mein Vater kam gewöhnlich erst mittags von der Winnender Ziegelei nach Hause und fand dann im Garten, im Stall und in der Scheune noch mancherlei Arbeit, die zu erledigen war. So gegen fünf Uhr nachmittags wurde das Wohnzimmer abgeschlossen und wir drei Kinder in die Küche verbannt. Das Schmücken des Christbaums und die weiteren Vorbereitungen erforderten geraume Zeit, sodass wir meist ungeduldig wurden. Endlich gab uns Vater mit einem Ton auf der Kindertrompete ein Zeichen, dass das Christkind da gewesen sei. Im Wohnzimmer erstrahlte auf einem Tisch der kleine Weihnachtsbaum im warmen Kerzenschein und rings um ihn waren die Weihnachtsgeschenke platziert. Der Kaufladen meiner Schwester war mit Miniaturwaren neu bestückt, und auch die Puppenstube, bereichert durch kleine Puppen, Küchengerätschaften und Möbel, hatte sich wieder eingefunden. Ich selber, der Freund der schimmernden Wehr, konnte die Zahl meiner Bleisoldaten mehren und meine kleine Burg mit zusätzlichen Bewaffneten versehen. Stolz war ich, dass sich unter meinen Bleisoldaten auch eine Nachbildung des »Führers« Adolf Hitler und seines faschistischen Bundesgenossen Benito Mussolini befanden. Spielzeugautos und Pferdegespanne der Wehrmacht vervollständigten meinen Fahrzeugpark. Mein Bruder Alfred erhielt

Wir drei Geschwister im Wolfsölder Schulgarten im Januar 1940.

weniger militärisches Spielzeug; ihn interessierten mehr Bastelgegenstände, kleine Werkzeugkästen, Märklin-Eisenbahnzüge. Während der Feiertage stellten sich meine Patentante Anna und mein Patenonkel Gotthilf Eßlinger aus Kirchberg ein. Sie schenkten mehr praktische Dinge, so zwei Laubsägegarnituren.

Über die Feiertage, dem Jahresausklang mit Silvester, dem Altjahrsabend, wie es bei uns heißt, den die Älteren besinnlich bei Glühwein und Weihnachtsgebäck, die jungen Leute bis zum Kriegsbeginn mit Böllern und anderen Knallkörpern feierten, und in den ersten Tagen des neuen Jahres bis zum Erscheinungsfest am 6. Januar galt neben dem Schlittenfahren, wenn Schnee lag, unser Hauptinteresse den Spielsachen, den alten wie den neuen, denn sie alle wurden mit Wiederbeginn der Schule weggeschlossen und erst am folgenden Christfest wieder unter den Weihnachtsbaum gelegt. Das Jahr über sollten wir uns mit anderen Dingen begnügen. Schon bald durften wir uns am Heiligen Abend am Schmücken des Christbaums beteiligen, das Christkind entschwand mehr und mehr aus unserer kindlichen Vorstellungswelt.

Die Weihnachtsgeschichte des Evangelisten Lukas, die uns Mutter am Heiligen Abend vorlas und die wir dann nochmals von Tante Frieda in der Sonntagsschule hörten, beeindruckte mich sehr. Das Jesuskindlein, das in einem armseligen Stall zwischen Ochs und Esel das Licht der Welt erblickte und sein erstes Bettlein in einer Futterkrippe erhielt, ebenso die Hirten auf dem Feld und die lobsingenden Engel beflügelten meine Phantasie. Leider war es bei uns mit dem Singen schlecht bestellt. Meine Mutter und auch keines von uns drei Kindern konnte singen, ein Begabungsdefizit, das wir – ich erwähnte es schon – mit einem großen Teil unserer nahen

Krauterverwandten teilten. Ich hatte in der Schule im Singen zunächst ein Mangelhaft, dann ein Genügend oder Ausreichend und erst im Ludwigsburger Schiller-Gymnasium verbesserte ich mich dank meiner Kenntnisse in Musikgeschichte auf ein Befriedigend. Dabei liebte ich den reichen Schatz an Volksliedern, an Kirchenliedern und Chorälen, über den wir in deutschen Landen verfügten. Das Zeugnissingen war für mich eine Tortur und für meine Schulkameraden, die mir eine Gießkannenstimme attestierten, eine Lachnummer. Um die Prozedur des Zeugnissingens möglichst abzukürzen, wählte ich als Lied eines der kürzesten Volkslieder, das ich kannte: »Und in dem Schneegebirge ...« Am Heiligen Abend bestritt Vater allein den musikalischen Part. Er sang gern und auch recht gut. Nur kam er selten über die erste oder zweite Strophe hinaus. Sein Lieblingslied »Heilige Nacht, o gieße du Himmelsfrieden in dies Herz« hat mich mein ganzes weiteres Leben begleitet.

Die Gottesdienste in der Affalterbacher Kirche waren besonders feierlich. Vor allem die dabei gesungenen alten Lieder und Choräle sowie das Orgelspiel haben mir viel gegeben.

Von Geburtstagen wurde wenig Aufsehens gemacht. Unsere Mutter gratulierte dem Geburtstagskind bereits beim Aufstehen und machte Vater darauf aufmerksam, dass wir auch von ihm Glückwünsche erwarteten. Das kleine Nähtischchen im Wohnzimmer war mit Gartenblumen dekoriert. Wir freuten uns über kleine Geschenke wie Bleistifte, Schreib- oder Malblöcke, eine Tüte mit Süßigkeiten und Brötle (Keksen), ein Täfelchen Kinderschokolade, ein Büchlein über ungewöhnliche Menschen, Erfinder, Entdecker, Kriegshelden, christliche Missionare oder Glaubenszeugen, auch über bedeutsame Ereignisse. Ich freute mich immer

Pfarrer Johannes Berner (1873–1948).

über neuen Lesestoff. Noch heute besitze ich einige Bücher, die ich als Bub von meinen Eltern, meinem Onkel Gottlieb, dem Schafhofbauern in Erbstetten, und einigen Bekannten in den Jahren des Zweiten Weltkriegs geschenkt bekommen hatte. Das fesselndste Buch war »Die Granathöhle« aus der Feder von Hanns A. Friese (Großschonau/Sachsen/Leipzig 1941). In seinem Mittelpunkt steht ein aufgeweckter, mutiger, fleißiger, weit über sein Alter hinaus gereifter Junge, der seiner Mutter, einer armen Holzfällerwitwe, und seinen Geschwistern zu einer wirtschaftlich gesicherten Existenz verhilft. Mein Vater brachte es mir mit, als er einmal von der Schweizer Grenze in Urlaub nach Hause kam. 1942 war es wohl, dass Pfarrer Berner von meinem Lesehunger erfuhr. Er versorgte mich von da an großzügig mit Büchern aus seiner umfangreichen Privatbibliothek. Die Thematik dieser Bücher lag schwerpunktmäßig auf deutscher und europäischer Geschichte und auf Länderkunde. NS-Literatur war nicht darunter. Ich profitierte viel von dem Bücher-Mäzenatentum unseres Gemeindepfarrers, umgekehrt freute ihn mein reges Interesse an guter Literatur. Das eine oder andere Buch schenkte er mir auch.

Kindergeburtstagsfeiern waren damals nur in wenigen Familien üblich. Wir wurden ein- oder zweimal zu solchen Feiern eingeladen, fühlten uns dort aber nicht sonderlich wohl. Für Kindergeburtstagsfeiern bei uns daheim wären unsere Eltern nicht zu haben gewesen.

Schon früh lernten wir, mit kleinen Geschenken Mutter und Vater eine Freude zu machen. Dazu sparten wir die Pfennigbeträge zusammen, die wir für Botengänge, für Besorgungen und sonstige kleine Dienste von Nachbarn, Bekannten und Verwandten bekamen. So standen wir an

Heiligabend nicht mit leeren Händen da, und wir machten schon als Kinder die Erfahrung, dass Geben seliger ist als Nehmen. Im Herbst 1944, als es in der Landwirtschaft allenthalben an Arbeitskräften fehlte und das Grauen des Krieges uns immer näher rückte, machte ich mich bei der Obst-, der Kartoffel- und der Zuckerrübenernte nützlich. Mit den dabei verdienten 20 bis 30 Reichsmark konnte ich in den beiden kleinen Läden im Ort sowie in Marbacher und Winnender Geschäften trotz der rapide fortschreitenden Warenverknappung einige Geschenke ergattern. Die Freude der Eltern und der Geschwister war groß.

Meine Mutter besaß ein christliches Lebens- und Weltbild. Sie war aber keineswegs eng oder gar bigott, sie hatte viel Humor, lachte gerne und konnte sich gut in andere Menschen hineinversetzen. Von schweren Schicksalsschlägen Heimgesuchten, Kranken und Trauernden gegenüber fand sie meist das richtige Wort. Sie vermochte diese Menschen aufzumuntern und vielen zu helfen. Ihr Leben bestimmte selbstlose, verständnisvolle Liebe für ihren Mann, ihre Kinder, auch für andere Menschen, die ihres Beistands bedurften. Es war erstaunlich, was sie sich im Lauf der Jahre an Kenntnissen und Fähigkeiten angeeignet hatte. Ihre Begabung hätte für jeden gehobenen Beruf ausgereicht. Doch sie war dankbar und zufrieden mit ihrem bescheidenen Lebenslos und machte das Beste daraus. Ich habe ihr unendlich viel zu verdanken. Als Bub lehnte ich mich immer wieder gegen ihre strengen Erziehungsgrundsätze auf. Später habe ich vieles mit anderen Augen gesehen und meiner Mutter für manches unbedachte Wort zumindest im Stillen Abbitte getan. Der erwachsene Sohn hat sich bestens mit ihr verstanden. Ihr weltoffenes Christentum der Tat, ihr Lebensmut, ihre Freude an allem

Schönen, so an jeder Blume am Wegesrand, ihre Leidenschaft für gute Bücher haben auch meinem Leben die Richtung gewiesen. Sie war eine großartige Frau, und ich bin stolz darauf, dass sie meine Mutter war.

Auch in den dunklen Jahren der Hitler-Diktatur ging sie unbeeinflusst von nationalsozialistischem Gedankengut ihren Weg. Sie war bemüht, ihre Kinder im Geist eines weltoffenen, auf tätige Nächstenliebe gegründeten Christentums zu erziehen. Tischgebete waren selbstverständlich. Nach dem Frühstück wurde der Tagesabschnitt aus dem Morgensegenbuch gelesen. Dasselbe geschah nach dem »Nachtessen«; diesmal der entsprechende Abschnitt aus dem Abendsegenbuch. Mittags war gewöhnlich das Tagesblatt aus dem Neukirchner Kalender an der Reihe. Nie brachte uns unsere Mutter ohne das gemeinsame Abendgebet ins Bett. Später, als wir größer waren, ermahnte sie uns, das Abendgebet nicht zu vergessen.

Auf der Marbacher Oberschule

Kriegsbedingt wurde wohl 1942 die Mittelstufe der Affalterbacher Volksschule aufgehoben und die Gesamtschule auf eine von Herrn Hausmann geleitete Unterstufe (Schuljahr 1 bis 4) und Oberstufe (Schuljahr 5 bis 8), der Herr Gaiser vorstand, beschränkt. Daher kam ich als nunmehriger Fünftklässler nach den Sommerferien wieder nach Wolfsölden zurück.

Herr Gaiser führte auch über die Oberstufe ein strenges Regiment. Einer der wenigen Schüler, die seinen Stock nicht zu spüren bekamen, war ich. Der Unterricht in den oberen Klassen war anregend und vielseitig. Politisch hielt sich Wilhelm Gaiser sehr zurück. Natürlich musste er die propagandistischen Verlautbarungen des württembergischen Kultministeriums an seine Schüler weitergeben. Aber er selbst betätigte sich nicht als Propagandist des Regimes. Im Gegenteil: Im Frühjahr 1941 setzte er sich bei Landrat Dr. August Reuß in Backnang für den bei Eugen Kübler beschäftigten polnischen Landarbeiter Augustyn in Wolfsölden ein, der einen bei der Wehrmacht befindlichen deutschen Knecht bestohlen hatte und denunziert worden war. Er bezeichnete ihn als einen im Allgemeinen ordentlichen Mann, der sein Vergehen aufrichtig bereue, und er erreichte mit Hilfe des Landrats, dass der Pole, der als Angehöriger eines nach NS-Definition rassisch minderwertigen Volkes zunächst mit einer harten Bestrafung, möglicherweise mit KZ-Haft, hätte rechnen müssen, mit einer geringen Geldstrafe wegkam. Ich erfuhr von diesem mannhaften Eintreten meines alten Lehrers erst 1999 aus der Dissertation »Alfred Dirr, Kreisleiter in Backnang« von Rolf Königstein, mit dem ich in zeitgeschichtlichen Fragen längere Zeit in engerem Kontakt stand.

Äußerungen von Herrn Gaiser konnte man entnehmen, dass er den von Hitler entfesselten Zweiten Weltkrieg für eine Katastrophe hielt, und dass er von Anfang an Zweifel an einem Sieg Deutschlands hatte. Im Herbst 1942 und erst recht nach der Vernichtung der Sechsten Deutschen Armee in Stalingrad Ende Januar 1943 beurteilte er – und ich hörte dies von ihm selbst – die weitere militärisch-politische Entwicklung für die so genannten Achsenmächte mit großer Skepsis.

Zur Wolfsölder Schule gehörte ein großer Gemüsegarten. Für Herrn Gaiser war es selbstverständlich, dass wir Schüler einen Teil der Gartenarbeit leisteten, für die von der Lehrerfamilie gehaltenen Stallhasen (Kaninchen) das Futter beschafften und deren Käfige auch reinigten, Botengänge nach Burgstall unternahmen, bei der Einlagerung des Brennholzes für den Winter halfen und andere Dienstleistungen erbrachten. Im Ort nahm hieran niemand Anstoß, und wir selbst empfanden die uns übertragenen Arbeiten als keine große Last, zumal wir von Haus aus an sie gewöhnt waren. Auf einem anderen Blatt stand, dass wir von Herrn Gaiser oft auch schlimm abgekanzelt wurden, wenn etwas nicht seinen Erwartungen entsprach, schief lief oder wir seine Anordnungen missverstanden hatten.

Der Unterrichtsbeginn für die fünfte und sechste Klasse war morgens meist eine oder auch zwei Schulstunden später angesetzt, damit Herr Gaiser zuvor mit der siebten und achten Klasse konzentriert den vorgesehenen Lehrstoff behandeln

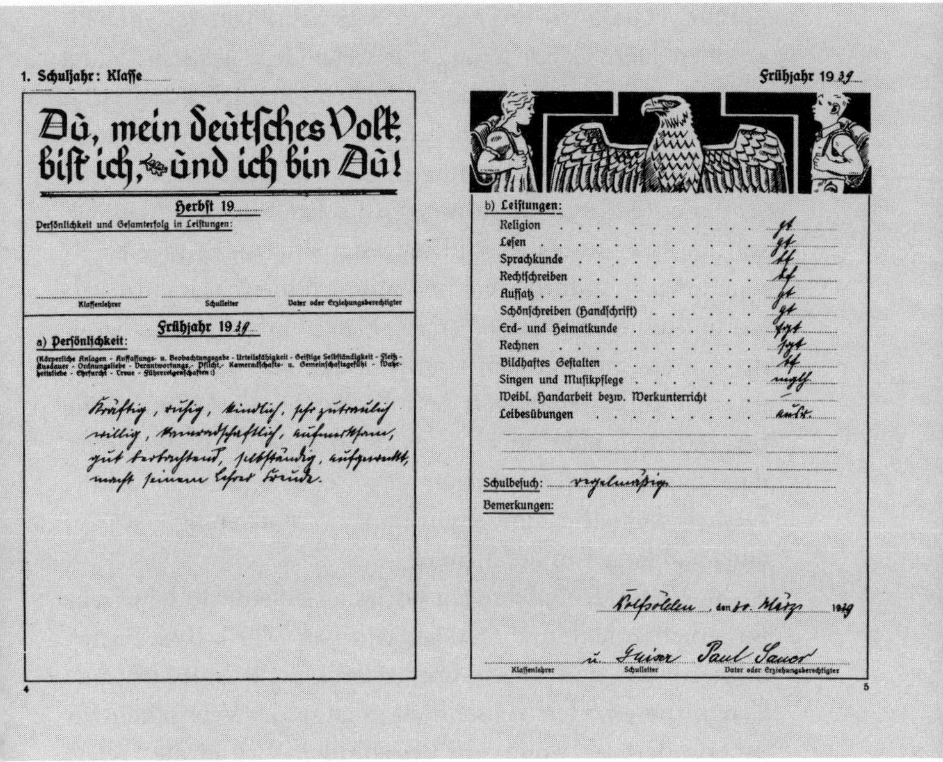

1. Schuljahr: Klasse ......

Frühjahr 1939

Dù, mein deùtsches Volk, bist ich, ùnd ich bin Dù!

Herbst 19......

Persönlichkeit und Gesamterfolg in Leistungen:

Klassenlehrer ...... Schulleiter ...... Vater oder Erziehungsberechtigter

Frühjahr 1939

a) **Persönlichkeit:**

(Körperliche Anlagen - Auffassungs- u. Beobachtungsgabe - Urteilsfähigkeit - Geistige Selbständigkeit - Fleiß - Ausdauer - Ordnungsliebe - Verantwortungs-, Pflicht-, Kameradschafts- u. Gemeinschaftsgefühl - Wahrheitsliebe - Ehrfurcht - Treue - Führereigenschaften:)

kräftig, ruhig, kindlich, sehr zutraulich, willig, kameradschaftlich, aufmerksam, gut beobachtend, selbständig, aufgeweckt, macht seinem Lehrer Freude.

4

b) **Leistungen:**

Religion	gt
Lesen	gt
Sprachkunde	bf
Rechtschreiben	bf
Aufsatz	gt
Schönschreiben (Handschrift)	gt
Erd- und Heimatkunde	sgt
Rechnen	sgt
Bildhaftes Gestalten	bf
Singen und Musikpflege	mglh.
Weibl. Handarbeit bezw. Werkunterricht	–
Leibesübungen	ausr.

Schulbesuch: regelmäßig

Bemerkungen:

Wolfsölden, den 20. März 1939

Klassenlehrer: u. Geiser ...... Schulleiter ...... Vater oder Erziehungsberechtigter: Paul Sauer

5

Zeugnis am Ende des ersten Schuljahrs im Frühjahr 1939.

konnte. Hatten wir uns nun vor dem Schulhaus versammelt, erschien Herr Gaiser häufig mit wehendem weißen Mantel – für uns ein Zeichen, dass er nicht sonderlich gut gelaunt war – und wies einem Teil von uns oder auch der gesamten Schülerschar eine bestimmte Arbeit zu. Wir beeilten uns, den schulmeisterlichen Anordnungen nachzukommen, stets gewärtig, dass uns ein durchdringender Pfiff und einige Kommandoworte aufforderten, unverzüglich die Arbeit einzustellen und im Schulzimmer unsere Plätze einzunehmen, damit der Unterricht beginnen konnte. Dass der Lernerfolg unter unseren außerschulischen Leistungen für die Lehrerfamilie litt, lässt sich indes nicht sagen. Herr Gaiser achtete darauf, dass das Unterrichtspensum gewissenhaft erledigt wurde. Deshalb behielt er uns, wenn ihm dies notwendig erschien, auch mal länger in der Schule.

In Wolfsölden erlebte ich nochmals eineinhalb Jahre sehr förderlichen Unterricht. Abgesehen von Musik und Turnen brillierte ich durch weit über dem Durchschnitt liegende Zeugnisnoten. Herr Gaiser hielt mich in der Volksschule für unterfordert. Er wollte mir deshalb den Weg in die höhere Schule ebnen. Dies war nicht ganz einfach. Ich befand mich bereits mitten im sechsten Volksschuljahr. Andererseits fürchteten meine Eltern die mit dem Besuch einer Oberschule für sie entstehende finanzielle Belastung. Nachdem mein Vater im Frühjahr 1943 wegen seiner schlechten gesundheitlichen Verfassung aus dem verstärkten Zollgrenzschutz entlassen worden war, kam für ihn eine Arbeitsstelle, die etliche Kilometer von seinem Wohnort entfernt lag, nicht mehr in Frage. Er entschloss sich deshalb, seinen kleinen landwirtschaftlichen Betrieb durch einige gepachtete Äcker und Wiesen in bescheidenem Umfang zu vergrößern. Freilich mit dem

Einkommen, das sich damit erzielen ließ, konnte der Lebensunterhalt einer fünfköpfigen Familie mehr schlecht als recht bestritten werden.

Meine Mutter hatte bislang neben Haushalt und Kindern die Hauptarbeit in der kleinen Landwirtschaft geleistet. Dies war der Fall gewesen, solange Vater in der Ziegelei Spingler in Winnenden gearbeitet hatte, vor allem 1939/40 und 1942/43, als Vater im Dienst der Wehrmacht und des verstärkten Zollgrenzschutzes stand und sie ohne männliche Unterstützung allein ihre Frau hatte stehen müssen. Sie arbeitete Tag und Nacht unverdrossen und ließ sich nicht unterkriegen. Nachbarn und Verwandte hatten ihr wenig helfen können, da sie selbst mit Arbeit überhäuft gewesen waren. Am guten Willen aber ließ es kaum einer fehlen. So kam Onkel Ernst, der Bruder meines Vaters, der auf dem Burgstaller Bahnhof als Reichsbahnbediensteter tätig war, wiederholt, um ihr bei der Heu- und Getreideernte beizustehen. Nie vergaß sie, dass ihr 1942 während der Getreideernte, als ihr die an den Garbenwagen gespannten Kühe Schwierigkeiten machten, russische Landwirtschaftsarbeiter zu Hilfe kamen und den Wagen wieder flott machten. Dasselbe geschah, als das Aufladen der schweren Kartoffelsäcke über ihre Kräfte ging. Arg getroffen hatte sie hingegen, dass Anwalt Föll einmal äußerte, ihr »Sächle« könnte er noch nach Feierabend schaffen. Er machte aber nie Anstalten, dies zu tun. Wir Kinder sahen, wie sehr sich unsere Mutter abmühte. Daher wollten wir ihr so gut wir konnten zur Seite stehen. Besonders die 15-jährige Emma, gerade aus der Schule entlassen, arbeitete fleißig mit. Und auch ich, inzwischen elf Jahre alt, überwand meine notorische Faulheit und fand zunehmend Gefallen an der bäuerlichen Arbeit.

Im Frühjahr 1943 ermunterte nun Mutter den noch zögernden Vater, die Landwirtschaft zum alleinigen Broterwerb zu machen, auch wenn damit keine Reichtümer zu gewinnen seien. Möglichkeiten für kleine Nebenverdienste, etwa bei der Gemeinde, gäbe es sicher.

Die Zukunft ihrer Kinder war unseren Eltern stets ein vorrangiges Anliegen. Vor Augen standen ihnen handwerkliche Berufe. Bei mir konnten sie sich allerdings auch eine Art Schreiberlaufbahn, also eine Bürotätigkeit, im kommunalen Dienst vorstellen, soweit dies mit einem guten Volksschulabschluss möglich war. Es kostete daher Herrn Gaiser einige Mühe, ihnen plausibel zu machen, dass sie der Besuch einer höheren Schule eines ihrer Kinder keinesweg finanziell sehr belaste. Für Begabte gebe es Beihilfen; und der Abschluss einer Ausbildung an einer höheren Schule biete Berufschancen, die den Volksschulabsolventen verschlossen blieben. Die Eltern überwanden schließlich ihre Bedenken. Energisch hatte sich mein Vater übrigens dem kurz diskutierten Plan widersetzt, mich in einer der neuen nationalsozialistischen Aufbauschulen oder gar in einer der Nationalpolitischen Erziehungsanstalten, unterzubringen. Eine dieser Napolas hatte sich im ehemaligen Lehrerseminar in Backnang etabliert. Er wolle, ließ er durchblicken, keinen »Hitler« in der Familie, zudem sei der Krieg längst verloren. Herr Gaiser beruhigte ihn: Auch er ziehe eine andere Lösung vor. Er wolle zunächst einmal mit dem Leiter der Marbacher Oberschule, Dr. Albert Grau, sprechen, und er denke, dass dieser einen hilfreichen Vorschlag mache.

Das Gespräch Wilhelm Gaisers mit Dr. Albert Grau fand am Donnerstag, dem 3. Februar 1944 in Marbach statt. Dr. Grau trug keine Bedenken, mich zunächst probeweise in die zweite Klasse – also in die heutige sechste – der Marbacher

Oberschule aufzunehmen. Mein fehlendes Englisch wollte er mir in Nachhilfestunden selbst beibringen. Dr. Grau, von Haus aus Mathematiker und Physiker, erteilte an der kleinen Schule auch Unterricht in Englisch und Latein. Ich sollte am darauffolgenden Montag, dem 7. Februar 1944, nach Marbach kommen und mich bei ihm melden. Herr Gaiser unterrichtete noch am Abend des 3. Februar meine Eltern von dem positiven Ergebnis seines Gesprächs mit dem Leiter der Marbacher Oberschule.

Ich erwartete nun mit sehr gemischten Gefühlen – meinen Eltern dürfte es ähnlich ergangen sein – den Montag. Von Wolfsölden besuchte damals der zwei Jahre ältere Walter Bertele die Marbacher Oberschule. Ihm schloss ich mich an. Wir marschierten am Montagmittag auf Feldwegen zum Burgstaller Bahnhof und bestiegen dort den Zug nach Marbach. In Kirchberg stieg eine größere Zahl von Schülern zu, die dasselbe Fahrtziel hatte. Als sie hörten, dass ich ein neuer Mitschüler sei, brachen sie in schallendes Gelächter aus, das erst in Marbach abflaute. Warum, das haben sie, zu einem guten Teil nachmalige Schulkameraden, mir später nie erklären können. Mir rutschte das Herz in die Hose. Ziemlich verstört betrat ich das Schulgebäude in der Unteren Holdergasse. Dort wimmelte es von Schülerinnen und Schülern. Unter ihnen befanden sich viele Luftwaffenhelfer in blaugrauer Uniform, Schüler der fünften und sechsten Klasse, die Kanonierdienste an den Flakgeschützen beim Elektrizitätswerk der EVS im Neckartal zu leisten hatten und gleichzeitig ihre schulische Ausbildung fortsetzten.

Ich meldete mich im Dachgeschoss beim Direktor. Dr. Grau, der mit sichtlichem Wohlgefallen eine Meldung von zwei Flakhelfern entgegennahm, die mit erhobenem rechtem

Arm den Hitlergruß entboten und die Hacken zusammenschlugen, schickte mich ins Klassenzimmer der zweiten Klasse. Dort ließ die Klassenlehrerin Fräulein Haberstroh gerade ein Diktat schreiben. Für meine Begriffe ging es dabei schrecklich laut, ja lärmend zu. Fräulein Haberstroh gelang es nicht, einigermaßen Ruhe in die Klasse zu bringen. Ich schrieb das Diktat orthografisch fehlerfrei, indes machte mir die Zeichensetzung, in der ich noch keine Übung hatte, Probleme.

Die Marbacher Oberschule musste damals ihr Schulgebäude mit dem in die Schillerstadt evakuierten Stuttgarter Karlsgymnasium teilen. Deshalb hatten wir montags und dienstags am Nachmittag Unterricht, in den übrigen Wochentagen am Vormittag. Von 15.30 bis 16.30 Uhr erhielt ich nun am 7. Februar von Dr. Grau meine erste Englischstunde. Dr. Grau machte mich in den ersten zehn Minuten mit den Lautschriftzeichen bekannt – für mich ein böhmisches Dorf – und ging anschließend mit mir in prononciert schwäbischem Englisch das erste Kapitel des Englisch-Lehrbuchs für die erste Oberschulklasse durch, überschrieben »The Alarm-Clock rattles« – der Wecker klingelt. »So«, sagte er dann, »jetzt prägst du dir bis morgen die Lautschriftzeichen ein, lernst die Vokabeln des ersten Kapitels und übst dich im Lesen des Stücks.«

Zu Hause machte ich mich an die Arbeit. Ich kam mir allerdings vor wie der Reiter auf dem zugefrorenen Bodensee. Ich hatte vieles nicht begriffen. Schwierigkeiten bereiteten mir vor allem die Lautschriftzeichen und die Aussprache der englischen Vokabeln. Fragen konnte ich niemanden. Ich war ziemlich verzweifelt. Doch am nächsten Tag ging es besser als ich gedacht hatte. Meine Kirchberger Schulkameraden,

Unser altes »Schüle« in Marbach in den 1980er Jahren.

deren Gelächter mich am ersten Marbacher Schultag so sehr irritiert hatte, beantworteten meine Fragen bereits im Zug und dann auch noch vor Beginn des Unterrichts. So fand ich mich rasch in das Englische hinein. Dr. Grau war zufrieden. In einem knappen halben Jahr brachte er mich auf den Kenntnisstand meiner Klasse. Dank des ausgezeichneten Unterrichts von Herrn Gaiser und des Selbststudiums durch Bücher, die mir Pfarrer Berner auslieh, stand nach den Sommerferien 1944 meiner Versetzung in die dritte – heute die siebte – Klasse nichts mehr im Weg. Wilhelm Gaiser, dem ich Entscheidendes zu verdanken hatte, und meine Eltern freuten sich.

In meiner Marbacher Klasse, in die ich mich leicht einfügte, gewann ich einen festen kameradschaftlichen Rückhalt und Freunde über die Schulzeit hinaus. Entsetzt war unsere Englischlehrerin Fräulein Mayer über mein schwäbisches Englisch, und es kostete sie einige Mühe, mir eine phonetisch korrekte Aussprache anzugewöhnen. In der dritten Klasse kam als zweite Fremdsprache Latein hinzu. Diese Sprache machte mir viel Freude; sie eröffnete mir den Zugang zur antiken Welt. Den Lateinunterricht erteilte Herr Staiger, ein hochqualifizierter Lehrer des Stuttgarter Karlsgymnasiums. Unsere neue Klassenlehrerin war Fräulein Elisabeth Fischer, eine Abiturientin, die man wegen des großen Lehrermangels für den höheren Schuldienst zwangsverpflichtet hatte. Fräulein Fischer, der ich 1951/53 in Tübingen als Kommilitonin wieder begegnete und die ihre sehr erfolgreiche Berufslaufbahn als Oberstudiendirektorin in Stuttgart-Weilimdorf beendete, engagierte sich in den von ihr unterrichteten Fächern sehr, so namentlich in Biologie. Sie schaffte es sogar, mit uns Rasselbande fertig zu werden. Bei ihr hätten wir viel lernen können, hätten nicht unsere Köpfe voller Flausen gesteckt. Mit Nachsitzen und Strafarbeiten brachte sie uns einigermaßen zur Räson. Den Musik- und Deutschunterricht erteilte Fräulein Dora Paufler, eine strenge, durchsetzungsfähige Lehrerin, deren Verlobter gefallen war. Sie hatte Mut: Im Herbst 1944, als die NS-Führung wegen der sich abzeichnenden Niederlage bereits Amok lief, sangen wir bei ihr das Lied »Die Gedanken sind frei«, und ich meine, sie hätte uns auch in Deutsch »Die Worte des Glaubens« von Friedrich Schiller nahe gebracht.

Der einzige Lehrer, mit dem ich zunächst Probleme hatte, war der Mathematiklehrer Alfred Reichert, wegen seiner untersetzten kugeligen Gestalt und seiner Vollmondglatze Patt genannt. Er konnte schlecht erklären; auch geriet er leicht in Rage. Mir kam sein Unterricht anfänglich wie ein böhmisches Dorf vor, und dass meine erste Klassenarbeit bei ihm nicht zur Katastrophe wurde, verdanke ich einem Fliegeralarm, der uns kurz nach Beginn der gefürchteten Stunde aufschreckte. Doch, um der Wahrheit die Ehre zu geben, war er uns nicht unwillkommen, zumal wir mit ziemlicher Sicherheit damit rechnen konnten, dass sich der Angriff der feindlichen Flugzeuge gegen wichtigere Ziele als gegen die wenig industrialisierte Schillerstadt Marbach richtete. In den Tagen nach diesem Alarm fiel bei mir der Groschen, und ich vermochte nun einigermaßen dem Reichert'schen Unterricht zu folgen.

Bereits im Frühsommer 1944 hatten die sich häufenden Fliegeralarme während des Tages den Unterricht stark beeinträchtigt. Die Schule besaß keinen hinreichend großen Luftschutzraum. Daher wurden wir Auswärtige den Marbacher Schulkameraden zugeteilt, die uns beim Ertönen der Sirenen nach Hause und in die für ihre Familien bestimmten Luftschutzräume mitnahmen. Ich hatte mich meinem Schulkameraden Alfred Storz anzuschließen, der im unteren Teil der Strohgasse wohnte. Alfred Storz erregte bei einem Fliegeralarm den Zorn von Dr. Grau. Dieser unterrichtete im gegenüberliegenden ehemaligen Beginenhaus die fünfte oder sechste Klasse, als er zufällig beobachtete, wie sich an einem der Fenster unseres Klassenzimmers Alfred beim Ertönen der Sirene die Hände rieb. Wutentbrannt rannte er herüber, packte Alfred, schüttelte ihn und versetzte ihm einige kräftige Ohrfeigen. Als ihn der 13-Jährige verdutzt anstarrte, schrie er ihn an: »Weißt du, warum du kriegst?« Als Alfred dies verneinte, setzte es nochmals Streiche. Beim nächsten Fliegeralarm stürzte Dr. Grau wiederum in unser Klassenzimmer, und Alfred wurde erneut das Opfer seiner schlagkräftigen Hand, obwohl er diesmal völlig unschuldig war.

Für Dr. Grau stand der Endsieg Hitler-Deutschlands außer Frage, und seine politische Indoktrination fiel bei Jungen wie mir auf fruchtbaren Boden. Gerne hörte ich Berichte von hochdekorierten, häufig kriegsversehrten Frontsoldaten, die der Direktor in die Schule eingeladen hatte. Durch sie wurde uns ein euphorisches Bild von der militärischen Lage an allen Fronten und von der Tapferkeit der deutschen Soldaten vermittelt. Als den westlichen Alliierten im Juni 1944 die Landung in der Normandie gelang, meinte Dr. Grau sinngemäß: »Darauf haben wir lange gewartet, jetzt können wir sie endlich fassen und ihnen eine vernichtende Niederlage zufügen.« Als dann im Dezember 1944 der Geschützdonner der nur noch gute hundert Kilometer entfernten Westfront zu hören war, erklärte er, die deutschen Armeen bereiteten einen verheerenden Gegenschlag vor.

Den Sommer über war ich mit dem Fahrrad zur sieben Kilometer entfernten Schule gefahren. Im Herbst stieg ich dann wieder auf die Bahn um. Freilich erlebte ich immer wieder, dass die Züge unbestimmt verspätet waren. Dies war vor allem der Fall nach Fliegerangriffen oder wenn Militärzüge die Strecke blockierten. Auch wurden im Nahverkehr zunehmend mehr defekte Lokomotiven eingesetzt, denen dann irgendwo auf der Stecke die Puste wegblieb. Ich erinnere mich, dass einmal die Fahrt von Marbach nach Burgstall in Kirchberg endete, weil feindliche Tiefflieger die Gegend unsicher machten. Ich musste zu Fuß durch die Altach nach Hause wandern.

Vor Beginn der Weihnachtsferien 1944/45 wurde uns mitgeteilt, wegen der herrschenden Kohlenknappheit würden die Ferien bis Ende Januar ausgedehnt. Im Februar und März radelte ich noch zwei- oder dreimal nach Marbach. Zu einem geregelten Unterricht kam es jedoch nicht mehr. In den Kernfächern erhielten wir noch jeweils Hausaufgaben. Am 26. März 1945 war ich ein letztes Mal vor Kriegsende in der Marbacher Oberschule. Dr. Grau begrüßte uns kurz und schickte uns dann wieder nach Hause. Die Schule falle bis zur baldigen siegreichen Wende des Krieges aus, erklärte er. Die Rückfahrt nach Wolfsölden an jenem herrlichen Frühlingsmorgen war abenteuerlich. Kaum hatte ich Marbach hinter mir, hörte ich das Motorengeräusch amerikanischer Jabos, der berüchtigten und gefürchteten Jagdbomber, die mit Bomben und Bordwaffen alles angriffen, was sich bewegte. Ich warf mein Fahrrad in den Straßengraben und suchte Zuflucht in einem vom Volkssturm am Straßenrand ausgehobenen Splittergraben. Dieses »Spiel« wiederholte sich mehrmals, bis ich schließlich in Wolfsölden anlangte. Ich hatte Glück gehabt. Die Jabos hatten sich andere, lohnendere Ziele ausgeguckt, und so kam ich sehr zur Erleichterung meiner Eltern wieder wohlbehalten zu Hause an.

Die letzten Kriegsjahre in Wolfsölden

Seit Beginn des Krieges gegen die Sowjetunion im Juni 1941 stieg die Zahl der Einberufungen steil an. Zugleich begannen sich die Nachrichten über die Gefallenen und Vermissten zu häufen. Einer der ersten Wolfsölder, die ihr Leben im fernen Russland verloren, war Hermann Föll, der Sohn von Pauline Föll, die mit der Handschelle (der Handglocke) viele Jahre die amtlichen Verlautbarungen der Einwohnerschaft bekannt gab. Pfarrer Berner hatte seit 1942 beinahe jeden zweiten oder dritten Sonntag einen nachmittäglichen Trauergottesdienst für gefallene Gemeindemitglieder zu halten.

Mit dem Jahr 1943 geriet auch Stuttgart in den Aktionsbereich der amerikanischen und britischen Bomberflotten. Stuttgarter Familien, vor allem Frauen und Kinder, die in Wolfsölden Verwandte hatten, waren dankbar, wenn sie hier eine bescheidene Unterkunft fanden. Schon zuvor hatten im Ort, wie schon früher erwähnt, Evakuierte aus dem Ruhrgebiet, aus Mannheim und aus anderen Großstädten Aufnahme erlangt. Dass das Zusammenleben von Einheimischen und evakuierten Städtern nicht immer einfach war, liegt auf der Hand. Doch gab es meines Wissens kaum größere Probleme. Die Frauen aus den Städten waren sich nicht zu schade, in der Landwirtschaft mitzuarbeiten, zumal sie als Entlohnung mit Lebensmitteln rechnen konnten. Wir Buben freundeten uns mit gleichaltrigen Evakuierten an und hatten so zusätzliche einfallsreiche Spielkameraden.

Mit dem sich zunehmend verschärfenden Luftkrieg vermehrte sich die Zahl der nächtlichen Fliegeralarme. Wir besaßen lediglich einen kleinen Gewölbekeller unter dem an die Scheune anschließenden Schuppen, unserer »Hütte«. Hier befanden sich die Mostfässer und das Essigfässlein, während des Winters wurden hier die Vorräte an Kartoffeln und Obst gelagert und auch die Wurst- und Fleischbüchsen, die »Eindünst- und Gsälzgläser« sowie ein Teil des Brots wurden hier aufbewahrt. Der Keller, den 1895 mein Urgroßvater Fischer erbaut hatte, eignete sich in keiner Weise als Luftschutzkeller. Indes öffnete Familie Gotthilf Föll bereitwillig ihren unter der Scheuer am unteren Bäuerlesweg (Häldenweg) gelegenen sehr tiefen und geräumigen Keller. Dort saß dann oft die ganze Nachbarschaft fröstelnd, in Decken eingepackt mitten in der Nacht oft mehrere Stunden. Die Mütter hatten ihre liebe Not, ihre aus dem Schlaf gerissenen Kleinkinder zu beruhigen. Wir Größeren hingegen fanden das Ganze, nachdem wir einmal wach waren, recht aufregend, bei längeren Alarmen allerdings auch wieder langweilig, zumal der Schlaf gebieterisch sein Recht forderte. Für die älteren Leute war es sehr beschwerlich, die vielstufige Kellertreppe hinunter – und erst recht wieder hinaufzusteigen. Doch alle schickten sich in das Unvermeidliche. Mich hat diese Solidarität, wie ich sie später nur noch selten erlebte, sehr beeindruckt. Man half sich gegenseitig, kleinliche Eifersüchteleien und Streitigkeiten waren vergessen.

Anfänglich blieben wir bei nächtlichen Fliegeralarmen oft im Bett, oder wir beobachteten von unserem Haus aus interessiert das Geschehen am Himmel, die Flugzeuge und Scheinwerfer, das Mündungsfeuer der Flakgeschütze und Luftkämpfe, obwohl dies streng verboten war. Nachdem aber auch Dörfer in größerer Zahl das Ziel von Bomben geworden waren, und der Luftkrieg immer schrecklichere Ausmaße annahm, zogen wir es vor, sofort nach dem Ertönen der Sirenen den Föll'schen Keller aufzusuchen.

Im Juli 1944 war Stuttgart während mehrerer Tage und dann nochmals in der Nacht vom 12. auf den 13. September 1944 das Ziel starker britischer und amerikanischer Bomberverbände. Viele hundert Menschen starben. Die Innenstadt versank in Trümmern. Hatten wir in den letzten Vorkriegsjahren zusammen mit unseren Eltern von den Hauptäckern aus das imposante Feuerwerk des Cannstatter Volksfestes beobachtet, so wurden wir in mehr als zwanzig Kilometern Entfernung Zeugen eines riesigen Feuermeers, das beinahe apokalyptische Ausmaße hatte.

Am Abend des 4. Dezember 1944 war der nördliche Himmel von glühendem Rot überzogen. Das alte Heilbronn ging in kürzester Zeit in einem schrecklichen Bombenhagel zugrunde. mehrere tausend Einwohner verloren das Leben. Wenige Wochen später, am 23. Februar 1945, wiederholte sich das grässliche Schauspiel am westlichen Himmel, als ein verheerender Luftangriff auf Pforzheim 20 000 Menschen tötete und die süddeutsche Schmuckwarenmetropole in Schutt und Asche legte. Etliche Tage später langten Überlebende der Katastrophe in unserer Gemeinde an; sie mussten behelfsmäßig untergebracht werden. In Heilbronn kamen am 4. Dezember 1944 Emilie Brixner, die Schwester von Gerta Gaiser, ihr Mann Hans Brixner und ihr kleiner Sohn Gerhard um. Lediglich die 15-jährige Tochter Irene überlebte. Herr Gaiser eilte sofort nach Heilbronn. Der Anblick der verkohlten Leichen seiner Verwandten erschütterte ihn, wie uns berichtet wurde, so sehr, dass er groteskerweise in einen Lachkrampf fiel. Das Ehepaar Gaiser nahm sich der Nichte Irene sowie der Eltern von Frau Gaiser, die gleichfalls überlebt hatten, in vorbildlicher Weise an. Sie alle fanden im Wolfsölder Schulhaus ein Zuhause.

Die vom 7. Januar bis 11. Februar 1945 mit großem propagandistischem Aufwand vorbereitete und durchgeführte Sachspendensammlung »Volksopfer«, die hauptsächlich der Bekleidung und Ausrüstung der neu aufgestellten Volksgrenadierdivisionen und des Deutschen Volkssturms dienen sollte, wurde vor allem von NS-Parteikreisen begrüßt, weil sie die Möglichkeit bot, sich auf patriotische Weise der längst lästig gewordenen braunen Uniform zu entledigen. Auch Anwalt Gotthilf Föll, eines der ganz wenigen, wenn nicht überhaupt das einzige Mitglied der NSDAP in Wolfsölden, das sich vor dem Krieg in der braunen Uniform in der Öffentlichkeit gezeigt hatte, überließ seine Parteiutensilien dem »Volksopfer«.

Seit Frühjahr 1944 waren wir im Besitz eines einfachen Rundfunkgeräts. Der Mann meiner Kusine Elise (geb. Bürkle), Egon Koch, ein versierter Radiotechniker, hatte es zusammengebastelt und meinen Eltern geschenkt. Vater und ich informierten uns regelmäßig über die Entwicklung der Kriegslage, wie sie der Reichssender Stuttgart nach strenger NS-Sprachregelung der Bevölkerung vermittelte. An Silvester 1944 hörten wir die letzte Radioansprache Hitlers. Seine harte Stimme, die die Worte gewaltsam herauspresste, kommt mir, wenn ich zurückdenke, wie eine Grabesstimme vor. Damals war es freilich anders.

Im Gegensatz zu meinem Vater ließ ich mich noch immer von den Durchhalteparolen Hitlers und von dessen Beschwörung des Endsiegs betören. Die nach bemerkenswerten Angriffserfolgen allerdings rasch ins Stocken geratene und zum Erliegen gekommene Ardennenoffensive, bei der mein Vetter Alfred Sauer aus Meßstetten gefallen war, hatte dem Glauben an eine Kriegswende vorübergehend neuen Auftrieb gegeben. Indes zertrümmerten Mitte Januar 1945 die Sowjets mit einer gewaltigen Militärmacht die deutsche Front im Osten und drangen in kürzester Zeit von der Weichsel bis über die Oder hinaus vor. Über die Bewohner Ostdeutschlands brach eine infernalische Katastrophe herein. Auch im Westen rissen die übermächtigen Streitkräfte der Amerikaner, der Engländer und der Franzosen das Gesetz des militärischen Handelns wieder an sich. Am 30./31. März 1945 erreichten amerikanische und französische Truppen wenige Tage, nachdem sie den Rhein überschritten hatten, die Grenzen Württembergs. Unsere Heimat wurde Kriegsschauplatz.

Unser primitives Radio informierte uns über das ungestüme Vordringen der Westalliierten. Unsere wichtigsten Nachrichten erlangten wir durch einen als deutschen Soldatensender getarnten westalliierten Militärsender. Die Berichte dieses Senders waren so raffiniert formuliert, dass wir einige Zeit brauchten, bis wir merkten, dass wir einen »Feindsender« vor uns hatten. Obwohl das Abhören von solchen Sendern damals als schweres Verbrechen galt und mit drakonischen Strafen bedroht war, blieb dieser alliierte Soldatensender weiterhin für uns eine wichtige Informationsquelle; wir bedienten uns ihrer allerdings mit der gebotenen Vorsicht.

In den ersten Monaten des Jahres 1945 hatten wir im Ort immer wieder militärische Einquartierungen. Die Soldaten blieben aber nie lange. Einmal biwakierte eine Infanteriekompanie einige Tage im Wald bei der Turnhalle. Bei gutem Wetter sahen wir hunderte von amerikanischen und britischen »fliegenden Festungen« mit ihrer tödlichen Bombenfracht über uns hinwegziehen, kaum behelligt durch deutsche Jagdflugzeuge: eine Demonstration der ungeheuerlichen Überlegenheit der westalliierten Gegner. Dass deutsche Offiziere und Soldaten im Schutz des Waldes die tief fliegenden Jagdbomber mit Handfeuerwaffen beschossen, missfiel den Wolfsöldern, da sie befürchten mussten, dass dadurch die amerikanischen Piloten zu Attacken auf den Ort verleitet würden. Die Schützen in Militäruniform andererseits hofften, mit Glück eines oder mehrere feindliche Flugzeuge abzuschießen und dafür eine von Hitler gestiftete spezielle Auszeichnung zu erhalten.

Am 1./2. April 1945 feierten wir bei herrlichem Frühlingswetter Ostern. Der Krieg war jetzt allgegenwärtig: Fliegeralarme und die neue Form der akuten Luftgefahr hielten die Menschen in Atem. Schwärme von Jagdbombern verunsicherten die Gegend. Ein erster Panzeralarm erwies sich allerdings als Fehlmeldung. Nationalsozialistische Funktionäre rüsteten sich zur Flucht. Einige Unruhe löste das Gerücht aus, es bestehe der Plan, die Bewohner der Städte und Dörfer vor einer Feindbesetzung unserer Heimat zu evakuieren.

Am Sonntag, dem 8. April, sollte unser Jahrgang in der Affalterbacher Kirche konfirmiert werden. Zur Vorbereitung dieses Festes mussten mein Freund Eugen Häußermann und ich immer wieder nach Affalterbach. Bürgermeister Brodt hatte wie in jedem Jahr den Konfirmanden Tannenbäumchen aus dem Gemeindewald zugestanden. Diese Tannenbäumchen wurden vor der Konfirmation auf dem Vorplatz des Gotteshauses, dem ehemaligen Kirchhof (Friedhof), aufgestellt und mit buntem Glanzpapier behängt. Dies war eine alte örtliche Tradition, und wir Jungen wollten unbedingt an ihr festhalten. Als wir vor dem Haus Lade an der Winnender Straße nahe der heutigen Omnibushaltestelle auf das Pferdefuhrwerk warteten, das uns in den Wald bringen sollte, wo unter Aufsicht dann die Bäumchen geschlagen wurden, zogen an uns starke deutsche Truppenverbände in Richtung Winnenden vorbei. Sie befanden sich auf dem Rückzug. Wir waren entsetzt. Was war aus dem einst so stolzen deutschen Heer geworden! Soldaten mit verschmutzten, abgerissenen Uniformen passierten uns. Wir entdeckten kaum noch motorisierte Einheiten. Soldaten unterschiedlicher Waffengattungen schoben Kinderwagen vor sich her, auf die sie ihre Gewehre und Panzerfäuste sowie ihre geringen persönlichen Habseligkeiten gepackt hatten. Andere zogen requirierte Leiterwägelchen hinter sich her. Panzerregimenter verfügten kaum noch über intakte Panzerfahrzeuge. Auch sie waren größtenteils zu Fußsoldaten geworden. In einem noch einigermaßen ordentlichen Zustand befanden sich die bespannten Einheiten.

Auf der Gemarkung fand man weggeworfene oder abgestellte Infanteriegewehre, wenn auch nicht sehr viele. Einige der 14- bis 16-jährigen Burschen nahmen diese Gewehre an sich und ballerten mit ihnen durch die Gegend. Bürgermeister Brodt schritt ein, ließ die betreffenden Burschen aufs Rathaus bringen, beschlagnahmte Gewehre und Munition und ließ den Übeltätern eine kräftige Tracht Prügel verabreichen. Auf diese Weise beugte er schlimmerem Unheil vor.

Die Konfirmation am Morgen des 8. April in der Affalterbacher Kirche war eine würdige zweistündige Feier. Trotz Fliegeralarm, akuter Luftgefahr, Flakfeuer und dem Motorengeräusch feindlicher Flugzeuge, die das Gotteshaus überflogen, blieb Pfarrer Berner gelassen, und auch die zahlreichen Kirchenbesucher, vor allem Eltern, Verwandte, Freunde, harrten tapfer aus. Anschließend zogen wir Wolfsölder mit unseren Gästen hinab in unser Heimatdörfchen, wo uns ein festlicher Mittagstisch erwartete. Ich erinnere mich gerne an meinen Konfirmationssonntag. Ungeachtet der ständig näher rückenden Front gab es kaum Hektik, kaum größere Unruhe. Erwachsene und Kinder bemühten sich, mit dem Kriegsalltag, mit der ständigen Bedrohung aus der Luft zurechtzukommen.

Meine Mutter hatte mir den Konfirmationsanzug, Marke »Deutscher Wald«, in Stuttgart unter Vorlage des üblichen amtlich genehmigten Bezugsscheins gekauft. Wir waren mit der Bahn in die württembergische Landeshauptstadt gefahren. Erstmals sah ich die schrecklich verheerte Stadt: Bombenkrater, in sich zusammengestürzte Gebäude, ausgebrannte Häuserruinen, Straßen durch Trümmerschutt zu Gehwegen geschrumpft, zerborstene Straßenbahnen. Dennoch pulsierendes Leben: Kaufhäuser in Baracken, in denen Geschäfte getätigt wurden, Arbeiter und Kriegsgefangene, die Aufräumungsarbeiten leisteten, Behelfsgaststätten, in denen gegen Lebensmittelmarken Essen abgegeben wurde, und anderes mehr.

Es hat wohl niemals eine Konfirmation gegeben, an der am Abend dieses festlichen Tages ein Teil der Neukonfirmierten den Einberufungsbefehl erhielt. Bürgermeister Brodt wie auch die Gemeindevorsteher der Nachbarorte mussten nämlich den Angehörigen der Geburtsjahrgänge 1929 und 1930 am Abend des 8. April die amtliche Mitteilung zustellen, dass sie sich unverzüglich in die Kreisstadt Backnang in Marsch zu setzen hätten, um sich dort bei einer Militärdienststelle, wahrscheinlich dem Kreiswehrersatzamt, zu melden. Von uns Affalterbacher Konfirmanden waren, wenn ich mich recht erinnere, alle glücklicherweise erst 1931 und 1932 geboren. Deshalb blieben wir verschont. Deutlich habe ich noch vor Augen, wie eine größere Gruppe von Affalterbacher Jungen der Jahrgänge 1929 und 1930 am Abend des 8. April – es könnte allerdings auch Montag, der 9. April, gewesen sein –, mit den nötigsten persönlichen Habseligkeiten versehen, durch Wolfsölden kam, um von dort an der Mühle vorbei in Richtung Backnang weiterzuziehen. Die 15- und 16-Jährigen befanden sich in einer eigenartigen Verfassung. Einige hatten sich irgendwie Tabakwaren und wohl auch Spirituosen beschafft. Mit diesen wollten sie ihre Männlichkeit unter Beweis stellen und sich Mut antrinken. Als die Gruppe schließlich nach mehrstündigem Fußmarsch in Backnang eintraf, konnten sich einige kaum noch auf den Beinen halten, andere schauten wie das heulende Elend drein. Der Feldwebel, der sie übernehmen sollte, machte kurzen Prozess. Er schickte die Jammergestalten nach Affalterbach zurück. Die Eltern und nahen Verwandten waren sehr erleichtert, als ihre kaum den Kinderschuhen entwachsenen Söhne wieder zu Hause anlangten. Wenn es stimmt, soll der Feldwebel, vermutlich ein alter Krieger, sie mit den Worten entlassen haben: »Machet, dass ihr wieder hoim kommet, mit euch gewinnt dr Adolf den Krieg au nemme!«

Da mit der Besetzung unserer Heimat durch US-Truppen in allernächster Zeit zu rechnen war, versteckten einige Eltern ihre noch sehr jungen Söhne, die damals den Stellungsbefehl bekamen, oder sie schickten sie in Nachbarorte. Zwei Affalterbacher Burschen kampierten etliche Tage in den Wäldern des oberen Buchenbachtals zwischen Wolfsölden und Steinächle.

Bis zum 10. April, also unmittelbar nach meiner Konfirmation, brachten die Franzosen das linke Neckarufer zwischen Bietigheim und Besigheim in ihre Gewalt. Die Amerikaner drangen gleichfalls bis zum Neckar vor und besetzten Teile des Heilbronner Stadtgebiets. Unsere Heimat wurde rückwärtiges Frontgebiet. Wir erlebten unruhige, gefahrvolle Tage mit ständigen Truppenbewegungen und Einquartierungen. Die amerikanischen Jagdbomber waren fortwährend über uns. Lange verschonten sie Wolfsölden und die nächste Umgebung, attackierten deutsche Kampfverbände, die in Bereitschaft lagen, neue Stellungen bezogen oder zum Entsatz der Fronttruppen vorrückten. Auch hatten frontnahe Städte und Dörfer schwer unter ihnen zu leiden.

Im Haus von Kronenwirt Otto Eckert war ein etwa 16-jähriger evakuierter Saarländer untergebracht, dessen Eltern und Geschwister damals gleichfalls in Wolfsölden wohnten. Der junge Mann gebärdete sich als fanatischer Nationalsozialist und ließ keinen Zweifel, dass er mit seinem Karabiner auf die einrückenden amerikanischen Truppen schießen werde. Die älteren Männer im Ort, meist Frontsoldaten des Ersten Weltkriegs, allen voran Eugen Kübler, wollten eine solche unbedachte Gewalttat, die größtes Unheil über das Dörfchen gebracht hätte, unbedingt verhindern. Am Sonntagabend des 15. April versammelten sie sich vor der Krone und zwangen den jungen Mann zur Herausgabe des Gewehrs. Ein Glück, dass keine Partei- oder Militärdienststelle von dieser Aktion erfuhr. Sie hätte einigen Männern, wie wir aus anderen Orten, so aus Brettheim im Landkreis Schwäbisch Hall, wissen, das Leben kosten können. SS-Standgerichte kannten bei solchen »Sabotageakten« keine Gnade.

Schon hofften die Wolfsölder vollends unbeschadet den Krieg zu überstehen, zumal die deutsche Abwehrfront am Neckar und im Hohenlohischen am Zerbrechen war, das heißt nicht länger dem Druck weit überlegener feindlicher Kampfverbände standzuhalten vermochte, da brach schreckliches Unheil über den kleinen Weiler herein. Es war am Morgen des 16. April, einem strahlenden Frühlingstag, als Mutter, Alfred und ich in unserer an die Scheune angebauten Hütte mit dem Zerkleinern und Aufräumen von Brennholz beschäftigt waren. Plötzlich gegen 11.30 Uhr schreckten wir hoch: rapide sich verstärkender Motorenlärm von Jagdbombern, die zum Tiefflug ansetzten, dann ohrenbetäubende Detonationen und heftiger Bordwaffenbeschuss in allernächster Nähe. Alfred, in höchster Not, suchte sich hinter meinem Rücken zu verstecken. Mutter zog uns Buben in unseren kleinen Keller, wo wir uns auf den Boden warfen. Dort hatte bereits Frau Emma Lieb, eine bei uns untergebrachte evakuierte Dame aus Stuttgart, die sich eng an meine Eltern angeschlossen hatte, Zuflucht gesucht. Einige weitere schwere Bombendetonationen folgten, dazwischen das Hämmern der Bordwaffengeschosse. Nach einer Viertelstunde war alles vorbei. Wir wagten uns aus dem Keller heraus und stellten erleichtert fest, dass unser Haus keinen Treffer abbekommen hatte.

Der Angriff hatte, wie wir rasch in Erfahrung bringen konnten, den Bauern gegolten, die auf der Zubringerstraße zur Winnender Straße mit ihren Pferdewagen mit Futterraps auf der Heimfahrt waren. Wegen der über ihnen kreisenden Jabos hatten sie in einem etwa zwei Meter tiefen Straßeneinschnitt, knappe 500 Meter vom Ort entfernt, in den Langen Äckern, Schutz gesucht. (Der Wegeinschnitt oder Hohlweg ist durch die Flurbereinigung in den 1960er Jahren beseitigt worden, und heute im Gelände nicht mehr erkennbar). Unversehens sahen sich nun die Landwirte und die bei ihnen beschäftigten russischen Arbeiter im Visier von zwei US-Jagdbombern. Diese griffen den Wagenkonvoi und die noch auf dem Feld arbeitenden Landwirte mit Bomben und Bordwaffen an. Es gab zwei Tote und einen Schwerverletzten. Zwei russische Landarbeiter, ein Mann und eine Frau, rannten übers Feld, erreichten die Straße und warfen sich in den Straßengraben. Einer der Jagdbomberpiloten sah dies und löste zwei Fünfzentnerbomben aus, die sich direkt neben den beiden Russen in die Erde bohrten und einen riesigen Krater in die Erde rissen. Die zwei jungen Leute erstickten qualvoll unter Erdschollen, die sie überdeckten. Wären die vierzig bis fünfzig Splitterbomben, die die Jagdbomber gleichfalls abwarfen, direkt bei dem Wagenkonvoi niedergegangen und detoniert, hätten sie verheerend gewirkt und die Zahl der Toten und Verwundeten noch wesentlich erhöht. Glücklicherweise aber fielen sie auf den etwas abseits gelegenen Acker meines Onkels Albert Sauer. Der durch sie angerichtete Schaden hielt sich daher in Grenzen. Mehrere Blindgänger, also Bomben, bei denen der Zündmechanismus versagt hatte, mussten später mit erheblichen Kosten entschärft und beseitigt werden.

Am südlichen Ortsausgang wollte ein bei meinem Onkel Hermann tätiger evakuierter Saarländer gerade die beiden Kühe vor dem Sauer'schen Ladengeschäft und der Poststelle in den Stall bringen, als der Angriff der Jabos einsetzte. Mit Müh und Not konnte er sich noch hinter dem Haus in Sicherheit bringen, als ein Jagdbomber wenige Meter von den beiden noch teilweise angeschirrten Kühen entfernt, zwei Fünfzentnerbomben abwarf. Ein riesiger Krater entstand. Die hochgewirbelten Erdschollen brachen den Tieren das Genick. Das Haus meines Onkels wurde stark beschädigt, das gegenüberliegende kleine Haus von Friederike Aichholz, das aber soviel ich weiß, damals nicht mehr bewohnt war, gänzlich über den Haufen geworfen und zerstört. Ein Pferd von Hermann Häußermann töteten am Ortseingang die Bordwaffen wohl desselben Jabos, dessen Bomben den Kühen meines Onkels Hermann den Tod gebracht hatten; eine evakuierte Frau, die im Haus von Gotthold Häußermann (Gscheidle) wohnte und gerade bügelte, erlitt durch Bordwaffenbeschuss schwere Verletzungen. Im neuen Haus von Hermann Häußermann durchschlug eine Splitterbombe das Dach, ohne zu explodieren. Paul, der polnische Arbeiter, konnte die Angst der Familie Häußermann nicht verstehen. Er schaute seinen Arbeitgeber schalkhaft an und sagte: »Du, Chef, gibst mir eine Flasche Schnaps, und ich werfe den Blindgänger in den Steinbruch.« So geschah's. Allerdings explodierte die Bombe auch nicht, als sie nach etwa acht Metern auf dem Boden des Steinbruchs, damals der Müllkippe des Orts, aufschlug. Auf die Bombe stieß man Jahre später, wie mir mein Freund Helmut Gaiser erzählte, bei Aufräumarbeiten im Steinbruch; sie konnte jetzt endlich unschädlich gemacht werden.

Nach dem Angriff hielt es mich nicht mehr zu Hause. Bereits oberhalb unseres Gartens begegnete mir unsere Nachbarin Luise Bäuerle. Sie kam vom Feld hereingerannt und schrie mir zu, es habe draußen auf dem Feld Tote und Verwundete gegeben. Dringender Hilfe bedürfe der schwer verletzte 70-jährige Anwalt Gotthilf Föll. Ich holte unser größeres Leiterwägelchen. An unserem Acker in der Gruhe musste ich zwei tiefen Bombenkratern ausweichen, um zu dem Wagenkonvoi zu gelangen. Wilhelm Ade junior, der im Straßengraben Schutz gesucht und auch gefunden hatte, kam mir taumelnd entgegen. Er wie einige andere Bauern und Landarbeiter standen noch unter Schock. In dem Straßeneinschnitt sah ich einen Toten liegen; es war der 71-jährige alleinstehende Robert Katz, der den verheerenden Luftangriff auf Pforzheim überlebt hatte und nun hier hatte sterben müssen. Ebenfalls den Tod gefunden hatte die junge Russin Anna, die bei unserem Nachbarn Ernst Häußermann, dem Pächter des Nesper'schen Hofs, beschäftigt gewesen war. Ich hatte das junge lebenslustige Mädchen gut gekannt. Bei der Rüben- und Obsternte hatten wir mehrmals nebeneinander gearbeitet und auch öfters miteinander gesprochen. Wir fuhren unseren Anwalt, so gut es ging und so schonend dies möglich war mit meinem Handwagen nach Hause. Glücklicherweise erwiesen sich seine Verletzungen als nicht lebensgefährlich. Er wurde ins Backnanger Kreiskrankenhaus gebracht und konnte bereits etliche Wochen später als geheilt entlassen werden.

Noch sehe ich meine 80-jährige Großmutter am Abend des 16. April, wie sie fassungslos vor dem Bombenkrater am Ortsrand gegen Winnenden und vor dem stark beschädigten Haus ihres jüngsten Sohnes stand. Mit der rechten Hand über den Augen schaute die alte, verhärmte, von lebenslanger harter Arbeit gebeugte Frau auf das Trümmerchaos rings um sie her.

Am Abend grub man die beiden Russen aus, die unter den Erdschollen erstickt waren. Sie boten einen grässlichen Anblick: ihre Gesichter aufgedunsen und schrecklich entstellt. Auch diese jungen Leute, beide in den Zwanzigern, hatte ich näher gekannt. Sie waren recht umgänglich gewesen und hatten gerne mit uns in schwäbisch-russischem Kauderwelsch geplaudert. Die toten Russen, alle drei aus der Gegend von Witebsk stammend, und der evakuierte Pforzheimer wurden in einem im Erdgeschoss des Nesper'schen Hauses gelegenen Raum aufgebahrt und an einem der folgenden Tage auf dem Affalterbacher Friedhof unter großer Anteilnahme ihrer Landsleute, aber auch der Wolfsölder Einwohnerschaft begraben. Eine Gedenkstätte an der Mauer des Friedhofs mit ihren Namen erinnert an Anna Bubenkova, Anna Dobrowljanina, Anatol Garbewitsch und Robert Katz. Die entstellten Gesichter der beiden Russen, die unter den Erdschollen einen grausamen Tod fanden, verfolgten mich noch lange.

Mitte April fing die Zündschnur einer an der Buchenbach-Eisenbahnbrücke angebrachten Sprengladung durch die Funken einer schadhaften Lokomotive Feuer. Die Sprengladung explodierte und beschädigte die Brücke. Die für den deutschen Nachschub nicht unwichtige Eisenbahnstrecke Backnang – Marbach – Bietigheim beziehungsweise nach Ludwigsburg war unterbrochen. Deutsche Pioniere reparierten in Tag- und Nachtarbeit die Brücke sehr rasch, wie wir Buben bei einer Erkundungstour durchs untere Buchenbachtal sehen konnten.

In den Tagen nach dem Jabo-Angriff auf Wolfsölden verstärkten die an Enz und Neckar stehenden amerikanischen und französischen Kampfverbände ihren Druck auf die deutschen Verteidiger. Die Amerikaner hatten am 12./13. April den Neckar bei Heilbronn überschritten, sich vollends des ganzen Hohenloher Landes bemächtigt, und stießen nun in breiter Front nach Süden vor. Die Deutschen leisteten nur noch geringen Widerstand.

Bereits im März hatte der im Herbst 1944 aufgestellte Volkssturm, zu dem ältere Männer, blutjunge Burschen und auch Kriegsversehrte herangezogen wurden, eine Panzersperre an der Erdmannhäuser Straße errichtet. Zusammen mit Angehörigen der Hitlerjugend musste dieses in Affalterbach wie in anderen Landgemeinden schlaffe, missmutige, buchstäblich letzte Wehraufgebot kurz vor dem Einmarsch der Amerikaner provisorische Feldstellungen über dem südlichen Murrtal anle-

Appell des Affalterbacher Volkssturms im Winter 1944/45.

gen. Die Feldstellungen waren derart dilettantisch geplant und ausgeführt – Schützenlöcher auf von allen Seiten einsehbarem freiem Ackerland, dass ihre Verteidigung der reine Wahnsinn gewesen wäre. Zum Glück kam es nie dazu.

Am Abend des 19. April, wiederum eines strahlenden Frühlingstages, brachte mein Vater Pferd und Wagen, die ihm der befreundete Böllenbodenhofbauer Gottlob Stooß kurzzeitig überlassen hatte, zurück. Ich begleitete ihn. Als wir den höchsten Punkt der Wolfsölder Gemarkung, die Hauptäcker, erreicht hatten, sahen wir nördlich und nordöstlich von uns auf den Höhen der Löwensteiner Berge und des Mainhardter Waldes an vielen Stellen Rauchschwaden von Granateinschlägen der amerikanischen Artillerie wie Pilze aus dem Boden schießen. Mein Vater meinte: »Jetzt kann es nicht mehr lange dauern, bis für uns der Krieg zu Ende ist.«

Als ich bei Onkel Hermann vorbeischaute, wo bereits erste Baumaßnahmen getroffen wurden, um das stark ramponierte Wohnhaus zu sichern, diskutierte man dort über die Rundfunkansprache von Reichspropagandaminister Dr. Josef Goebbels aus Anlass des 56. und letzten Geburtstags Hitlers am nächsten Tag, dem 20. April. Die von Goebbels, wenn auch in gedämpftem Ton, noch immer beschworene Siegeszuversicht wurde mit grimmigen Blicken und mit Kopfschütteln kommentiert. An einzelne Äußerungen vermag ich mich aber nicht mehr zu erinnern.

Am späten Nachmittag des 20. April hatte ich in Affalterbach etwas zu besorgen. Ich traf einige aufgeregte Bekannte. Kurz vorher war eine in der Nähe von Backnang abgefeuerte Granate in den Gärten beim Friedhof eingeschlagen. Glasscheiben waren zu Bruch gegangen. Neugierig wie ich war, schaute ich mir die Einschlagsstelle an, die etwa mit der einer kleinen Splitterbombe vergleichbar war. In Affalterbach wie in Wolfsölden begegnete ich auf dem Rückzug befindlichen deutschen Militärverbänden. Von ihnen hörte ich, dass sie sich rasch nach Südosten abzusetzen hätten, um so einer Einkesselung durch amerikanische und französische Truppen im Stuttgarter Raum zu entgehen. Am Abend hörten wir aus allen Richtungen Geschützdonner. Jabos überflogen den Ort. Das Geschützfeuer aus Richtung Winnenden verstärkte sich zunehmend und hielt längere Zeit an. Dann kehrte Ruhe ein. Die Front hatte uns überrollt, ohne dass wir bislang auch nur einen einzigen feindlichen Soldaten zu Gesicht bekommen hatten.

Einige Tage später erfuhren wir, dass die Amerikaner in Winnenden starke deutsche Kräfte vermuteten und dass sie deshalb die Stadt unter konzentriertes Artilleriefeuer genommen hatten. Erst als zwei beherzte Männer mit weißer Fahne in Hertmannsweiler dem Kommandeur der dortigen US-Fronttruppen mitteilten, dass sich in Winnenden kein deutsches Militär mehr befinde, und sie die Stadt übergaben, wurde das Feuer eingestellt. Durch Artilleriebeschuss hatten 21 Menschen ihr Leben verloren, eine größere Zahl von Gebäuden war schwer oder völlig zerstört, viele andere leicht beschädigt worden. Als ich mit dem Fahrrad einige Tage später in die Gmelin'sche Apotheke kam, um dort Medikamente für Eltern, Großeltern oder Nachbarn zu besorgen, sah ich das Ausmaß der Zerstörung in der Innenstadt.

Affalterbach wurde am 21. April um 16.30 Uhr von einer US-Kampfeinheit besetzt. Die feindlichen Soldaten verhielten sich korrekt, zu Kampfhandlungen kam es nicht. Wir in Wolfsölden harrten der Dinge, die da kommen sollten. Am Sonntag, dem 22. April, plagte meinen Freund Erich Schiedt und mich die Neugierde. Wir hatten gehört, dass Burgstall von starken US-Kräften besetzt worden war. Als wir aber dorthin kamen, erfuhren wir lediglich, dass die Amerikaner weitergezogen seien, der Gemeinde aber zur Auflage gemacht hatten, die von deutschen Truppen gesprengte Murrbrücke, über die die Straße nach Kirchberg führte, umgehend wenigstens behelfsmäßig wieder aufzubauen.

Auf Neben- und Schleichwegen trafen wir auf versprengte deutsche Soldaten, teils in Uniform, teils in Zivilkleidern, die sich der Gefangenschaft zu entziehen suchten. Trotz der Androhung strengster Strafen halfen ihnen die Menschen unserer Heimat nach Kräften, gaben ihnen vorübergehend Unterkunft und versorgten sie mit Lebensmitteln. Vielerorts stieß man auf weggeworfene Waffen und Ausrüstungsgegenstände.

Endlich am Montag, dem 23. April wurde auch Wolfsölden besetzt. Von Winnenden her fuhren zwei US-Panzerspähwagen in den Ort ein. An den aufmontierten Maschinengewehren standen nervös die Umgebung beobachtende Soldaten, die Hand am Abzug ihrer Waffen. Doch die gespannte Atmosphäre änderte sich rasch. In der Ortsmitte strömten die polnischen und russischen Arbeitskräfte zusammen, gaben sich als Angehörige verbündeter Völker zu erkennen und begrüßten ihre Befreier. Auch die Einheimischen gesellten sich dazu. Die ersten Zigaretten wurden verteilt und bald pafften Fremdarbeiter und Deutsche einträchtig nebeneinander, – ob es »Lucky Strike« waren, weiß ich nicht mehr. Die Stimmung entkrampfte sich weiter, als die 16-jährige Margarete Eckert erschien mit Gläschen auf einem Tablett und einer Flasche Schnaps, den sie als Willkommenstrunk anbot. Nachdem ihre Mutter und sie als erste getrunken hatten, schwand das

Misstrauen der US-Soldaten, und sie ließen sich gerne ein Gläschen Schnaps kredenzen. Der kommandierende Offizier, der Deutsch konnte, gab sich gelassen. Er ließ sich von Gotthilf Föll junior Angaben zu dem Luftangriff vom 16. April machen, der ihm offensichtlich peinlich war, zumal er sich ausschließlich gegen Zivilisten gerichtet hatte und drei der vier Todesopfer Russen gewesen waren. Auch interessierte ihn der provisorische Vorbau am Föll'schen Keller, der bei einem Fliegerangriff vor herabfallenden Ziegeln und vor Splittern schützen sollte. Nach einer Viertelstunde fuhren die Amerikaner wieder ab.

Eine kuriose Szene hat sich mir besonders eingeprägt: Als die beiden Panzerspähwagen in der Ortsmitte Halt machten, sah man in 30 bis 40 Metern Entfernung an einem großen Misthaufen vor dem Haus »vons Ernste«, also von Gotthold Häußermann, an der Straße nach Affalterbach vier oder fünf junge Leute in Arbeitskleidung stehen. Sie waren alle mit Mistgabeln bewaffnet, die sie zum Teil sehr ungelenk handhabten. Es waren deutsche Soldaten, die dort vorübergehend eine Unterkunft gefunden hatten. Alle betätigten sich eifrig am Misthaufen, bis die Amerikaner wieder abgezogen waren.

Am Abend fuhr ein US-Jeep, in dem der Bauer Eugen Schweitzer neben amerikanischen Soldaten saß, durch Affalterbach und wohl auch durch Wolfsölden, um die Bewohner nochmals eindringlich zur Abgabe von Waffen und Ferngläsern aufzufordern. Mein Vater hatte sich bereits zuvor der englischen Pistole entledigt, die er aus dem Ersten Weltkrieg mit nach Hause gebracht hatte. Er hatte sie in den Buchenbach geworfen. Unsere spätere Suche nach ihr blieb vergeblich. Die Fleisch- und Wurstdosen, die wir in der Scheune unter dem Heu versteckten, ebenso die Schnapsflaschen, die wir vorsichtshalber in unserem »Stürzenhaus« im Garten vergruben, konnten wir bald wieder herausholen und im Keller unterbringen. Das »Stürzenhaus« bestand aus Baumstützen, die man nach der Obsternte hausförmig rings um einen starken Baum zusammengestellt hatte. Es kam in Wolfsölden zu keinerlei Plünderungen oder Diebstählen in den ersten Nachkriegswochen. Die polnischen und russischen Arbeiter im Ort verhielten sich vorbildlich.

In Affalterbach blieb Bürgermeister Eugen Brodt noch einige Wochen im Amt. Er wurde dann von der Besatzungsmacht verhaftet und viele Monate in einem Internierungslager festgehalten. Die Festnahme dieses integren Mannes, der sich stets um die Wahrung von Recht und Gerechtigkeit in seiner Gemeinde bemüht hatte, empfand die Bürgerschaft als einen Willkürakt. Aber gegen die Direktiven der Besatzungsmacht war nicht anzukommen.

Die erste Nachkriegszeit

Ende 1940 zog der Stuttgarter Eugen Georg Wicker, der bei den Vereinigten Kugellagerfabriken in Stuttgart-Bad Cannstatt beschäftigt und dort Schriftleiter der Werkzeitung war, mit seiner Frau und drei kleinen Buben nach Wolfsölden und mietete hier eine Wohnung im Haus Lämmle, das Martha Beckert gehörte. Der noch recht jugendlich wirkende Mann fuhr von Burgstall aus mit der Bahn tagtäglich nach Cannstatt. Den meisten Wolfsöldern war der eher freundliche Neubürger, der gerne fotografierte und oft in Wald und Flur anzutreffen war, von Anfang an etwas suspekt. Manche vermuteten in ihm einen Gestapospitzel, und Leute wie mein Vater gingen auf Distanz zu ihm.

Nach Kriegsende war Wicker plötzlich der große Mann. US-Offiziere gingen bei ihm ein und aus. Die Wolfsölder erfuhren, er sei ein NS-Gegner, ja Widerstandskämpfer und politisch Verfolgter. Völlig überrascht waren daher die Alteingesessenen, als im August 1945 einige Jeeps in den Ort hereinfuhren, die schwer bewaffneten US-Soldaten absprangen und das Lämmle'sche Haus umstellten. Wicker, der irgendwie von der Aktion Wind bekommen hatte, gelang es in den Wald zu entkommen. Die männlichen Einwohner, auch wir jungen Burschen, mussten den Wald durchkämmen, um den Flüchtling dingfest zu machen. Dies misslang.

Soviel ich weiß, stellte sich Wicker aber kurz darauf freiwillig den Besatzungsbehörden.

Er wurde in das Internierungslager auf dem Hohenasperg gebracht. Allmählich wurde bekannt, dass es sich bei Wicker um einen ehemaligen Stuttgarter Kommunisten handelte, der, um seine Haut zu retten, als Spitzel der Gestapo eine größere Zahl seiner früheren Gesinnungsgenossen dem NS-Regime verraten hatte. Einige von ihnen hatten ihre langjährige KZ-Haft wider Erwarten überlebt und ihn jetzt aufgespürt.

Mit Spruch vom 20. Februar 1948 reihte die Spruchkammer des Internierungslagers Ludwigsburg Eugen Georg Wicker und ebenso seinen Bruder Alfons in die »Gruppe der Hauptschuldigen« ein. Beide wurden für die Dauer von zehn Jahren in ein Arbeitslager eingewiesen und ihr Vermögen eingezogen. Der streng katholisch erzogene Eugen Georg Wicker, geboren 26. Juli 1903 in Stuttgart, war, veranlasst durch seine Brüder Alfons und Richard, schon früh der KPD beigetreten. Von 1928 bis 1932 war er hauptamtlicher Kassier der KPD in Stuttgart und Hauptbuchhalter der Süddeutschen Arbeiterzeitung gewesen. Nach der NS-Machtergreifung 1933 hatte er dem illegalen Parteiapparat der KPD angehört, bis er verhaftet und für ein Jahr in das KZ Heuberg eingewiesen worden war. Nach seiner Freilassung hatte der württembergische Gestapochef Friedrich Mußgay, der nach dem Zweiten Weltkrieg im Gefängnis Selbstmord beging, durch massive Drohungen erreicht, dass er sich als Spitzel der Gestapo zur Verfügung stellte. Eugen Georg Wicker rettete seinen Bruder Alfons zweimal vor einem Hochgerichtsverfahren, seinen Bruder Richard und seine Schwester Elisabeth bewahrte er vor einem Sondergerichtsverfahren und vor dem Konzentrationslager. Auch sonst bemühte er sich, seinen Freunden zu helfen. Andererseits verloren durch seine Spitzeldienste zahlreiche seiner ehemaligen Gesinnungsgenossen ihr Leben oder wurden viele Jahre ihrer Freiheit beraubt. Unter ihnen befanden sich die Widerstandskämpfer Ewald Funke, der am 16. August 1937 vom Volksgerichtshof in Berlin zum Tod verurteilt und im Gefängnis Plötzensee hingerichtet wurde, und Max Stingel, der im gleichen Jahr im KZ Dachau ermordet wurde.

Indes brauchte Eugen Georg Wicker nur einen Teil seiner Arbeitslagerstrafe zu verbüßen. Durch Gnadenerweis des württemberg-badischen Ministerpräsidenten Dr. Reinhold Maier vom 20. Dezember 1949 wurde die »restliche Arbeitslagersühne ausgesetzt« und Wicker entlassen, wo er in Ludwigsburg in der Hohenzollernstraße 10 eine Wohnung bezog.

Eugen Georg Wicker kam nicht mehr nach Wolfsölden zurück. Auch seine Familie verließ wohl schon bald den Weiler. Über das Entnazifizierungsverfahren gegen ihn befinden sich im Staatsarchiv Ludwigsburg umfangreiche Akten (EL 903/4 Bü 154). Diese habe ich ausgewertet, weil ich zwar über den Gestapospitzel Wicker und sein Schicksal nach 1945 ziemlich gut Bescheid wusste, aber meine Feststellungen mit verlässlichen Daten und Fakten belegen wollte.

Kurze Zeit nach der Besetzung unserer Gegend durch US-Kampfverbände – es war sicher noch vor der bedingungslosen Kapitulation der Deutschen Wehrmacht – kam ich nach Backnang. Ich erlebte dort eine Demonstration militärischer Macht, wie ich sie nicht für möglich gehalten hatte. Der ganze Verkehr zwängte sich durch die Stadt, da die deutschen Truppen vor ihrem Rückzug neben den großen Eisenbahnviadukten bei Marbach und bei Waiblingen-Neustadt auch das Murrtalviadukt bei Backnang, über das die wichtige Reichsstraße, die heutige Bundesstraße 14, führte, in die Luft gesprengt hatten – nicht aber die unmittelbar zuvor wieder instandgesetzte kleine Buchenbach-Eisenbahnbrücke. Wie schon in Winnenden, das gleichfalls an dieser Fernstraße lag, sah ich riesige Fahrzeugkolonnen, Panzer, von Zugmaschinen gezogene schwere Geschütze, Versorgungs-LKW, eine vollständig motorisierte Armee mit Waffensystemen, die sich auf dem neuesten technischen Stand befanden. Ich erinnerte mich an die abgekämpften und ausgebluteten deutschen Kampfverbände, denen es an allem und jedem gefehlt hatte und die zuletzt fast nur noch Infanteriewaffen mit sich geführt hatten. So krass hatte ich mir den Gegensatz nicht vorgestellt. Ich war schockiert. Auch wenn mein Glaube an einen Sieg der deutschen Waffen und an das Feldherrngenie Hitlers schon längere Zeit erschüttert gewesen war, hatte ich doch noch bis Anfang 1945 auf eine Kriegswende zugunsten Deutschlands gehofft.

Die heile Welt, in der ich von 1933 bis 1945 in dem kleinen Dörfchen gelebt hatte, zerbrach. Ich erkannte, dass ich mich im Gegensatz zu meinen Eltern allzu lange von der infamen NS-Propaganda hatte betören lassen. Ein Abgrund der Unmenschlichkeiten tat sich vor mir auf. Unanfechtbare schriftliche Quellenzeugnisse sowie Bilddokumente, die jetzt zugänglich wurden, insbesondere über die tragischen Lebensschicksale von NS-Gegnern, die ihren Widerstand gegen die Hitler'sche Gewaltherrschaft mit oft jahrelangen teuflischen Quälereien, häufig genug mit dem Tod hatten büßen müssen, ließen keinen Zweifel daran, dass Deutschland zwölf Jahre von einem menschenverachtenden, verbrecherischen Regime regiert worden war, und dass dieses Regime schlimmstes Unheil nicht nur über das eigene Volk, sondern über die ganze Welt gebracht hatte. Zutiefst erschütterte mich die erbarmungslose Unterdrückung jeder politischen

Opposition, die rücksichtslose Durchsetzung der perversen NS-Rassenideologie, die Verfolgung und Vernichtung der europäischen Juden, wovon ich lediglich andeutungsweise einiges durch unseren Pfarrer Berner erfahren hatte. Ich wollte mich unserer jüngsten Vergangenheit stellen, die Gründe erkennen, die zur Etablierung des Hitler-Regimes geführt hatten und nach Kräften dazu beitragen, dass Recht, Gerechtigkeit und Menschenwürde in Deutschland nie mehr mit Füßen getreten werden würden. Hatte ich schon vorher an ein Geschichtsstudium gedacht, weil mich die Beschäftigung mit historischen Themen faszinierte, so wurde jetzt dieser Wunsch konkreter, drängender. Freilich, der Weg dorthin war noch weit.

Die Lektüre von historischen und literarischen Büchern füllte einen guten Teil meiner Abende und Wochenenden aus. Ein Glück, dass mich Pfarrer Berner weiterhin mit Lesestoff versorgte. Nachrichten und Vorträge im Rundfunk hörte ich ebenso. Die US-Besatzungsmacht war bereits wenige Wochen nach der Besetzung mit »Radio Stuttgart« und mit einem informativen Programm auf Sendung gegangen. Da ich mit unserem Radioapparat auch die BBC London hören konnte und diese für deutschsprachige Hörer einen Englischkurs sendete, konnte ich im Lauf des Sommers 1945 meine Englischkenntnisse verbessern.

Die Eltern erwarteten mit Recht, dass ich sie bei der Arbeit unterstützte und dass ich mich auch bei Nachbarn und Verwandten betätigte, wenn sie in der Heu-, der Öhmd-, der Getreideernte oder im Herbst Hilfe brauchten. Die Arbeit machte mir Freude, und ich konnte bereits in den letzten Kriegsjahren ein wenig Geld verdienen. Über 50 Pfennig Tagesverdienst und ein Vesper war ich glücklich. Im Juli und

August zog es mich in den Wald. In das um den Bauch gebundene zwei oder drei Liter fassende Milchkännchen pflückte ich Himbeeren und Brombeeren – vom Fuchsbandwurm wusste man damals noch nichts. Ich kannte die ergiebigsten Beerenplätze. Meine Mutter freute sich über die reiche Ausbeute und verarbeitete die Beeren zu Saft oder zu »Gsälz«. Während der Getreideernte brach ich, wenn mich die Eltern nicht brauchten, frühmorgens mit unserem Leiterwägelchen auf zum Ährenlesen und hielt viele Stunden selbst bei großer Hitze auf den Feldern aus. Allerdings hatte ich Konkurrenz: Frauen und Mädchen aus dem Kreis der evakuierten Städter, aber auch Frauen etwa aus dem nahen Winnenden waren bestrebt, mit Ährenlesen die damals bereits nicht allzu üppigen Brotrationen aufzubessern. Doch wir kamen gut miteinander zurecht. Einige Wolfsölder Bauern, so Eugen Kübler oder Gotthold Häußermann, Ernsts Sohn, schätzten meine Arbeit. Sie winkten mir zu, ich solle rasch kommen, dann nähmen sie es beim Rechen der Getreidefelder, die sie gerade abernteten, nicht so genau. Andere Landwirte hingegen erwiesen sich hier als äußerst kleinlich. Sie rechten lieber zwei- als bloß einmal hinter dem Garbenwagen her, damit ja keine Ähre und kein Strohhalm zurückblieben. Abends fuhr ich dann nach Hause: das Wägelchen vollbeladen mit kleinen Ährengarben oder -sträußen sowie mit einem prall gefüllten Säckchen abgebrochener Ähren. Das Lob, das ich von meinen Eltern, aber auch von Nachbarn erhielt, spornte meinen Eifer als Ährensammler noch an.

Viele Monate nach Kriegsende gab es keinen Unterricht. Als kräftiger und anstelliger 14-jähriger Junge galt ich als eine beinahe vollwertige Arbeitskraft. Wochenlang war ich bei meinem Onkel Hermann beschäftigt. Das bei dem Fliegerangriff am

16. April stark beschädigte Wohnhaus mit Laden und Poststelle sollte möglichst rasch wieder instandgesetzt werden. Das war ein hartes Stück Arbeit. Der gutmütige alte Maurermeister Wilhelm Fischer, der die Maurerarbeiten übernommen hatte, erkor mich zu seinem Handlanger. Ich hatte es nicht schlecht bei ihm. Auf dem Gerüst hatte ich ihm die zu vermauernden Backsteine zu reichen und für hinreichenden Nachschub an »Speis«, an Mörtel, zu sorgen. Fischers Durst war groß. Sein Verlangen nach einem neuen Krug mit Apfelmost drückte er mit den Worten aus: »Hermann, der Zehnezug isch na!« Am Nachmittag fuhren die Züge in immer dichterer Folge: »Hermann, dr Dreizug isch na, Hermann dr Viertelvierezug isch na, der Halbvierezug isch na!«

Eines Nachmittags trauten wir unseren Augen kaum: Wir rührten gerade neuen Mörtel an – alles geschah noch in Handarbeit –, da kamen vier, fünf Männer von der Winnender Straße her in SA-Uniformen anmarschiert. Lediglich die Hakenkreuzbinde fehlte. Die Schar gesellte sich zu uns, gab sich recht freundlich und ging, nachdem sie sich nach dem Weg in einen Nachbarort in gebrochenem Deutsch erkundigt hatte, weiter. Es waren Polen, die sich in einem im Januar/Februar 1945 eingerichteten Kleiderlager des so genannten NS-Volksopfers mit gespendeten SA-Uniformen neu eingekleidet hatten.

Die russischen Zivilarbeiterinnen und Zivilarbeiter, die in der Landwirtschaft und in der Industrie zwangsverpflichtet gewesen waren, wurden häufig gegen ihren Willen in ihre Heimat repatriiert. Dort erwarteten sie, weil sie in Hitler-Deutschland, wenn auch zum Teil zu menschenunwürdigen Bedingungen, tätig gewesen waren, langjährige Diskriminierung und nicht selten Straflager. Ein Teil der Polen zögerte, in ihre von der Sowjetunion beherrschte Heimat zurückzukehren. Die Westalliierten wiesen ihnen Lager für DPs, Displaced Persons, Zwangsverschleppte, zum Beispiel leer stehende Kasernen, zu. Dort harrten sie großenteils jahrelang aus, bis sie sich doch endlich zur Rückkehr nach Polen, zur Auswanderung nach Amerika oder zur endgültigen Niederlassung in Deutschland entschlossen. In Wolfsölden blieben zwei Polen noch etliche Jahre bei ihren seitherigen Arbeitgebern; sie emigrierten wohl Ende der vierziger Jahre nach Kanada. Leider gab es unter den polnischen DPs auch kriminelle Elemente. Sie überfielen im Sommer und Herbst 1945 Einzelhöfe und abseits von geschlossenen Wohngebieten befindliche Landwirtschafts- und Gewerbebetriebe. So suchten polnische Zwangsverschleppte im Mai den Birkachhof, die Wolfsölder Mühle sowie den Böllenbodenhof heim und raubten sie aus, ohne indes den Bewohnern Schaden zuzufügen.

Die Beschaffung von Baumaterialien verursachte einige Mühe. Da Onkel Hermann einen Fliegergeschädigtenausweis besaß und, was noch wichtiger war, Fleisch von seinen notgeschlachteten Kühen, Schnaps und in geringem Umfang Getreide und Kartoffeln als Tauschgegenstände anbieten konnte, vermochte er diesen Engpass etwas leichter zu überwinden. Einmal im Sommer fuhren wir mit dem LKW auch nach Stuttgart, um auf dem Trümmergrundstück von Bekannten von Tante Emma eine Ladung Backsteine zu säubern und nach Wolfsölden zu transportieren.

Mein Vater und ich bemühten uns über etwa drei Wochen hinweg, die beiden Bombenkrater auf dem gepachteten Acker in der Gruhe notdürftig einzuebnen. Ich bin heute noch stolz, dass uns dies gelungen ist. Zur Verfügung standen uns lediglich Hacken, Spaten, Schaufeln und ein Schubkarren. Es war ein hartes Stück Arbeit. Da es im ersten Nachkriegswinter keine Kohlenzuteilung gab, mühten wir uns im Gemeindewald beim Ausgraben der uns zugeteilten Wurzelstöcke (Stumpen) von Fichten und Buchen und bei deren Zerkleinerung, was zeitweilig beinahe unsere physischen Kräfte überforderte.

In der kleinen Landwirtschaft meiner Eltern hatte sich an der traditionellen Arbeitsweise nichts geändert. Die Handarbeit dominierte. Immerhin half hin und wieder ein Nachbar mit seiner Sämaschine und seinem Pferdegespann aus. Mein Vater hatte mir das Mähen mit der Sense beigebracht. Auch mit dem Kuhgespann lernte ich umzugehen. So konnte ich beim Futterholen, Heu- und Getreideeinfahren, beim Pflügen und Eggen helfen. Besonders angetan hatte es mir das Mähen mit der Sense. Ich schaffte es bald, beim Heugrasmähen meinen Vater »aus dem Mahden zu mähen«, das heißt, ihn beim Mähen zu überholen. Dies imponierte ihm, und er geizte ganz gegen seine sonstige Gewohnheit nicht mit Lob.

1945 war ein gutes Obstjahr. Dies erleichterte die schwierige Versorgungslage der Bevölkerung. Wie die anderen Nahrungsmittel unterlag das Obst strengem Bewirtschaftungszwang. Die Erzeuger hatten die nicht für den eigenen Bedarf benötigten Äpfel, Birnen, Zwetschgen und andere Früchte abzuliefern und erhielten dafür bestimmte Festpreise. In Wolfsölden fielen vor allem Äpfel an. Hierbei wurde zwischen Tafel- und Mostobst unterschieden. Mein Onkel Hermann, assistiert von meinem Vater, übernahm die Obstsammelstelle. Da sich beide Brüder mit dem damit verbundenen bürokratischen Schreibkram schwer taten, übertrugen sie diesen mir. Ich arbeitete mich rasch ein und fand Gefallen an der neuen Aufgabe, obwohl die sehr detaillierten Bewirtschaftungsvorschriften kaum Raum ließen für eigene Ideen zur Arbeitsgestaltung. Für drei Monate fungierte ich gewissermaßen als Leiter der Wolfsölder Obstsammelstelle. Es ist erstaunlich, wie schnell wir ein gutes Arbeitsteam wurden, vor allem welch großes Vertrauen die beiden Männer mir, dem 14-Jährigen, entgegenbrachten. Jedenfalls gab es nie ernsthafte Beanstandungen durch die Ablieferungspflichtigen und erst recht keine Streitereien.

Der Alltag änderte sich in Wolfsölden nach dem so genannten Umsturz nur wenig. Allgemein erleichtert war man, dass die Fliegerangriffe und Luftalarme der Vergangenheit angehörten, dass nach wenigen turbulenten Wochen der Unsicherheit die Besatzungsmacht und die von ihr eingesetzten Bürgermeister und Landräte die Lage einigermaßen im Griff hatten und ein erheblich höheres Maß an Ruhe und Ordnung herrschte als in den letzten Kriegsmonaten. Dies war nicht überall so, aber für unsere Gemeinde Affalterbach traf es zweifellos zu.

Die ersten Soldaten kehrten aus englischer und amerikanischer Kriegsgefangenschaft zurück. Das Schicksal vieler anderer Wehrmachtsangehöriger blieb im Dunkeln. Erleichtert war man, dass die Besatzungsmächte im Herbst 1945 den Briefverkehr ermöglichten und dass das Telefon gleichfalls wieder für private Nutzer zur Verfügung stand. Die ersten Briefe informierten darüber, ob entfernt lebende Freunde, Verwandte und Bekannte noch am Leben waren, und wenn dies der Fall war, wie sie das Kriegsende und die ersten Monate danach überstanden hatten. Erste Karten und Briefe von Kriegsgefangenen trafen ein. Von anderen Soldaten aus dem Kreis der Verwandten und Bekannten blieb das ersehnte Lebenszeichen aus. Sie mussten später für tot erklärt werden, so mein Vetter Fritz Bürkle aus Erbstetten, der seit Juni 1944 im Mittelabschnitt der damaligen Ostfront vermisst war. Über den Tod anderer berichteten heimkehrende Soldaten. Mein Vetter Walter Sauer aus Sulzbach an der Murr war auf der Flucht aus jugoslawischer Gefangenschaft beim Durchschwimmen eines Flusses ertrunken. Meine Tante Karoline, die ihren ersten Mann im Ersten Weltkrieg verloren hatte, erhielt diese Nachricht durch einen Kameraden, dem die Flucht gelungen war, wenige Tage bevor ihr zweiter Mann Karl, Walters Vater, im Kreiskrankenhaus Backnang an einer Blutvergiftung starb. Dem Todkranken verschwieg man das tragische Geschick des einzigen Sohnes.

Wieder Schule

Am 1. Oktober 1945 durften in dem kurz zuvor von dem US-Militärgouverneur General Dwight D. Eisenhower proklamierten amerikanischen Besatzungsland Württemberg-Baden die Volksschulen und die untersten vier Klassen der Oberschulen den Unterricht wieder aufnehmen. Zwei Monate später folgten dann auch die oberen Klassen der höheren Schulen. Zahlreiche Lehrer, die Mitglieder der NSDAP gewesen waren, blieben vom Dienst suspendiert. Besonders hart traf das vorläufige Berufsverbot den nominellen Partcigenossen Wilhelm Gaiscr. Er musste die Wolfsölder Schule, die ihre Selbstständigkeit zurückerhielt, bis zu seiner Entnazifizierung 1947 jungen Lehrerinnen, ehemaligen BdM-Mädchen, also ehemaligen Angehörigen der weiblichen Hitlerjugend, des »Bundes deutscher Mädchen«, überlassen. Diese waren unter die Jugendamnestie gefallen und brauchten deshalb die Prozedur der Entnazifizierung nicht über sich ergehen zu lassen. Wilhelm Gaiser musste sich mit seiner fünfköpfigen Familie, die sich durch seine in Heilbronn ausgebombten Schwiegereltern und seine Nichte Irene noch vergrößert hatte, kümmerlich durchschlagen. Im Ort empfand man die Suspendierung des engagierten Lehrers, der wenigstens mit den Seinen im Schulhaus wohnen bleiben durfte, als bitteres Unrecht, und man unterstützte die Familie Gaiser mit Lebensmitteln und verschaffte ihr Betätigungsmöglichkeiten.

Auch in der Marbacher Oberschule hatte sich manches verändert. Der seitherige Leiter, Dr. Albert Grau, befand sich im Internierungslager. Neuer Leiter der Schule wurde der bereits pensionierte Freudenstädter Oberstudiendirektor Dr. Richard Fener, dessen Frau von Marbach stammte. Dr. Fener, ein hervorragender Naturwissenschaftler, von dessen profunden Kenntnissen auf den Gebieten der Chemie, der Geographie und der Geologie wir viel profitierten, übernahm in unserer auf etwa 60 Schülerinnen und Schüler angewachsenen Klasse auch den Unterricht in Französisch. So sehr ich die französische Sprache liebte, bedauerte ich doch sehr, dass dafür der Lateinunterricht wegfiel. Englisch erteilte uns ein seitheriger Lehrer des Stuttgarter Karlsgymnasiums, Rudolf Wasser, Aqua genannt, ein Schwerkriegsbeschädigter des Ersten Weltkriegs. Mathematik lehrte uns weiterhin mehr schlecht als recht Alfred Reichert, der dazuhin noch bei uns den Physikunterricht übernahm. Deutschlehrerin war wie schon bisher die recht tüchtige, engagierte, aber herbe Dora Paufler. Viel lernten wir im Biologieunterricht bei dem gestrengen Dr. Friedrich Kipp, einem ausgezeichneten Kenner der Flora und Fauna unserer Heimat. Freude am Chorgesang vermittelte Ernst Gawehn, ein Ostpreuße. Leider war ihm das erforderliche Wissen in allen anderen Fächern während der langen Kriegszeit abhanden gekommen. So tat er sich schrecklich schwer mit Latein, das er in der Klasse über uns unterrichten musste, und im Geschichtsunterricht, den er bei uns zu geben hatte, schaute er häufig ängstlich zu mir herüber, weil er wusste, dass ich ihn mit meinen Kenntnissen in Verlegenheit bringen konnte. Unser Schulkamerad Manfred Böhm, der sich später für den Beruf des Schauspielers entschied, berichtete ihm einmal mit todernstem Gesicht in einer Geographiestunde, er habe gehört, dass es in Peru Messingbergwerke gebe. Herr Gawehn erwiderte: »Kann schon sein,

Jungs!« Erst als er unsere spitzbübische Heiterkeit bemerkte, wurde ihm sein Fauxpas bewusst, und er geriet in Rage. Ob ihm allerdings bewusst war, dass Messing eine Legierung aus Kupfer und Zink ist, bezweifle ich.

Unsere Klasse war eine schlimme Rasselbande und lag stets auf der Lauer, die Schwächen der Lehrer auszunutzen. Besonders Herr Reichert und Herr Wasser taten sich mit uns schwer. Das Verhältnis besserte sich erst 1947/48, als unsere Klasse auf etwa die Hälfte ihres Bestands von Anfang 1946 geschrumpft war, wir über manche Kindereien hinausgewachsen waren und sich auch die Lehrer bemühten, uns unserem Alter entsprechend zu behandeln. Jedenfalls habe ich die sechste Klasse, die Abschlussklasse in Marbach, und die Mittlere-Reife-Prüfung in guter Erinnerung.

Unsere Marbacher Schulzeit beendeten wir im Sommer 1948 mit einem Ausflug auf den Stocksberg. Herr Dr. Fener, der den Oberstudiendirektor abgelegt hatte und sich sehr kameradschaftlich gab, führte die muntere Schar an. Er war körperlich auch als Endsechziger noch sehr leistungsfähig. Auf seine Empfehlung gingen wir auf den Hügelpfaden zeitweilig barfuß. Dr. Fener liebte die Natur, war empfänglich für die schöne Landschaft, die wir durchwanderten, und wir erfuhren viel Wissenswertes über Geologie, Mineralogie, Tier- und Pflanzenkunde. Vom Stocksberg, auf dem wir Mittagsrast machten und wo uns Dr. Fener mit Dörrobst versorgte, hatte man eine herrliche Aussicht über unsere Heimat: Mainhardter Wald, Welzheimer Wald und Löwensteiner Berge. Bis Beilstein waren wir mit dem Bottwartalbähnle, dem Esele, gefahren. Auf dem gleichen Weg ging's dann am Abend wieder nach Marbach zurück. Dr. Fener, dereinst Reserveoffizier (Pionierhauptmann), traf auf dem Beilsteiner Bahnhof vor

Vor der Marbacher Oberschule im Winter 1947/48.

der Rückfahrt einen Kriegskameraden aus dem Ersten Weltkrieg, den er viele Jahre nicht mehr gesehen hatte.

Dankbar bin ich für den kameradschaftlichen Geist unserer Marbacher Klasse; er hat sich bis heute erhalten. Einige Klassenkameraden sind mir liebe Freunde geworden. Leider hat der Tod unsere Reihen bereits stark gelichtet.

Geschummelt haben wir oft. Wenn wir schwächeren Mitschülern helfen konnten, nahmen die Begabteren und Fleißigeren manches Risiko auf sich. Erwischt wurden wir selten, waren wir doch mit unseren Tricks recht einfallsreich und erfinderisch. Beispielsweise wussten wir, wo Dr. Fener unsere Französisch-Klassenarbeiten verwahrte. Sobald wir nun eine Arbeit geschrieben hatten, baten wir den »Chef«, er möge uns doch unter dem Mikroskop oben im Rektorat aufschlussreiche chemische Vorgänge beobachten lassen. Dr. Fener freute sich über unser Interesse und erfüllte unseren Wunsch umgehend. Einer nach dem anderen stieg die Treppe zum Dachgeschoss hinauf. Wer wusste, dass er die Französisch-Arbeit vermasselt hatte, bewaffnete sich mit seinem Schreibzeug und eliminierte in seinem Klassenarbeitsheft einige Fehler. Der »Chef« war sehr angetan, dass wir uns so viel Zeit für das Mikroskop nahmen und lobte uns.

Ein Eigentor schoss die Schule im Sommer 1946 oder 1947. In unserer Klasse war ein Stuhl zertrümmert worden. Der Schuldige wurde aufgefordert, sich zu melden. Vergebens. Da wir Auswärtigen uns während der Mittagszeit im Klassenraum aufgehalten hatten, fiel der Verdacht auf uns. Allein, es war keiner von uns gewesen, deshalb konnte sich auch keiner zu der Freveltat bekennen. Der Direktor ordnete an, dass die Auswärtigen während des Unterrichts so lange zu stehen hätten, bis sich der Übeltäter zu erkennen gäbe.

Unsere Stühle wurden entfernt, und wir mussten während der Schulstunden stehen. Einige Marbacher Schulkameraden brachten von zu Hause Stühle mit, damit wir Auswärtigen abwechselnd sitzen konnten. Nach zwei Wochen lenkte die Schulleitung ein. Neben Protesten der Eltern, die auf die damalige schlechte Versorgungslage mit Nahrungsmitteln hinwiesen, war es vor allem die Einsicht, dass sich im Stehen keine Klassenarbeiten schreiben ließen. Wir bekamen unsere Stühle zurück. Für uns war dies eine Lehre. Als wieder einmal ein Stuhl zu Bruch ging, heizten wir – es war Winter und kalt – kurzerhand den Ofen mit dem Holz. Der Stuhl war und blieb verschwunden. Bei anderer Gelegenheit krachte wieder ein Stuhl zusammen. Einer von uns packte das ruinierte Möbelstück und brachte es zum Hausmeister Kurtz, der gerade eine Stuhllieferung von der Firma Albrecht und Mammele in Empfang nahm. »Schauen Sie«, sagte der Klassenkamerad zu Herrn Kurtz, »solche schadhaften Stühle bekommen wir.« Der Hausmeister war empört, gab den Stuhl an die Firma zurück, und wir erhielten einen neuen.

Den Schulweg nach Marbach legte ich meist mit dem Fahrrad zurück. Bei den schlechten Reifen und Schläuchen, die man damals, und zwar ausschließlich auf Bezugsschein kaufen konnte, hatte ich oft einen »Platten«. Der mir sehr gewogene Inhaber der Fahrradreparaturwerkstatt Kunz beim Bahnhof half mir wiederholt aus der Klemme. Er brachte meinen fahrbaren Untersatz auch wieder in Ordnung, als sich einmal kurz vor seinem Geschäft das Vorderrad selbstständig machte und ich gerade noch rechtzeitig abspringen konnte. Manchmal radelte ich auch mit Martin und Gerhard Föll, Rudi Kübler und Helmut Gaiser gewissermaßen im Konvoi zur Schule. Unvergesslich ist mir ein heißer Sommertag im

Jahr 1948. Ich fuhr schwitzend und durstig durch Affalterbach. Eine alte Frau, die an der Winnender Straße ein kleines Haus bewohnte, ihren einzigen Sohn im Krieg verloren hatte, meist mürrisch-abweisend dreinschaute, rief mir zu: »Bue, steig a und trenk en Moscht! Du verschmachtescht jo!«

Ich stieg ab, lehnte mein Fahrrad an ihre Hauswand und trank den mir freundlich angebotenen Apfelmost. Anschließend wechselte ich einige Worte mit der alten schwarz gekleideten Frau, bedankte mich und fuhr vollends nach Hause. Wenn ich später an ihrem Haus vorbeikam und sie sah, habe ich sie stets gegrüßt, und sie hat mir freundlich gedankt. Sie ist schon bald darauf gestorben. Ihr Haus steht noch, ebenso ihr Scheuerlein. Das Anwesen wird heute von einem befreundeten Altersgenossen und seiner Frau bewohnt. Wann immer mich mein Weg dort vorbeiführt, sehe ich die verbitterte alte Frau vor mir und denke an ihre liebenswürdige Geste.

Den Winter über benützten wir jetzt zur Fahrt in die Schule meist den Omnibus von Karl Ziegler in Affalterbach: einen mit Dach und Holzbänken versehenen LKW.

In der Marbacher Oberschule hatte ich mit meinen Leistungen mühelos einen Spitzenplatz erlangt, ohne deshalb ein Streber zu sein, wie mir meine Schulkameraden bestätigten. Meine Schwachpunkte waren weiterhin Musik und Sport. Auch die bildende Kunst lag mir nicht sonderlich. Doch brachte ich in diesem Fach stets passable Noten nach Hause. Mein Vater unterschrieb mein Zeugnis meist wortlos. Der Inhalt interessierte ihn wenig. Einmal fiel sein Blick auf das »ausreichend« in Musik. »Du wirst auch immer schlechter«, brummte er. Die »sehr gut« und »gut«, die nicht ganz selten waren, übersah er. Meine Mutter war über meine Zeugnisnoten besser im Bild. Sie vermochte sie richtig einzuordnen, und sie stärkte mir den Rücken, wenn mein Vater wieder einmal mit dem »Faulenzer« unzufrieden war, den er »da nachziehe«. Ihm wäre auch jetzt noch sehr viel lieber gewesen, ich hätte der Schule Adieu gesagt und mich für einen handwerklichen Beruf entschieden. Wiederholt äußerte er mit Blick auf mich, aber auch auf andere »Schreibtischtäter«: »I halt von älle nex, die mit em Bleistift schaffet.«

Da war mein praktisch veranlagter, technisch begabter Bruder Alfred besser dran. Er begann nach seiner Entlassung aus der Volksschule eine Ausbildung als Baum- und Landschaftsgärtner. Ich habe indes keinen Grund, mich über meinen Vater zu beklagen. Er hatte, obwohl er leicht in Rage geriet, ein recht schwaches »Nervenkostüm« hatte, seine Nächsten mitunter arg heruntersetzte und gerne Kraftausdrücke gebrauchte, viele gute Eigenschaften. Er war sehr arbeitsam und zuverlässig, hatte in politischen Dingen ein sicheres Urteil. Mir gefiel besonders seine Kameradschaftlichkeit, eine Errungenschaft bitterer Kriegserfahrungen. Zwischen uns kam es nie zu einem schlimmeren Streit. Ereiferte er sich über meine Person, schaute ich ihm lachend ins Gesicht und sagte: »I woiß scho Vatter, i be a Faulenzer ond a Dagdieb.«

Dann musste auch er lachen, oder er äußerte grollend: »Du mit deim freche Maul«. Das Kommandieren liebte er über alles. Dabei hatte er es beim Militär bloß bis zum Gefreiten gebracht. Meine Mutter folgte willig, ja allzu willig seinen Befehlen. Oft hörte man aus der Scheune oder aus dem Stall: »Weib komm!« oder »Mene komm!« und sie kam eilends. Mein Bruder Alfred hat den väterlichen Befehlston geerbt. Ich zucke zusammen, wenn er ihn mir gegenüber – was in letzter Zeit allerdings selten ist – anwendet, doch dann erinnere ich mich an längst vergangene Zeiten und lasse es über mich ergehen.

Mit meinen seitherigen Spielgefährten verband mich auch nach Kriegsende eine enge Freundschaft. Wir gestalteten häufig unsere Sonntagnachmittage gemeinsam. Der Wald und das Buchenbachtal übten weiterhin eine starke Anziehungskraft auf uns aus. Im Frühsommer 1946 erkundeten wir einmal die Häldenhöhle am oberen Abhang des nördlichen Murrtals westlich von Burgstall. Mit Hilfe eines Seils und einiger Talglichter tasteten wir uns durch Wasser und Geröll tiefer in die Höhle vor. Ich weiß nicht mehr, ob es zehn oder 15 Meter waren. Jedenfalls gehörte unsere Höhlenerkundung zu den interessantesten Erlebnissen der ersten Nachkriegsjahre.

In engem Kontakt blieb ich mit Pfarrer Berner. Leider enttäuschte ich ihn, weil ich seinen Wunsch, Theologie zu studieren, nicht erfüllte. Ich legte zwar auf dem Dulkhäuschen bei Esslingen im Rahmen einer von der Landeskirche veranstalteten vierzehntägigen Freizeit den ersten Teil des so genannten Landexamens ab, zog dann aber meine Bewerbung um die Aufnahme in eines der vier damaligen niederen evangelisch-theologischen Seminare zurück.

An diese Freizeit erinnere ich mich im Übrigen nicht nur wegen des durch die Sommerhitze verdorbenen, abscheulich schmeckenden Eintopfs aus amerikanischen Armeebeständen, sondern vor allem wegen erlebnisreicher Tage im ersten und einzigen Zeltlager meines Lebens, die Dr. Alfred Zechnall zu verdanken sind. Mir widerstrebte eine Heimschule. Auch ließen sich meine ausgeprägt historisch-geisteswissenschaftlichen Interessen nur schwer mit dem Pfarrberuf vereinbaren.

Schon bald nach Kriegsende begann der Mittsiebziger Johannes Berner zu kränkeln. Um ihn zu entlasten, wurde Pfarrverweser Theo Sorg, der Vater des späteren württembergischen Landesbischofs, mit der seelsorgerischen Betreuung der Gemeinde beauftragt. Sorg, selbst Gemeinschaftsmann, erlangte in pietistischen Kreisen, doch auch sonst in Affalterbach und Wolfsölden große Beliebtheit. 1947 trat an seine Stelle der 36-jährige Gerhard Schmitthenner, ein engagierter Theologe, der sich am Anfang in der Gemeinde nicht leicht tat. Schmitthenner verstand sich gut mit der Jugend. Unter seiner Leitung führten wir in der Kirche wiederholt Laienspiele auf, die bei den Gemeindemitgliedern großen Anklang fanden. Da ich leicht auswendig lernte, übernahm ich meist Hauptrollen. Ob ich allerdings schauspielerisches Talent besaß, wie ich immer wieder schmeichlerisch zu hören bekam, wage ich zu bezweifeln.

Im Sommer 1948 starb Pfarrer Johannes Berner. Sein Tod ging mir sehr nahe. Ich habe diesem großartigen Mann, der in fortgeschrittenen Jahren wegen gewisser Eigenheiten oft belächelt wurde, viel zu verdanken. Jeder, der ihn näher kannte, versagte dem unerschrockenen Streiter für Recht und Gerechtigkeit den Respekt nicht.

Obwohl ich 20 Jahre jünger als Gerhard Schmitthenner war, wurden wir im Lauf der Zeit Freunde. Manche Abendstunde brachte ich im Gespräch mit ihm über politische und zeitgeschichtliche Themen zu. Ich nahm zwar politisch einen sehr viel gemäßigteren Standpunkt ein als er, dennoch verstanden wir uns gut. In Affalterbach blieb nicht verborgen, dass ich mich häufig bei Pfarrer Schmitthenner aufhielt. Einmal sprach mich Herr Wölfenbach, der in Affalterbach stationierte Landespolizeibeamte, an: »Herr Sauer, das Licht an ihrem Fahrrad hat gestern abend nicht funktioniert. Ich hätte Sie angehalten, aber als ich sah, dass Sie zum Pfarrhaus fuhren, habe ich von einer Beanstandung abgesehen.«

Pfarrer Schmitthenner ging, wenn es sein musste, mitunter auch unkonventionelle Wege. So marschierte er im Frühjahr 1948, als es um die Wiederbeschaffung von zwei im Krieg beschlagnahmten Glocken ging, mit einem mehrere Liter fassenden Milchkännlein von Bauernhaus zu Bauernhaus, um Schnaps zu erbitten. Der Liter Schnaps erzielte damals auf dem Stuttgarter Schwarzmarkt Preise von mehreren hundert Reichsmark. Kirchengemeinderäte verkauften den gespendeten Schnaps dann in Stuttgart. Der dabei erzielte Erlös konnte selbst nach Abwertung der seitherigen RM-Währung in der bevorstehenden Währungsreform immer noch als Anzahlung für neue Kirchenglocken dienen.

Theo Sorg hat meine Großmutter Marie Sauer im August 1946 und Gerhard Schmitthenner meinen Großvater Christian Sauer im Juni 1948 beerdigt. Meine Großmutter hat fast bis zu ihrem Tod unverdrossen im Haus gearbeitet und ihren Mann sowie ihren ledigen Sohn Albert »bekocht« und lange auch noch für sie gewaschen. Sie hatte ein hartes, entbehrungsreiches Leben mit einem Übermaß an Arbeit. Dennoch klagte sie wenig. Über die Besuche von Kindern und Enkeln freute sie sich stets.

Mein Großvater Christian Sauer wollte während der letzten zehn Jahre seines Lebens buchstäblich jeden Tag sterben. Kam man zu ihm, so stöhnte er: »Heut' isch mei schlechteschter Dag.« Und als er dann hochbetagt starb, wollte es niemand glauben. Zweifellos hatte er jahrzehntelang mancherlei Beschwerden zu ertragen, aber er war wehleidig und auf die eigene Person fixiert. Im Juni 1948, 85-jährig, starb er. Er hatte einen leichten Tod. Bei seiner Beerdigung auf dem Affalterbacher Friedhof wurde großzügig geopfert. Denn zwei Tage nach der Trauerfeier für unseren Großvater wurde mit der Währungsreform die völlig zerrüttete Reichsmarkwährung »zu Grabe getragen«. An ihre Stelle trat die Deutsche Mark, die heute schon legendäre DM; sie gab mit den Anstoß zu einem stürmischen wirtschaftlichen Wiederaufstieg Westdeutschlands, von dem alle Volksschichten profitierten.

Um die Jahreswende 1945/46 langten die ersten Heimatvertriebenen in Wolfsölden an. Es war dies die bessarabiendeutsche Familie Krüger. Sie verfügte noch über Pferde und Wagen. Im alten Traub'schen Anwesen in der Ortsmitte wurde sie untergebracht. Anpassungsschwierigkeiten gab es kaum, da die Krügers ein unverfälschtes Schwäbisch sprachen und evangelisch waren. Im Lauf des Jahres 1946 wurden dem Ort zahlreiche weitere Heimatvertriebene zugewiesen. Es handelte sich überwiegend um katholische Sudetendeutsche, die nur noch im Besitz der notdürftigsten persönlichen Habe waren. Anfänglich gab es erhebliche Spannungen, weil sich die wenigsten Häuser für die Aufnahme ganzer Familien eigneten. In manchen kleineren Häusern bereitete sogar die Aufnahme von Einzelpersonen Schwierigkeiten. Doch der Gemeinde war ein bestimmtes Aufnahmesoll auferlegt, und dieses musste erfüllt werden. Zusätzliche Probleme verursachte die den Einheimischen fremde Lebensart und die Zugehörigkeit der meisten »Flüchtlinge« zur römisch-katholischen Kirche. Auch wenn sich Vorurteile auf beiden Seiten zäh hielten, so genannte Mischehen beispielsweise zunächst auf wenig Verständnis stießen, gewöhnte man sich mehr und mehr aneinander. Das gegenseitige Verständnis wuchs, zumal die Heimatvertriebenen dort, wo es Not tat, mit anpackten, am örtlichen Geschehen Anteil nahmen und sich um Arbeitsplätze in Industrie, Handwerk und Handel in den benachbarten Städten Backnang, Marbach und Ludwigsburg sowie im Großraum Stuttgart bemühten. Der entscheidende Brückenschlag aber erfolgte durch die Kinder und Jugendlichen. Die Kinder spielten miteinander, besuchten dieselbe Schule, die Jugendlichen hatten gleiche Interessen, waren Mitglieder in denselben Vereinen und freundeten sich auch sonst an.

Die entscheidende Wende brachte dann die Währungsreform im Juni 1948. Die Heimatvertriebenen erhielten die Chance, gesicherte Existenzen aufzubauen. Und es geschah Erstaunliches. Am so genannten Wirtschaftswunder der frühen fünfziger Jahre kam den »Neubürgern« ein wesentlicher Anteil zu. Aus Wolfsölden wanderten manche »Flüchtlinge« ab, weil sich ihnen anderwärts, so in den Städten, größere wirtschaftliche Möglichkeiten boten, andere jedoch blieben oder zogen neu hier zu. Sie alle wurden zu Wolfsöldern.

Die meisten Evakuierten aus Stuttgart und anderen größeren westdeutschen Städten kehrten mit wenigen Ausnahmen bald nach Kriegsende dorthin zurück. Enge menschliche Kontakte blieben bestehen, so zwischen unserer Familie und Frau Lieb und ihren Verwandten, deren Vorfahren zum Teil von hier stammten. Frau Lieb lud mich öfters nach Stuttgart ein, und sie lieh mir Bücher der Fachbereiche klassische Philologie und Geschichte aus dem Nachlass ihres früh verstorbenen Mannes, der Redakteur gewesen war; einen Teil seiner Bücher schenkte sie mir auch. Meinen Wunsch, einmal Geschichte zu studieren, unterstützte sie nachdrücklich. Auch beeinflusste sie meinen Vater, der große Stücke auf sie hielt, in dieser Richtung. Leider starb sie bereits in den fünfziger Jahren.

Unter den wenigen in Wolfsölden noch längere Zeit nach Kriegsende verbliebenen Evakuierten befand sich die Familie Ries aus Pforzheim. Es waren eigenartige Menschen. Soviel ich weiß, ging Herr Ries keiner geregelten Tätigkeit nach. Das Ehepaar wohnte zunächst noch mit den Eltern Ries in einem kleinen Nebengebäude am Neuen Weg gegenüber der Mühle. Mein Freund Erich Schiedt merkte rasch, dass die Ries sehr schreckhaft waren, und es machte ihm Spaß, sich einen Mehlsack überzustülpen und sich am Abend, meist noch am hellen Tag mit unheimlichem Gebrüll als Geist oberhalb der Ries'schen Wohnung zu präsentieren. Herr Ries traute sich nach Sonnenuntergang kaum noch aus dem Haus. Als ich ihn einmal auf dem Weg zu unserem Badeplatz zu abendlicher Stunde traf, warnte er mich vor dem Geist, und in der Tat, am Neuen Weg zeigte sich ein prall gefüllter Mehlsack, der hin- und hertorkelte und unartikulierte Schreie ausstieß. Indes flog der »Spuk« bald auf. Die Idee mit dem Sack-Geist war allzu plump, so dass selbst Herr Ries dahinterkam.

Einige Zeit später warf Erich im Übermut und zugleich aus Verärgerung darüber, dass das Ehepaar Ries seine geringe Miete nicht bezahlte, wahrscheinlich nicht bezahlen konnte, in der Wohnung Ries mit einem Stein ein Fenster ein. Herr Ries war zu Recht erbost und zeigte seinen Hausbesitzer an. Es kam zu einer Verhandlung vor dem Marbacher Amtsgericht. Amtsgerichtsrat Otto Kleinknecht wandte sich an den Angeklagten: »Herr Schiedt, was haben Sie zu Ihrer Verteidigung zu sagen?« Erich antwortete prompt: »Herr Amtsgerichtsrat, I werd' doch no in meim eigene Haus d'Fenschterscheib neischmeiße derfa.« Es gab kaum enden wollendes Gelächter der zahlreich erschienenen Zuhörer. Amtsgerichtsrat Kleinknecht: »Jetzt machet, dass Ihr zom Teifel ganget, wenn aber nomol dz Grengscht passiert, no stroof i Euch gottsallmächtich!« Herr Kleinknecht hat mir die Geschichte selbst erzählt.

Es war wohl gleichfalls in dieser Zeit, als Erichs Schwester Hilde feststellte, dass ihre Hühner immer weniger Eier legten. Sie hatte einen Verdacht, und Erich stellte die Marderfalle. Am nächsten Morgen schreckliches Wehgeschrei. Frau Ries kam hinter dem Hühnerstall hervor mit der zugeschnappten Marderfalle am Arm. Erich fragte erstaunt: »Aber, Frau Ries, was isch denn Ehne passiert?«

»Bitte, Herr Schiedt, befreiet Se me von der Marderfalle!«

»Ja, des tät i gern. I woiß aber net, ob i dozu de richtige Schlüssel hau. Wartet Se, i guck noch oim.«

»Bitte, Herr Schiedt, schnell. S tut furchtbar weh!«

Inzwischen hatten sich einige Landwirte und andere Schaulustige eingefunden. Auch Herr Gaiser war aufmerksam geworden und rückte mit einer Schülerschar an. Als nun genug Öffentlichkeit versammelt war, öffnete Erich mit einem Handgriff die Falle. Frau Ries war frei und verschwand mit lädiertem rechtem Arm und hochrotem Gesicht in ihrer Wohnung. Bald darauf verließ das Ehepaar Ries Wolfsölden. Die Geschichte gelangte in die Presse, und Erich war für einige Zeit der Mardermüller von Wolfsölden.

Der Mehlsackgeist war übrigens nicht die einzige Spukgeschichte, die in der Gemeinde in den Nachkriegsjahren einiges Aufsehen erregte. Es war wohl um die Jahreswende 1948/49, als ich in irgendeiner Angelegenheit Pfarrer Schmitthenner sprechen wollte oder sollte. Nachdem ich das Pfarrhaus betreten hatte und mich dem Studierzimmer näherte, hörte ich laute Stimmen. »Aber, Herr Rapp, ich kann das nicht glauben. Ihnen ist ein übler Streich gespielt worden.« »Nein, Herr Pfarrer, i be felsefescht davo iberzeigt, des isch a Goischt gwä, ond i woiß au, wer des gwä isch, di kirzlich verstorbene jonge Frau ...«

Der Pfarrer vermochte den Totengräber Hermann Rapp nicht davon zu überzeugen, dass er einer Täuschung aufgesessen war. In Affalterbach machte die Spukgeschichte die Runde, und nicht wenige Einwohner hielten die Geschichte, dass Rapp zu mitternächtlicher Stunde vor dem Friedhof auf dem Weg vom Wirtshaus nach Hause ein Geist erschienen sei, für durchaus glaubhaft, und sie brachten sie ebenfalls mit der kurz zuvor verstorbenen jungen Frau in Verbindung.

Wenige Tage später aber sickerte die Wahrheit durch, weil einige jüngere Männer, die den Spuk inszeniert hatten, den Mund nicht halten konnten. Herr Rapp hatte die Gewohnheit, spätabends, wenn er nach Hause ging, zu prüfen, ob das Friedhofstor verschlossen war und ob auch sonst alles seine Ordnung hatte. An jenem Abend war nach Absprache ein junger Mann, nachdem Rapp zu mitternächtlicher Stunde das Wirtshaus – es war wohl das »Jägerstüble« – verlassen hatte, schnell den Fußweg an der Friedhofsmauer entlang geschlichen, hatte sich kurz vor dem Friedhofstor ein Leintuch übergeworfen und hatte, als Rapp schleppenden Schritts erschien, unter dem weißen Leintuch eine Taschenlampe angeknipst. Nach dieser Enthüllung gab es befreiendes Gelächter in ganzen Ort.

Nach der Verhaftung und Internierung von Bürgermeister Eugen Brodt wurde Landwirt Richard Häußermann als kommissarischer Bürgermeister in Affalterbach eingesetzt. Richard Häußermann war ein führendes Mitglied der Hahn'schen Stunde und ein allgemein respektierter integrer Mann. Ihn löste im März 1946 der erste gewählte Nachkriegsbürgermeister Richard Rößle ab, ein Schwerkriegsbeschädigter. Zwei Jahre danach betraute dann die Bürgerschaft den inzwischen »entnazifizierten« Eugen Brodt wieder mit dem Amt des Gemeindevorstehers. In Wolfsölden wurde Adam Thumm, gleichfalls ein Stundenmann, zum kommissarischen Anwalt bestellt. Ihm folgte einige Jahre später Landwirt Robert Häußermann.

Die erste Nachkriegszeit mit ihrer großen Zahl kaum zu bewältigender Probleme stellte an die verantwortlichen Männer in der Gemeinde hohe Anforderungen, so die bereits erwähnte Unterbringung der Heimatvertriebenen, die der Gemeinde zugewiesen wurden, die Durchführung der dringendsten Bau- und Reparaturmaßnahmen, obwohl die dazu erforderlichen Baumaterialien kaum zur Verfügung standen, die Versorgung der Bevölkerung mit Nahrungsmitteln und mit Gütern des täglichen Bedarfs, die komplette Erfassung der Agrarerzeugnisse und anderes mehr. Es war eine Sisyphusarbeit. Erst mit der Währungsreform im Juni 1948 trat ein grundlegender Wandel ein.

Orte wie Wolfsölden wurden in den ersten Nachkriegsjahren von Städtern überlaufen, die die kümmerlichen Lebensmittelrationen ihrer Familien durch die Bezahlung hoher RM-Beträge, vor allem aber durch das Angebot von Sachwerten aufzubessern suchten. Das Tauschgeschäft blühte. Doch es wurde auch oft selbstlos geholfen. Vor allem taten Notleidende aus der Stadt selten eine Fehlbitte, wenn sie sich an Verwandte oder Bekannte wandten.

Gegen die rigorose Abgabeverordnung und Bewirtschaftung sämtlicher Agrarerzeugnisse sowie die strenge Beaufsichtigung der den »Selbstversorgern« zugestandenen Hausschlachtungen regte sich der Widerstand. »Schwarzschlachtungen« häuften sich. Nachbarn und Freunde wussten davon und hielten dicht.

Einmal allerdings wurde eine Nachbarsfrau bei einer Schwarzschlachtung in flagranti ertappt. Das Kesselfleisch brodelte bereits im Waschkessel hinter dem Wohnhaus, als der zuständige Polizeibeamte auf einem Kontrollgang erschien. Man versuchte, ihn durch ein Stück Fleisch von einer Anzeige abzuhalten, aber der Mann tat seine Pflicht, obwohl er und seine Familie Hunger litten und ihnen ein Stück Fleisch höchst willkommen gewesen wäre. Das geschlachtete Schwein wurde beschlagnahmt, die Bauersfrau zu einem Monat Gefängnis verurteilt. Ihre Strafe saß sie im Amtsgerichtsgefängnis Marbach ab. Es wurde für sie eine recht erholsame und kurzweilige Zeit. Sie nahm ihr Strickzeug und andere Handarbeitssachen mit. Die Vollzugsbeamten behandelten sie nachsichtig. So durfte sie auch Besuch empfangen. Der ganze Ort bedauerte ihr Missgeschick. Ihr guter Ruf litt durch die Gefängnisstrafe nicht im Geringsten. Ihre Mitbürgerinnen und Mitbürger waren sich bewusst, dass sie gewissermaßen stellvertretend für sie alle gebüßt hatte.

Im Friedrich-Schiller-Gymnasium in Ludwigsburg

Anfang September 1948 betrat ich erstmals das Gebäude des renommierten Friedrich-Schiller-Gymnasiums in Ludwigsburg. Ich wurde Schüler der Klasse 7a dieser Schule. Außer mir hatte sich von unserer früheren Marbacher Klasse lediglich Wolfgang Kußmaul für das Schiller-Gymnasium entschieden. Alle anderen Marbacher Schulkameradinnen und Schulkameraden, die das Abitur anstrebten, hatten das Mörike- oder das Goethe-Gymnasium in Ludwigsburg gewählt. Ich hätte einen erheblich kürzeren Schulweg gehabt, wenn ich meine Schulausbildung in Backnang fortgesetzt hätte. Aber das Backnanger Gymnasium bot als zweite Fremdsprache in meiner Altersgruppe Französisch an. Ich aber benötigte für ein späteres Geschichtsstudium und Wolfgang Kußmaul für ein späteres Medizinstudium das Große Latinum, und das Schiller-Gymnasium in Ludwigsburg war die einzige höhere Schule in erreichbarer Nähe, in der als zweite Fremdsprache Latein auf dem Lehrplan stand. Die erforderlichen Lateinkenntnisse von vier Schuljahren, die das Schiller-Gymnasium voraussetzte, hatte ich mir bereits in Privatstunden angeeignet. Diese Privatstunden hatte mir und einigen meiner Schulkameradinnen und Schulkameraden gegen ein geringes Entgelt der heimatvertriebene pensionierte Gymnasialprofessor Dr. Schickel, ein hervorragender Altphilologe altösterreichischer Schule aus Teplitz-Schönau im Sudetenland, gegeben.

Die Klasse 7a des Schiller-Gymnasiums besuchten rund 20 Schüler, ausschließlich junge Männer. Die Mehrzahl waren Ludwigsburger, die anderen kamen aus der näheren Umgebung. Wolfgang Kußmaul und ich lebten uns in der Klasse rasch ein. Unser Klassenlehrer war Dr. Wolfgang Kleinknecht, ein hochbefähigter Historiker und Neuphilologe. Leider setzten ihm die Folgen einer Kriegsverwundung immer wieder hart zu.

In Ludwigsburg erschloss sich mir eine neue Welt. Hatte Marbach in manchem einer gehobenen Kinderschule geähnelt – ich hatte dies zumindest so empfunden – und waren einige unserer dortigen Lehrer den beruflichen Anforderungen nur bedingt gewachsen gewesen, so erlebte ich hier ein Gymnasium in geistiger Aufbruchstimmung. Wir hatten großenteils junge Lehrer, die mit mehr oder minder heiler Haut den Schrecken des Zweiten Weltkriegs und einer häufig harten Kriegsgefangenschaft entronnen waren. Sie waren nicht selten nur zwölf oder fünfzehn Jahre älter als wir und hatten für unsere Fragen und Anliegen Verständnis. Sie sahen in uns junge Erwachsene, diskutierten bereitwillig und sachlich mit uns, begegneten uns kameradschaftlich und waren höflich, zuvorkommend und einfühlsam. Gerne beteiligten sie sich an geselligen Veranstaltungen, an frohen Spielen und anderen außerschulischen Aktivitäten. Wir fühlten uns als Schüler erstmals ernst genommen.

Bewundernswert war das menschliche Engagement dieser Männer. Nach den bitteren Erfahrungen der menschenverachtenden NS-Gewaltherrschaft, die ihren Idealismus aufs Übelste missbraucht hatte und der sie jahrelang hatten zu Willen sein müssen, bemühten sie sich, ihren Beitrag beim Aufbau einer freiheitlich-demokratischen Staats- und Gesellschaftsordnung zu leisten. Einige von ihnen trugen zudem schwer an der Verpflichtung, die ihnen als Überlebende gegenüber den unzähligen Toten des Krieges und der Gewalt oblag. Mir wurde damals klar, welch hervorragende Voraussetzungen uns, der heranwachsenden Generation, geboten wurden: Menschen, die weit über ihre Jahre hinaus gereift waren und, mit der Last der Vergangenheit lebend, nach vorne schauten, vermittelten uns ein aus dem reichen Schatz unseres abendländischen Geisteserbes geschöpftes umfassendes Wissen. Wichtiger noch für uns war, dass sie uns durch ihr Beispiel und Vorbild dazu anhielten, uns für die Gemeinschaft einzusetzen, Verantwortung insbesondere auch für den hilfsbedürftigen Nächsten zu übernehmen, für Gerechtigkeit, Freiheit und Menschenwürde einzutreten, Vorurteile zu erkennen und sie zu überwinden, in allem der Wahrheit die Ehre zu geben.

Ich will indes keineswegs ein idealisiertes Bild von dem damaligen Friedrich-Schiller-Gymnasium zeichnen. Es gab an dieser Schule auch Unerfreuliches, Kleinliches und antiquiert Schulmeisterliches. Zudem gehörte eine kleine Minderheit der Lehrer zur Kategorie der politisch Unbelehrbaren; sie trauerten dem in einem Meer von Blut und Tränen untergegangenen NS-Regime nach. Andererseits waren auch wir 17-, 18-jährigen Schüler beileibe keine Engel und haben uns im Friedrich-Schiller-Gymnasium manchen Streich geleistet. Aber es waren Streiche, an denen Kopf und Herz gleichermaßen Anteil hatten, und sie bereiteten häufig nicht nur uns, sondern auch unseren Lehrern Freude.

Einer unserer Klassenkameraden, der leider schon vor Jahren verstorbene Helmut Haberland, kam fast jeden Morgen zu spät, obwohl er in nächster Nähe der Schule wohnte.

Dr. Kleinknecht sah dem eine Weile zu, dann ließ er den chronisch Verspäteten wissen: »Haberland, wenn Sie zum hundertsten Mal zu spät kommen, schenke ich Ihnen eine goldene Uhr.« Der so Angesprochene übte sich weiterhin fleißig im Zuspätkommen. Eines Morgens fragte er keck den Klassenlehrer: »Herr Dr. Kleinknecht, bekomme ich jetzt meine goldene Uhr? Nach meiner Zählung bin ich hundert Mal zu spät gekommen!« Dr. Kleinknecht, zunächst etwas verlegen, schaute den Fragenden schelmisch an: »Ja, mein lieber Haberland, ich habe Ihnen die Uhr für das vergangene Jahr versprochen, nicht aber für das jetzige.« Dies war zwar eine etwas windige Ausrede, doch Helmut Haberland, der seinerseits Spaß verstand, gab sich mit der Antwort seines Lehrers zufrieden, und wir anderen hatten unseren Spaß.

Unser Hannes Langer, leider schon vor längerer Zeit einem Krebsleiden erlegen, war ein hochqualifizierter Rundfunkamateur. Als wir nun in der 7a unser erstes Zwischenzeugnis erhielten, ertönte plötzlich in unserem Klassenzimmer Trauermusik. Ihr folgte eine Ansprache an arrogante junge Lehrer. Hannes hatte im Klassenzimmer einen Rundfunkempfänger installiert und einen Freund gebeten, von seiner nahe der Schule gelegenen Wohnung aus die Übertragung zu bewerkstelligen. Dr. Kleinknecht gefiel die Sendung so sehr, dass er bat, sie zu wiederholen. Auch Lateinübersetzungen, die es in sich hatten, hat Hannes zur großen Überraschung unseres Lateinlehrers Fohrer ins Klassenzimmer übertragen.

Ludwigsburg war damals von Wolfsölden aus mit öffentlichen Verkehrsmitteln nicht ganz leicht zu erreichen: erst ein knapp halbstündiger Fußmarsch über unbefestigte Feldwege nach Burgstall, dann eine 20 Kilometer lange Fahrt mit dem Bummelzug. Dies belastete mich jedoch wenig. In Burgstall erlaubte uns Fahrschülern und Büroangestellten Bahnhofsvorsteher Vogt, unsere schmutzigen Schuhe in einem Kellervorraum des Stationsgebäudes zu deponieren und unsere »Stadtschuhe« anzuziehen. Das Zugfahren hatte angenehme Seiten. Ich meine hier nicht die reizvolle Landschaft wie das abwechslungsreiche untere Murrtal und das Neckartal bei Marbach/Benningen, über das sich das im Frühjahr 1945 zerstörte und dann in mehrjähriger Arbeit wieder hergestellte Eisenbahnviadukt spannte, sondern die kurzweilige gesellige Atmosphäre im Zug. Man konnte sich unterhalten, konnte lesen, Kartenspielen und freundschaftlichen Kontakt knüpfen oder auch still vor sich hin »sinnieren«.

In Marbach stiegen die beiden ersten Schulkameraden zu, Wolfgang Kußmaul und der neu zu uns gestoßene Ernst Eugen Föhr, in Benningen und Beihingen-Heutingsheim – heute Freiberg am Neckar – Herwig Kratschmar, Herbert Tröscher und Gebhard Reichle. Lateinische und englische Hausarbeiten wurden verglichen, Schwierigkeiten besprochen und anderes mehr. Von dieser Zuggemeinschaft profitierten alle mitfahrenden Schulkameraden. Einige wie ich hatten ihre Stärken in Sprachen, andere ihren Begabungsschwerpunkt auf naturwissenschaftlich-mathematischem Gebiet.

Auch im Friedrich-Schiller-Gymnasium tat ich mich leicht in Sprachen und in anderen geisteswissenschaftlichen Fächern. Im Sport hingegen gehörte ich weiterhin zu den Schlusslichtern. Unser Turnlehrer Keinert ermunterte mich einmal zu mehr Aktivität: »Paul, tu auch etwas für die Menschheit, mach' de Bock beim Bockhopfe!« Dass wir ein halbes Jahr Schwimmunterricht im benachbarten städtischen Hallenbad hatten, genoss ich. Im Schwimmen konnte ich mithalten. Während des einzigen Landschulaufenthalts meiner Schulzeit in der Jugendherberge in Heubach im Frühjahr 1949 erwarb ich den Grundschein für Rettungsschwimmer, das einzige Sportabzeichen meines Lebens.

Eine »mittlere Katastrophe« erlebte ich in Mathematik. Unser Mathematiklehrer List, in Schülerkreisen »Fünef« genannt, weil er die Zahl fünf in seiner Aussprache mit »fünef« wiedergab, war auf seinem Gebiet eine Koryphäe. Uns zwei Marbachern gewährte er zunächst eine vierzehntägige Schonfrist, dann aber holte er uns an die Tafel, und wir versagten kläglich. Die mathematischen Kenntnisse, die wir vom »Marbacher Schüle«, wie Englischlehrer Wasser die Oberschule der Schillerstadt zu bezeichnen pflegte, mitbrachten, erwiesen sich als gänzlich unzureichend. Ich sank von einer Zwei auf eine Vier ab, und erst nach Jahresfrist gelang es mir, wieder die Zwei zu erlangen, die ich dann auch in der mündlichen Abiturprüfung, geschickt unterstützt von Herrn List, verteidigte.

Chef des Friedrich-Schiller-Gymnasiums war Dr. Adolf Richter, von den Schülern wegen seiner eigenartigen Kopfform, die sehr an die Abbildung auf dem Päckchen der Einweckhilfe »Alba – der Gurkendoktor« erinnerte, auch Alba genannt. Dr. Richter zählte sich zu den bedeutendsten Historikern seiner Zeit. Lediglich dem Tübinger Geschichtsprofessor Johannes Haller gestand er eine noch höhere wissenschaftliche Qualifikation zu. Dank seiner politischen und persönlichen Beziehungen – er gehörte der DVP/FDP an – war es ihm gelungen, fachlich hochqualifizierte und pädagogisch engagierte Lehrkräfte für seine Schule zu gewinnen. Sein Stellvertreter war Dr. Albert Stollsteimer, in der 8a dann unser Klassenlehrer. Dr. Stollsteimer, der erst 1947 oder 1948 aus der Kriegsgefangenschaft zurückgekehrt war, sorgte für

Dr. Wolfgang Kleinknecht, unser Klassenlehrer in der 7a.

Unser Mathematiklehrer Otto List, genannt Fünef.

eine zweckmäßige Organisation der Schule und einen sinnvollen Einsatz der Lehrer. Uns Schülern gegenüber zeigte er sich aufgeschlossen und hilfsbereit.

Als Hausmeister fungierte Herr Ott, der mit seiner Familie in der Schule wohnte. Er sorgte dafür, dass wir uns einigermaßen in die Schulordnung fügten. Wenn man ihn in seinem wichtigen Amt als Hausmeister respektierte, kam man ganz gut mit ihm zurecht. Schulkamerad Sigismund Freiherr von Zedlitz, ein heimatvertriebener Schlesier, hatte mitunter kuriose Einfälle, die Herrn Ott ärgerten, gegen die er aber nichts auszurichten vermochte. Unsere Schule war im Krieg als Lazarett genutzt worden. Aus dieser Zeit befanden sich noch im Klassenzimmer der 7a breite durchgehende hölzerne Fensterbänke. Eines Tages legte sich Sigismund auf das breite Fensterbrett, den Kopf und den Oberkörper innen, und streckte die Füße mit den genagelten Stiefeln durch das geöffnete Fenster. Herr Ott sah dies von unten – vielleicht wurde er auch darauf aufmerksam gemacht – und kam wutschnaubend in unser Klassenzimmer gestürzt, um den Unfug abzustellen. Doch Sigismund blickte ihm ruhig ins Gesicht. Und auf seine Frage, ob es denn verboten sei, statt des Kopfes die Stiefel zum Fenster hinaus zu strecken, wusste Herr Ott keine Antwort und zog brummend und schimpfend ab. Ein anderes Mal fiel es Sigismund ein, sich während der Mittagspause im Klassenraum zu rasieren. Er hängte zu diesem Zweck einen Handspiegel an der Wandtafel auf und besorgte sich in der Toilette warmes Wasser. Kaum hatte er sich eingeseift, erschien Herr Ott und herrschte ihn an: »Rasieren im Klassenzimmer ist verboten!«

Darauf Sigismund: »Bitte nennen Sie mir den Schulparagraphen, nachdem dies tatsächlich verboten ist!«

Herr Ott schnaubte nur noch: »Also solcher Unfug unterbleibt künftig!« Und damit war die Geschichte erledigt.

Helmut Haberland besaß einen Dietrich, mit dem er die meisten Türen der Schule öffnen oder abschließen konnte. Einmal schloss er Dr. Kleinknecht mit einer Klasse während einer Unterrichtsstunde ein. Dies teilte er dann auch dem Hausmeister mit und bat ihn, das verschlossene Klassenzimmer wieder zu öffnen. Herr Ott meldete den Vorfall auf dem Rektorat, und von dort wurde verfügt, den Übeltäter empfindlich zu bestrafen. Unser Latein- und Deutschlehrer in der neunten Klasse, Herr Gross, mit dem wir uns bestens verstanden, kündigte eine harte Bestrafung an, obwohl man merkte, dass ihn der Streich mehr belustigte als ärgerte.

»Haberland, Sie lernen bis morgen die Wörter auf den Seiten 50 bis 60 der Lateinischen Wortkunde. Ich werde Sie abfragen.«

Haberland nickte. Die betreffenden Seiten hatten wir bereits durchgenommen. Von einer Strafe konnte also keine Rede sein.

Physikunterricht erteilte der jüngste Lehrer der Schule, Dr. Franz Bader (geb. 1922), damals schon ein Meister seines Fachs, im Schwäbischen würden wir sagen »ein Käpsele«. Seine Anforderungen an uns waren hoch. Einmal ließ er uns unangekündigt eine Klassenarbeit schreiben. Mein verstorbener Freund Rolf Walker, zuletzt evangelischer Dekan in Nürtingen, hatte keine Ahnung was er zu Papier bringen sollte. Er gab deshalb ein selbstverfasstes Gedicht ab. Herr Bader fand dies so originell, dass er die Arbeit nicht gelten ließ und sie später wiederholte.

In der achten und neunten Klasse erteilte uns Oberstudiendirektor Dr. Richter Geschichtsunterricht. Seine Stunden waren recht kurzweilig. Er schweifte oft ab und gab uns beispielsweise auch Einblick in die Ludwigsburger Kommunalpolitik, die er zeitweilig als Gemeinderat mitgestaltete, ebenso in die Partei- und in die Landespolitik – Theodor Heuss und Reinhold Maier nannte er seine Freunde. Diese Abschweifungen waren häufig interessanter als sein Geschichtsunterricht, dem er die »Epochen der Deutschen Geschichte« von Johannes Haller, eine kurzgefasste deutsch-national gefärbte Geschichte, zugrunde legte.

Dr. Richter war ein glühender Bismarck-Verehrer. Daher stand auch die Bismarck-Zeit im Mittelpunkt seines Unterrichts. Am 18. Januar 1951, dem 80. Jahrestag der Kaiserproklamation von Versailles, betrat er, feierlich gestimmt, unser Klassenzimmer. Nach der üblichen Begrüßung durften wir uns nicht setzen, sondern mussten in respektvoller Haltung stehen bleiben. Dr. Richter setzte gerade zu seiner Festansprache an, da öffnete sich die Tür des Klassenzimmers, unser Schulkamerad Gerhard Mayer aus Hoheneck betrat verspätet den Raum und marschierte mit laut hallenden genagelten Stiefeln an seinen Platz. Dr. Richter geriet völlig aus dem Konzept. »Mayer, wie können Sie nur so taktlos sein. Ich kann meine Ansprache nicht mehr halten. Bitte setzen.« Und die bedeutsame Würdigung der Kaiserproklamation als glanzvoller Höhepunkt am Beginn des Bismarck'schen Reichs unterblieb.

Dr. Richter vertrat die Ansicht, dass jeder Schüler, der an seinem Geschichtsunterricht teilnehme, mindestens eine Drei bekommen müsse. In den zwei Jahren, in denen er uns in Geschichte unterrichtete, verlangte er von uns nur eine einzige Klassenarbeit, und diese war denkbar einfach, zumal er sie uns auch noch vorher angekündigt hatte. Er stellte uns eine Reihe von Fragen aus den von ihm herausgegebenen Geschichtstabellen. Das Ergebnis fiel dementsprechend aus: überwiegend Zweier und Einser, ganz wenige Dreier. Lediglich ein Schulkamerad, der offensichtlich gänzlich unvorbereitet gewesen war, bekam eine Vier. Dr. Richter ließ den Vierer-Mann vorkommen und deutete an, er zweifle an dessen Verstand. Indes gab der Schulkamerad einen plausiblen Grund für sein Versagen an: Seine Mutter sei krank. Er habe deshalb zu Hause einspringen müssen und sich aus diesem Grund nicht auf die Arbeit vorbereiten können. Dr. Richter schaute ihn verständnisvoll an. »Also auch eine Drei«, entschied er.

Wenige Wochen vor dem mündlichen Abitur meldete sich eine Anzahl Schulkameraden bei »Herrn Oberstudiendirektor« – auf diese Anrede legte er Wert – und bat, ihre Geschichtsnoten um jeweils eine Stufe herabzusetzen. Dr. Richter war völlig überrascht. Als Grund nannten die »Bittsteller«: Ihre Noten in Geschichte lägen weit über ihrem Notendurchschnitt. Deshalb sei es wahrscheinlich, dass sie in Geschichte ins Mündliche kämen und dann würden sie ihn mit ihren schlechten historischen Kenntnissen blamieren. Dieses Argument leuchtete dem Gestrengen ein. In der nächsten Geschichtsstunde gab es ein groteskes Gefeilsche. In einigen Fällen weigerte sich Dr. Richter zunächst, die Note herunterzusetzen. Zu einem Klassenkameraden beispielsweise äußerte er: »Sie, bei Ihrer Intelligenz!« Schallendes Gelächter.

Schließlich setzten sich die Schulkameraden mit ihrer Forderung durch. Nur in einem Fall weigerte sich Dr. Richter, die Zwei in eine Drei umzuwandeln. »Nein«, erklärte er kategorisch unserem Schulkameraden Sigismund Freiherrn von Zedlitz, »Ihre Note hat der Herr Minister selbst festgesetzt«.

Unser zweitägiger Abiturausflug auf die Schwäbische Alb Frühjahr 1951.

Und mit dieser Note hatte es die folgende Bewandtnis: Im Jahr zuvor hatte Dr. Richter in Anwesenheit des württemberg-badischen Kultministers Theodor Bäuerle mit unserer Klasse eine Lehrprobe über das Thema Landwirtschaft veranstaltet. Während wir wenig sprachgewandten Schwaben uns bei der Diskussion sehr zurückgehalten hatten, hatte Sigismund, der Nachkomme eines begüterten schlesischen Adelsgeschlechts, mit seinen schnellen und fundierten Antworten geglänzt.

Am Abend hatte nun Minister Bäuerle unseren Oberstudiendirektor bei einem Glas Wein gefragt: »Sagen Sie, Herr Richter, welche Note hat der Schüler, der sich bei der heutigen Lehrprobe so sehr hervorgetan hat?«

»Herr Minister, eine Drei.«

»Wie, Herr Richter, so schlechte Noten geben Sie?«

Am nächsten Morgen erschien »Herr Oberstudiendirektor« in unserem Klassenzimmer. Nach dem »Guten Morgen« befahl er uns stehen zu bleiben. »Zedlitz, welche Note in Geschichte haben Sie?«

»Eine Drei, Herr Oberstudiendirektor.«

»Also, Zedlitz, nachdem der Herr Minister meinte, Sie hätten sich in der gestrigen Lehrprobe so gut geschlagen und daher mindestens eine Zwei verdient, bekommen Sie jetzt auch diese Note. Setzen!«

Die Zwei rettete Sigismund möglicherweise vor dem Durchfallen. Er war zwar sehr intelligent und vielseitig interessiert, aber nach seiner eigenen Aussage stinkfaul. Wiederholt gab er scherzend zum Besten: Sein Großvater (oder Urgroßvater) habe als Kultusminister in Preußen das Abitur eingeführt, und nun werde ihm diese Prüfung zum Verhängnis. Sigismund entschied sich später für die Offizierslaufbahn in der Bundeswehr.

Das Lehrerkollegium des Friedrich-Schiller-Gymnasiums im Juni 1951. In der Mitte der ersten Reihe Oberstudiendirektor Dr. Adolf Richter.

Wir Abiturienten der Klasse 9a des Friedrich-Schiller-Gymnasiums mit unserem Klassenlehrer Rudolf Gross.

Dr. Richter tat auch Einiges für unsere staatspolitische Bildung. So besuchte er mit uns eine öffentliche Sitzung des württemberg-badischen Landtags in Stuttgart. Ich sah und hörte bei dieser Gelegenheit den damaligen Ministerpräsidenten Dr. Reinhold Maier und den 80-jährigen Landtagspräsidenten Wilhelm Keil, der eine Freier Demokrat, der andere Sozialdemokrat. Beide Männer, demokratisches Urgestein des deutschen Südwestens, hatten wesentlichen Anteil an der Schaffung eines freiheitlich-demokratischen Staatswesens in Baden-Württemberg nach dem Untergang des NS-Regimes. In Ludwigsburg ermöglichte uns Dr. Richter den Besuch des Amtsgerichts. Gegenstand der öffentlichen Verhandlung, die uns zeitweilig amüsierte, waren Blumentöpfe, mit denen sich Eigentümer und Mieter beworfen hatten.

Das Abitur im Mai/Juni 1951 war für mich keine schwierige Hürde. Die schriftlichen Prüfungsarbeiten bewegten sich im erwarteten Rahmen. In zwei Fächern, Latein und Mathematik, kam ich ins Mündliche. In Latein hatte ich meine Eins, in Mathematik, wie schon früher erwähnt, meine Zwei zu verteidigen. Dass ich mit dem Notendurchschnitt von 1,8 die beste Reifeprüfung meiner Klasse ablegte, war Glück. Ich freute mich, dass fast alle meine Klassenkameraden gleichfalls mit guten oder doch passablen Ergebnissen das Abitur schafften. Lediglich ein Schulkamerad, der lange krank gewesen war und noch immer gesundheitliche Probleme hatte, fiel durch, trotz intensiven Paukens mit einigen seiner Freunde, so auch mit mir. Er musste die Reifeprüfung im folgenden Jahr wiederholen. Und im zweiten Anlauf schaffte er es. Dieses Missgeschick eines unserer Klassenkameraden dämpfte am Abend des 11. Juni 1951 unsere Freude über den erfolgreichen Abschluss einer 13-jährigen Schulzeit.

Bei dem guten Geist, der wechselseitigen Hilfsbereitschaft in unserer Klasse fühlte sich einer dem anderen menschlich verbunden, und diese enge Verbundenheit hat sich bis heute unter den noch Lebenden des Abiturjahrgangs 1951 des Schiller-Gymnasiums erhalten.

Einen Monat nach dem mündlichen Abitur absolvierte ich mit Erfolg das Kleine Graecum. Herr Hübner, ein am Schiller-Gymnasium unterrichtender evangelischer Theologe, hatte in einer Arbeitsgemeinschaft einigen Schülern unterschiedlicher Altersstufen die Grundzüge des klassischen Griechisch beigebracht. Unser Chef, Dr. Richter, und unser Klassenlehrer Gross machten mir die Prüfung leicht: Ich musste einen griechischen Text lesen und übersetzen sowie in griechischer Sprache bis zehn zählen.

Zwischen Abitur und Beginn des Studiums

In Wolfsölden machte die Technisierung der Landwirtschaft nach der Währungsreform rasche Fortschritte. Die größeren Bauern ersetzten nach und nach ihre Pferdegespanne durch Traktoren. Auch kauften sie moderne landwirtschaftliche Maschinen. Da die expandierende Industrie in den benachbarten Städten und im Großraum Stuttgart attraktive Arbeitsplätze bot und diese mit öffentlichen Verkehrsmitteln, aber auch mit dem eigenen Motorrad oder Auto gut zu erreichen waren, gaben manche Kleinlandwirte ihre Betriebe auf, verpachteten einen Teil ihrer Grundstücke, oder sie beschränkten sich auf die Bewirtschaftung ihrer Gärten und Obstgrundstücke. Die ältere Generation, zu der meine Eltern zählten, trieb weiterhin ihre Güter um. Um etwas mehr Geld zu verdienen, verlegten sie sich zum Teil auf Spezialkulturen, so auf Essiggurken oder Schwarze Johannisbeeren. Meine Eltern, beide inzwischen über fünfzig, taten sich mit ihrer Landwirtschaft zunehmend schwerer.

Soweit wir drei Geschwister konnten, suchten wir ihnen die Arbeit zu erleichtern. Meine Schwester Emma, inzwischen in der Küche der Paulinenpflege in Winnenden tätig, entlastete unsere Mutter, wenn sie frei hatte, im Haushalt. Alfred, der handwerklich außerordentlich geschickt war und mit Maschinen umgehen konnte, brachte an den Wochenenden und während des Urlaubs im elterlichen Kleinbetrieb neue technische Geräte zum Einsatz. Dazuhin vermochte er ordentlich zuzupacken. Ich selbst lenkte gerne das Kuhfuhrwerk und schwang in der Heu- und Getreideernte mit Vergnügen die Sense. Auch war ich als Hilfskraft bei der Obsternte, beim Mosten, beim Dreschen, bei der Rüben- und Kartoffelernte willkommen. Nebenerwerbslandwirt war ich vor allem in den Ferien und an manchen Werktagabenden. Die »Sommerfrische« an guter Landluft und bei anstrengender körperlicher Arbeit bekam dem hoffnungsvollen Gymnasiasten im Übrigen nicht schlecht; sie war jedenfalls der Gesundheit förderlich.

Dass ich mich immer wieder hinter meine geliebten Bücher zurückzog, beobachtete mein Vater mit Kopfschütteln. Wiederholt äußerte er: »Du miescht doch endlich dei Buech auswendig kenne.« Dass es eine Vielzahl von Büchern gab, die man als Gymnasiast zu lesen hatte, wollte ihm nicht so recht einleuchten.

Das Zepter in Wolfsölden schwang Anfang der fünfziger Jahre Anwalt Robert Häußermann. Das Amt des Anwalts war dem Mittvierziger auf den Leib geschnitten. Die Landwirtschaft war ihm zu beschwerlich. Ein Glück, dass es in der ersten Zeit nach der Währungsreform noch Frauen und Männer gab, die gegen ein mäßiges Entgelt teils in barer Münze, teils in Naturalien, so namentlich auch ältere Heimatvertriebene, bereit waren, in der Landwirtschaft zu arbeiten. Anfänglich befand sich der Hof von Robert Häußermann noch in recht gutem Zustand, weil sein alter Onkel Hermann, ein Bruder seines Vaters, wie ein Knecht schuftete und vor allem, weil seine Mutter Klara, schon von Geburt eine Häußermann (vom Heidenhof) und wie kaum eine andere Namensträgerin vom Häußermann-Dünkel beherrscht, noch recht rüstig war und das Kommando führte.

Meine Eltern, Wilhelmine und Paul Sauer, mit uns drei Kindern um 1950.

Meine Eltern Wilhelmine und Paul Sauer bei der Feldarbeit im Stauch Mitte der 1950er Jahre.

Anwalt Robert Häußermann, dem der Bittenfelder Apfelmost besonders gut schmeckte und der auch sonst nicht zu den Kostverächtern zählte, war ein Original. Wenn jemand seinen Unwillen erregte, geriet er leicht in Rage, und die Nachbarschaft bekam sein lautes Organ zu hören. Am Altjahrabend bestellte er regelmäßig den in Affalterbach stationierten Polizisten nach Wolfsölden. Dieser hatte hinter dem Anwaltshaus sein Fahrrad zunächst in Sicherheit zu bringen, dann Posten zu beziehen, das heißt, auf der Lauer zu liegen, bis die ersten übermütig gestimmten jungen Burschen auftauchten, Knallkörper zur Explosion brachten und anderen Unfug anrichteten. Jetzt hatte der Vertreter der staatlichen Exekutive in Aktion zu treten und gegen die Ruhestörer vorzugehen. Gewöhnlich ohne Erfolg, war doch allgemein bekannt, dass der Anwalt zu seiner Sicherheit Polizeischutz angefordert hatte. Bald wurde der Affalterbacher Polizist jedoch des Einsatzes in der Silvesternacht in Wolfsölden überdrüssig, und der Anwalt musste den Neujahrsspektakel, der in erster Linie seiner Person galt, ohne den Beistand des offiziellen Hüters von Ruhe und Ordnung über sich ergehen lassen.

An einem Karsamstag traf ich meinen Freund Erich Schiedt.

»Du«, sagte er, »ich will dem Robert einen Streich spielen.«

Wir gingen zu meinem Onkel Hermann Sauer, und Erich rief von dort den Anwalt an: »Hier ist das Landratsamt Backnang. Wir werden am Osterdienstag nach Wolfsölden kommen, um die Frostschäden an den Straßen zu besichtigen. Bitte halten Sie sich an diesem Tag bereit.« Robert Häußermann geriet in helle Aufregung. Er sicherte zu, am Dienstag zu der anberaumten Stunde zur Stelle zu sein. Auf die Idee, dass am Karsamstagabend zwischen 20 und 21 Uhr die für den Straßenbau im Landratsamt zuständige Stelle nicht mehr besetzt war, kam er nicht. Wie die Geschichte ausging, weiß ich nicht mehr. Wahrscheinlich machte jemand, dem er von dem wichtigen amtlichen Telefonanruf erzählte, den Anwalt lachend darauf aufmerksam, dass er hier wieder einmal einem Lausbubenstreich aufgesessen sei.

Amtliche Angelegenheiten nahm Robert Häußermann stets sehr wichtig, ihre Erledigung hatte für ihn unbedingten Vorrang. Ich erlebte es einmal, dass er gerade seinen Traktor bestiegen hatte, um aufs Feld zu fahren, als ihm vom Bürgermeisteramt Affalterbach Unterlagen übergeben wurden, die er an etliche Einwohner weiterzuleiten hatte. Der Anwalt ließ seinen ratternden Traktor stehen, zog einen weißen Kittel an, den er bei amtlichen Verrichtungen häufig trug, und marschierte durch den Ort, um die Schreiben an den Mann beziehungsweise an die Frau zu bringen. Wenn ihn jemand fragte, warum er es denn – ganz gegen seine Gewohnheit – so eilig habe, erklärte er: »S ischt amtlich!« Man täte ihm indes Unrecht, wenn man ihm attestierte, dass er sich als Ortsvorsteher vor allem gegenüber dem Bürgermeisteramt Affalterbach und gegenüber den Dienststellen des Landratsamts Backnang nicht für die Belange Wolfsöldens und seiner Bürger eingesetzt habe. In Bürgermeister Brodt hatte er im Übrigen einen wohlwollenden Gesprächspartner.

Dass ich mein Studium im Wesentlichen selbst finanzieren musste, war mir bewusst. Meine Eltern hatten mir während meiner langen Schulzeit ein Zuhause geboten und für meinen Lebensunterhalt gesorgt. Jetzt aber musste ich versuchen, sie durch ein Studium nicht noch mehr zu belasten. Sie hatten für mich schon manches Opfer gebracht, und sie waren dazu im Rahmen ihrer bescheidenen Möglichkeiten weiterhin bereit.

Wäre es nach einigen meiner Verwandten gegangen, hätte ich spätestens nach der Mittleren Reife die höhere Schule verlassen und mich nach einem Broterwerb umsehen müssen, war ich doch der Erste aus der Krauter'schen und der Sauer'schen Verwandtschaft, dem die Eltern den Besuch einer höheren Schule und das Abitur ermöglicht hatten. Aber ich hatte auch Fürsprecherinnen und Fürsprecher. Eine von ihnen war meine Tante Emma Sauer, sie steckte mir hin und wieder einen Zehn- oder einen Zwanzigmarkschein zu. Dasselbe tat meine Tante Marie Krauter in Arlesheim bei Basel in der Schweiz, wenn ich sie in den Jahren 1953 bis 1957 von Freiburg aus besuchte; sie erfreute mich mit entsprechenden Banknoten in Schweizer Franken. Manche Hilfe erfuhr ich durch meine Tante Lydia und meinen Onkel Ernst Sauer, den »Eisenbahner«, wie er in der Familie genannt wurde, die damals noch im Bahnhofsgebäude in Burgstall wohnten. Ich konnte bei ihnen nicht nur mein sperriges Reisegepäck hinterlegen, sondern Onkel Ernst half dem Studenten auch oft, mit dem Handwagen seine Habseligkeiten nach Wolfsölden zu befördern. In Erbstetten zeigte Onkel Eugen Krauter großes Verständnis für meine Studienpläne; ihm verdanke ich manchen guten Rat. Mein angeheirateter Vetter Egon Koch, ein tüchtiger Radioingenieur, hätte es allzu gerne gesehen, wenn ich ein technisches Studium angestrebt hätte. Als ich mich anders entschied, ließ er mich seine Missachtung deutlich spüren.

Mein Vetter Richard Rommel, der Mann meiner Base Hedwig Bürkle, bot mir nach meinem Wechsel an das Friedrich-Schiller-Gymnasium großzügig in seinem Haus in der Martin-Luther-Straße in Ludwigsburg die Woche über einen Unterschlupf an, damit ich während der Wintermonate keinen so langen und umständlichen Schulweg auf mich nehmen musste. Ich akzeptierte sein Angebot gerne, zumal mir die Atmosphäre in seiner Bäckerei und Konditorei besonders zusagte. Richard hatte diesen Handwerksbetrieb, den in den ersten Nachkriegsjahren Julius Veigel, früher der Inhaber der Bäckerei und Konditorei Stumpp in Stuttgart, pachtweise betrieben hatte, von seinem Vater geerbt. Mir machte es Vergnügen, in der Backstube auszuhelfen, wenn dort an den Wochenenden und vor den Feiertagen Hochbetrieb herrschte. Leider währte das gute Einvernehmen nicht lange. Mir missfiel die etwas rüde Art, in der Richard mit einem Teil seiner Angestellten umging.

Eines Tages erzählte Richard bei Tisch, er habe morgens um 4 Uhr den Lehrbuben, einen nicht gerade mit geistigen Gütern gesegneten, etwas unbeholfenen Fünfzehnjährigen, der es auch schon zu Hause schwer gehabt hatte, aus den Federn geholt, weil dieser vergessen habe, die Backbleche zu »schmieren«. Während die anderen schwiegen oder auch zustimmend nickten, wagte ich die Bemerkung: »Richard, dies war aber keine Heldentat.«

Da der Vetter schon zuvor beobachtet hatte, dass ich dem Lehrbuben ermunternde Worte gab und dass ich auch um ein gutes Verhältnis zu den Bäckergesellen bemüht war, geriet er in Wut und forderte mich auf, umgehend sein Haus zu verlassen. Meine Eltern waren zunächst über mich sehr verärgert, zumal Richards Schwiegermutter, Tante Luise Bürkle in Erbstetten, die ausschließliche Schuld an dem Zerwürfnis mir gab. Ich verteidigte mich, und da eine junge Kusine, die bei Richard und Hedwig beschäftigt war und dort auch oft hart und ungerecht behandelt wurde, mich gegenüber den Erbstetter Verwandten in Schutz nahm, bekundete meine Mutter Verständnis für meinen verbalen Ausrutscher.

Ich versöhnte mich übrigens bereits nach kurzer Zeit mit Richard, zumal er offensichtlich mir gegenüber kein so ganz gutes Gewissen hatte, und ich den ersten Anstoß gab, die leidige Angelegenheit zu bereinigen. Von da an blieb ich mit ihm bis zu seinem frühen Tod 1968 freundschaftlich verbunden. Seine Bäckerei und Konditorei hatte der Schwerkriegsbeschädigte – er hatte im Krieg ein Bein verloren – bereits in den fünfziger Jahren aufgegeben und war mit seiner Familie nach Erbstetten ins Haus seiner Schwiegermutter gezogen.

Während ich noch mit meinem Abitur beschäftigt war, hatte mir mein Vater bereits bei der Firma Alfred Kärcher, Maschinenfabrik in Winnenden, eine Werkstudenten-Arbeitsstelle beschafft. Und sofort nach Abschluss der Reifeprüfung in Ludwigsburg trat ich diese Stelle an. Wie dereinst mein Vater fuhr ich nun mit dem Fahrrad viereinhalb Monate lang Tag für Tag, die Sonntage ausgenommen, nach Winnenden. Ich war jung, gesund, lebensfroh und hatte ein festes Ziel vor Augen. Das Radeln durch die heimatlichen Gefilde ließ mich viele sonst kaum wahrgenommenen landschaftlichen Schönheiten entdecken. Unvergesslich sind mir die herrlichen Sonnenaufgänge über den Höhen der Berglen und des Welzheimer Waldes. Mir kam hier »Pfarrers Albert« in den Sinn, das Buch des nachmaligen württembergischen Generals und Militärhistorikers Albert Pfister, das ich mehrmals gelesen hatte und das noch heute einen Ehrenplatz unter meinen Büchern einnimmt. Pfister schildert in diesem Buch, wie ihm als Lateinschüler auf dem Fußweg von Hohenacker nach Waiblingen in den vierziger Jahren des 19. Jahrhunderts der Zauber des erwachenden Tages und der Sonnenaufgänge auf den bewaldeten Höhen hinter Winnenden zum großen Erlebnis wurde. Auch die herbstlichen Sonnenuntergänge hinter dem Zuckmantel und die Abendstimmung über den mir so vertrauten Fluren, an denen ich vorbeiradelte, stehen mir heute noch vor Augen. Freilich musste ich mitunter auch gegen Sturm und Regen ankämpfen, und ich war dann froh, wenn ich das Kärcher'sche Werktor oder das Elternhaus in Wolfsölden erreichte. Doch daran erinnere ich mich kaum noch. Solche Tage waren anscheinend nicht gerade häufig.

Als Tortur indes empfand ich, wenn ich im Juni/Juli 1951 einmal wöchentlich nach Feierabend über Schwaikheim, Neckarrems und Neckargröningen nach Ludwigsburg radelte, um dort die nunmehr von unserem bisherigen Klassenlehrer Gross erteilten letzten Stunden der Griechisch-AG zu besuchen. Dies war drei oder vier Mal der Fall. Auf dem 16 Kilometer weiten Weg von Ludwigsburg nach Wolfsölden war ich oft so müde und abgekämpft, dass ich am liebsten das Fahrrad in den Straßengraben geworfen und mich dazu gelegt hätte. Doch schaffte ich den Heimweg jedesmal, zumal sich auch der knurrende Magen meldete.

Die Firma Kärcher hatte ihren Sitz beim Winnender Bahnhof, und ihre Belegschaft umfasste damals etwa 120 Mitarbeiterinnen und Mitarbeiter. Bis zum Jahr 2000 wuchs das als Reinigungsgeräte-Hersteller international renommierte Unternehmen auf etliche tausend Mitarbeiterinnen und Mitarbeiter an. Die Voraussetzungen für den Aufstieg der Firma schuf ihr Gründer Dipl.-Ing. Alfred Kärcher (1901–1958), eine Erfinderpersönlichkeit hohen Grades, gleichzeitig aber auch ein sehr sozial eingestellter Unternehmer, der sich selbst um einen kleinen Werkstudenten wie mich kümmerte und sich gelegentlich mit mir über meine Studienpläne unterhielt. Alfred Kärcher entwickelte den 1950 patentierten ersten Heißwasser-Hochdruckreiniger, der den technischen Anforderungen uneingeschränkt genügte. Den Anstoß zu dieser bahnbrechenden Erfindung hatte die US-Besatzungsmacht gegeben. 1951, als ich erstmals bei der Firma als Werkstudent tätig war, arbeitete Kärcher bereits an der Weiterentwicklung des »Kochendwasserreinigers KW 350«.

Ich wurde dem Materiallager zugewiesen, dem Karl Krauter aus Winnenden-Höfen als Kapo vorstand und über das Herr Rupp, ein herrischer, cholerischer Endfünfziger, als Meister die Aufsicht führte. Karl Krauter, Angehöriger einer gemäßigten Pfingstlergemeinschaft war stets auf Harmonie und Ausgleich bedacht. Es kam vor, dass er sich in den hintersten Winkel des Materiallagers zurückzog und sich mit dem Kirchenlied »Jesu, geh voran« beruhigte, während uns Herr Rupp anschrie, weil wir angeblich im Lager beim Zuschneiden von Blech, bei der Bereitstellung von Röhren oder anderen Materialien gravierende Fehler gemacht hätten. Meist waren diese lautstarken Vorwürfe ungerechtfertigt. Doch zu einer Entschuldigung war Meister Rupp kaum einmal bereit.

Mich ärgerte das Kuschen von Herrn Krauter. Deshalb sagte ich ihm einmal: »Ich bin enttäuscht, dass Sie die Arbeitskollegen im Lager gegenüber Herrn Rupp nicht in Schutz nehmen, wenn er sie zu Unrecht zusammenschreit.«

Herr Krauter meinte: »Als Christ muss ich auch Herrn Rupp lieben.«

»Als Christ müssen Sie sich in erster Linie für Ihre Mitarbeiter einsetzen«, entgegnete ich.

Herr Krauter lächelte müde und resigniert. Es änderte sich nichts. Um seine christliche Überzeugung zu demonstrieren, erklärte er einmal, er sei in seinem Leben ein einziges Mal im Kino und im Theater gewesen, seitdem er sich aber bekehrt habe, begehe er eine solche Sünde nicht mehr. Dass ich und der zweite Werkstudent nach diesem Bekenntnis nicht ernst blieben, nahm er uns arg übel. Insgesamt aber kamen wir gut mit ihm zurecht. Und auch Herr Rupp hielt sich mit seinen cholerischen Attacken zurück, nachdem er gemerkt hatte, dass die Leute im Lager, vor allem die Studenten, sich nicht alles gefallen ließen.

Zu meinen Arbeitskameraden gehörten zwei junge Männer: Gotthilf Schwarz und Richard Daiß, beide aus der Backnanger Gegend. Schwarz, der an einer Kriegsverwundung litt und deshalb den erlernten Bäckerberuf nicht mehr ausübte, und Daiß, ein gelernter Weber, der nicht selten während der Mittagspause kunstvolle Handarbeiten anfertigte, waren beide prima Kumpel. Sie erleichterten mir das Einarbeiten im Lager sehr. Gotthilf kehrte später doch wieder in seinen Beruf zurück. Er betrieb viele Jahre als angesehener Handwerksmeister eine Bäckerei am Marktplatz in Markgröningen, wo ich ihn einige Male besuchte, und mit Richard, später in Stuttgart tätig, stand ich bis zu seinem Tod vor einigen Jahren in lockerer freundschaftlicher Verbindung.

Im Materiallager wurde ich mit der Arbeit an der Schlagschere vertraut gemacht. Diese Arbeit erfolgte im Akkord. Die Firma Kärcher hatte von der amerikanischen Luftwaffe eine große Menge Metallummantelungen von entschärften Fliegerbomben aus dem Zweiten Weltkrieg übernommen. Diese dicken Bleche wurden platt gewalzt, mit der Schlagschere auf Form geschnitten und dann in einem Säurebad entrostet. Aus ihnen fertigte die Firma vor allem Kanonenöfen, Kleinherde und Ähnliches.

Wer mit dem Walzen und Zurechtschneiden der Bombenummantelungen zu tun hatte, durfte den Schmutz nicht scheuen. Es staubte fürchterlich, und der Rost lagerte sich auf dem »blauen Anton«, der Arbeitskleidung, als brauner Überzug ab. Auch das Gesicht färbte sich im Lauf des Tages rostfarben. Ich wandelte mich tagtäglich zum rostbraunen Kobold und musste mich abends einer gründlichen Reinigung mit Wasser und Seife unterziehen, ehe ich mein Fahrrad zur Heimfahrt bestieg. Ein Arbeitskamerad aus einer anderen Abteilung, der im sauberen blauen Anton ins Lager kam und mich in meinem rostbraunen An- und Überzug sah, nahm kein Blatt vor den Mund: »Du bist die größte Drecksau im Betrieb«.

Ich schaute ihn lachend an und erwiderte: »Das Bombenblechzurechtschneiden ist durchaus nicht mein Beruf.«

»Was machst du den sonst?«

»Ich bin Abiturient und habe vor, Geschichte zu studieren.«

»Alle Achtung«, meinte er und lachte nun seinerseits.

Wir verstanden uns von da an bestens.

Überhaupt fühlte ich mich unter den Arbeitern, Fach- wie Hilfsarbeitern, rasch zu Hause. Mit wenigen Ausnahmen waren es sehr ordentliche Menschen, kameradschaftlich, mitunter zwar auch grob aufrichtig, hilfsbereit und mit einem gesunden Menschenverstand ausgestattet. Sie schätzten ein kurzes Schwätzchen. Morgens vor Arbeitsbeginn und während der Mittagspause saß eine größere Gruppe beisammen. Einige rauchten. Ich versuchte es damals auch mit der Pfeife, manchmal auch mit einer Zigarre oder Zigarette, doch ich konnte dem Rauchen keinen Geschmack abgewinnen und gab es deshalb bald wieder auf.

Größere Streitigkeiten unter der Belegschaft sind mir nicht bekannt. Der größte Teil der Arbeiter kam aus Winnenden und Umgebung. Viele waren Nebenerwerbslandwirte, so auch unser Kapo. An einem strahlenden Septem-

Als Werkstudent mit meinen Arbeitskameraden Lothar (links) und Stephan (rechts) im Elektrizitätswerk der EVS im Marbach am Neckar 1953.

bertag erklärte uns Herr Krauter: »Leit, heit kann i mi im Gschäft net so arg anstrenge, i will heit obed no mei Ebire (Kartoffeln) rausmache«. Die Gespräche unter den Arbeitskollegen befassten sich mit der Arbeitssituation im Betrieb, mit persönlichen Angelegenheiten und mit der Politik. Ich wurde in die Lagergesprächsrunde gerne aufgenommen. Ein früherer Arbeitskamerad meines Vaters, ein Lämmle aus Leutenbach, erleichterte mir das Eingewöhnen in der Runde, die etwa zehn bis zwölf Mann umfasste.

Dass ich zupackte und auch zupacken konnte, und obwohl ich nicht gerade der Geschickteste und technisch Begabteste war, dass ich keine Arbeit scheute, vor allem, dass ich mir auch etwas sagen ließ, verschaffte mir Sympathien. Die Arbeit an der Schlagschere forderte den ganzen Mann. Der normale Stundenlohn lag bei Arbeiten im Taglohn, die einen Teil unseres Arbeitstags ausfüllten, wenig über einer Mark. Im Akkord konnte man wesentlich mehr verdienen. Die Akkorde setzte Meister Rupp vor Ort fest. Ich kam bald dahinter, dass man Arbeitsvorgänge an der Schlagschere bei genormten Stahlblechen zusammenfassen, damit effektiver gestalten und rascher durchführen konnte. So erzielte ich bei Akkorden hervorragende Ergebnisse.

Meine Arbeitskameraden waren verärgert; sie wollten in der alt gewohnten Weise die Schlagscheren-Aufträge erledigen. »Du machst uns die Akkorde kaputt«, warfen sie mir vor. Ein älterer Kollege der grundgescheit war und Sinn für Humor hatte, äußerte, als ich ihm meine effektivere Methode zu erläutern suchte: »Mir sind net zum Denke do, dazu hemer die obe im Büro.« Anderen die Akkorde »kaputt machen« wollte ich nun keineswegs. Ich orientierte mich daher von jetzt an an den festgesetzten Akkordzeiten für die einzelnen Aufträge, wobei ich eine tolerable zeitliche Gewinnspanne einkalkulierte. Damit fand ich die Zustimmung meiner Arbeitskameraden.

Die »Lehrzeit« in der Fabrik nach dem Abitur 1951 gab mir einen Einblick in die Welt des Arbeiters; sie wurde noch erweitert und vertieft durch meine Werkstudententätigkeit während der Semesterferien 1952 bis 1954 teils wiederum bei der Firma Kärcher in Winnenden, teils im Elektrizitätswerk der Energieversorgung Schwaben (EVS) in Marbach. Für diese Industriepraktika bin ich sehr dankbar. Sie ermöglichten mir die Finanzierung meines Studiums, zudem lernte ich Menschen kennen, deren charakterliche Geradlinigkeit, deren Bescheidenheit und deren Warmherzigkeit mich beeindruckten.

Im November 1951 begann ich an der Universität Tübingen mit dem Studium der Geschichte, der Germanistik, der Anglistik und der Philosophie, das ich dann 1953 an der Universität Freiburg fortsetzte. 1956 schloß ich es mit der Promotion zum Dr. phil. und 1957 mit dem Staatsexamen für das Lehramt an höheren Schulen ab.

Viel Neues stürmte auf mich ein. Die feste Verwurzelung in der Lebenswelt meiner Kindheit und Jugendjahre, die mir so viel bedeutete, erleichterte es mir, die Herausforderungen der Studien- und der Berufsjahre anzunehmen.